汽车美容装饰
技能与实例

宋孟辉　金艳秋　主编

第二版
Second Edition

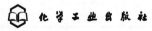
化学工业出版社
·北京·

内容简介

本书从实际应用出发，兼顾从业人员培训考证要求，根据汽车美容与装饰工作内容编写。全书共分六章，内容包括汽车美容装饰概述，汽车发动机、底盘的美容养护，汽车车身美容与装饰，汽车内饰美容与装饰，汽车玻璃美容与装饰以及汽车电子产品装饰。书中理论与实践相结合，每一节都以技能实例为主，并辅以相关的理论知识。为便于理解和掌握书中相应内容，配套了部分视频二维码。

本书内容先进、资料翔实、图文并茂、通俗易懂，适合作为汽车美容装饰从业人员的参考用书，也可作为职业院校相关课程的教材，并且也适合作为技能培训用书。

图书在版编目（CIP）数据

汽车美容装饰技能与实例/宋孟辉，金艳秋主编. —2版. —北京：化学工业出版社，2022.6
ISBN 978-7-122-41067-2

Ⅰ.①汽… Ⅱ.①宋… ②金… Ⅲ.①汽车-车辆保养 Ⅳ.①U472

中国版本图书馆CIP数据核字（2022）第049531号

责任编辑：韩庆利　　　　　　　　　　　文字编辑：郑云海　陈小滔
责任校对：边　涛　　　　　　　　　　　装帧设计：刘丽华

出版发行：化学工业出版社（北京市东城区青年湖南街13号　邮政编码100011）
印　　刷：三河市航远印刷有限公司
装　　订：三河市宇新装订厂
787mm×1092mm　1/16　印张14½　字数337千字　2022年8月北京第2版第1次印刷

购书咨询：010-64518888　　　　　　　　售后服务：010-64518899
网　　址：http://www.cip.com.cn
凡购买本书，如有缺损质量问题，本社销售中心负责调换。

定　价：59.00元　　　　　　　　　　　　　　　　　　　　　　版权所有　违者必究

第二版前言

　　本书第一版出版后受到广大读者喜爱。随着我国汽车工业的蓬勃发展，汽车美容装饰行业的新技术、新工艺层出不穷，为了适应行业发展，同时参考读者提出的意见，我们进行了再版修订。本次编写对内容进行了较大调整，增加了行业流行的新技术、新工艺，兼顾了从业人员培训考证和职业院校"1+X"技能考核需求，以利于读者有针对性地学习，提高学习效率。

　　本书共分六章，内容包括汽车美容装饰概述，汽车发动机、底盘的美容养护，汽车车身美容与装饰，汽车内饰美容与装饰，汽车玻璃美容与装饰，汽车电子产品装饰。书中内容先进、资料翔实、图文并茂、通俗易懂，适合作为汽车美容装饰从业人员的参考用书，也可作为职业院校相关课程的教材，并且适合作为技能培训用书。

　　本书内容理论与实践相结合，根据汽车美容与装饰工作项目要求编写，按照相关知识和技能实例的方式展开。在技能实例部分，采用的是美容技师现场操作的实例图片，直观易懂，相关知识介绍由浅入深，能很好地指导实际操作。为便于理解和掌握书中相应内容，配套了部分视频二维码，可扫码观看。

　　本书由辽宁省交通高等专科学校宋孟辉、金艳秋担任主编，多维名车美饰广场有限公司杨占峰和运城汽车用品专营店孙雷参编。

　　因时间仓促和水平有限，疏漏在所难免，敬请批评指正。

编者

目录

第一章
汽车美容装饰概述 / 1

- 一、汽车的基础知识 …………………………………………………………… 1
- 二、汽车美容 ………………………………………………………………… 5

第二章
汽车发动机、底盘的美容养护 / 7

第一节 发动机的美容养护 …………………………………………………… 7
相关知识 ………………………………………………………………………… 8
- 一、发动机机械结构 ………………………………………………………… 8
- 二、发动机相关油液 ………………………………………………………… 12
- 三、发动机点火系统 ………………………………………………………… 15

技能实例 ………………………………………………………………………… 20
- 一、发动机室的清洁与保养 ………………………………………………… 20
- 二、发动机机械系统的检查与保养 ………………………………………… 21
- 三、发动机点火系统的检查与保养 ………………………………………… 27

第二节 汽车底盘的美容养护 ………………………………………………… 31
相关知识 ………………………………………………………………………… 31
- 一、底盘机械结构 …………………………………………………………… 31
- 二、底盘相关油液 …………………………………………………………… 35
- 三、底盘损伤 ………………………………………………………………… 40

技能实例 ………………………………………………………………………… 41
- 一、底盘的检查与保养 ……………………………………………………… 41
- 二、自动变速器的免拆清洗保养 …………………………………………… 44

三、汽车底盘的防腐蚀喷塑保护 …… 45
第三节　车轮的美容养护 …… 47
相关知识 …… 47
一、轮胎的结构与类型 …… 47
二、轮胎标记 …… 50
三、轮胎气压与不正常磨损 …… 53
技能实例 …… 55
一、车轮检查与保养 …… 55
二、轮胎的美容保养 …… 57
第四节　车轮的装饰 …… 58
相关知识 …… 58
一、胎压监测系统 …… 58
二、水转印 …… 60
技能实例 …… 61
一、内置式胎压监测系统的加装 …… 61
二、轮毂薄膜水转印装饰 …… 63

第三章
汽车车身美容与装饰 / 66

第一节　车身的美容养护 …… 66
相关知识 …… 66
一、车身表面的污物 …… 66
二、车身清洗 …… 68
技能实例 …… 70
一、车身的清洗操作 …… 70
二、手工打蜡 …… 73
第二节　车身面漆的抛光美容 …… 75
相关知识 …… 76
一、汽车面漆的作用和类型 …… 76
二、汽车涂膜的损伤 …… 78
三、面漆损伤的美容方法 …… 79
技能实例 …… 82

一、车身面漆类型的鉴别 …………………………………………………… 82

二、面漆抛光操作 …………………………………………………………… 82

第三节　车身涂膜的喷涂修复 …………………………………………… 86

相关知识 ………………………………………………………………………… 86

一、汽车涂料 ………………………………………………………………… 86

二、喷枪 ……………………………………………………………………… 88

技能实例 ………………………………………………………………………… 89

一、涂膜损伤的维修 ………………………………………………………… 89

二、车身变色喷涂 …………………………………………………………… 91

第四节　车身彩绘 …………………………………………………………… 93

相关知识 ………………………………………………………………………… 93

一、车身彩绘基础知识 ……………………………………………………… 93

二、喷笔 ……………………………………………………………………… 95

三、彩绘上色 ………………………………………………………………… 97

四、模板 ……………………………………………………………………… 98

技能实例 ………………………………………………………………………… 99

一、彩绘基本功练习 ………………………………………………………… 99

二、制作模板 ………………………………………………………………… 101

三、车体表面处理 …………………………………………………………… 116

四、绘制 ……………………………………………………………………… 116

第五节　车身的装饰 ………………………………………………………… 118

相关知识 ………………………………………………………………………… 119

一、车身大包围装饰 ………………………………………………………… 119

二、汽车导流板与扰流板装饰 ……………………………………………… 119

三、车身贴饰 ………………………………………………………………… 121

技能实例 ………………………………………………………………………… 122

一、汽车车身大包围的制作 ………………………………………………… 122

二、车身贴饰的粘贴 ………………………………………………………… 123

第四章
汽车内饰美容与装饰 / 125

第一节　汽车内饰的美容养护 …………………………………………… 125

相关知识 ··· 126
　　一、汽车驾驶室的污染 ··· 126
　　二、内饰杀菌消毒方法 ··· 126
　　三、清洁保养用品和设备 ·· 128
　　技能实例 ··· 130
　　一、汽车内饰的清洁护理 ·· 130
　　二、内饰消毒 ·· 132
第二节　汽车内饰的装饰 ·· 132
　　相关知识 ··· 133
　　一、汽车内饰材料的使用要求 ··· 133
　　二、汽车内饰材质的种类 ·· 134
　　技能实例 ··· 136
　　一、内饰件的拆装 ··· 136
　　二、内饰的装饰 ··· 139
　　三、真皮内饰损伤的修复 ·· 143
　　四、内饰改色 ·· 144

第五章
汽车玻璃美容与装饰 / 146

第一节　汽车玻璃的美容养护 ·· 146
　　相关知识 ··· 146
　　一、玻璃的组成和种类 ··· 146
　　二、汽车玻璃使用标准 ··· 148
　　三、汽车玻璃的类型 ·· 152
　　四、汽车玻璃的污染 ·· 155
　　五、汽车玻璃的清洁装置 ·· 156
　　技能实例 ··· 157
　　一、汽车玻璃的清洁 ·· 157
　　二、汽车玻璃清洁装置的维护 ··· 158
第二节　汽车玻璃损伤修复 ··· 160
　　相关知识 ··· 160
　　一、汽车玻璃划痕损伤 ··· 160

二、汽车玻璃裂纹损伤	161
技能实例	161
一、汽车玻璃划痕损伤的修复	161
二、汽车玻璃裂纹损伤的修复	163

第三节　汽车玻璃贴膜工艺　165

相关知识	166
一、太阳光	166
二、汽车玻璃膜	167
技能实例	172
一、玻璃膜的下料工艺	172
二、玻璃膜的热成型与排水工艺	173

第四节　汽车玻璃贴膜施工　175

相关知识	175
一、贴膜工具	175
二、清洗液和安装液	176
技能实例	177
一、汽车侧窗玻璃贴膜	177
二、汽车风窗玻璃和后窗玻璃贴膜	181
三、贴膜缺陷处理	181

第六章
汽车电子产品装饰 / 185

第一节　汽车防盗报警装饰　185

相关知识	186
一、汽车防盗装置的分类	186
二、汽车电子防盗器	187
三、汽车电子防盗器的安装工艺	190
技能实例	191
一、汽车电子防盗器的加装	191
二、汽车电子防盗器常见故障的排除	194

第二节　汽车倒车辅助系统装饰　195

相关知识	196

一、倒车辅助系统的发展 ································ 196
　　二、倒车雷达系统的组成 ································ 196
　技能实例 ··· 199
　　一、电子倒车雷达的安装 ································ 199
　　二、倒车雷达常见故障的排除 ···························· 201
第三节　汽车音响装饰 ······································ 203
　相关知识 ··· 203
　　一、汽车音响的特点 ···································· 203
　　二、汽车音响系统的组成 ································ 204
　　三、前声场的设计 ······································ 211
　技能实例 ··· 214
　　一、汽车音响的加装与调试 ······························ 214
　　二、音响的调音 ·· 216
第四节　汽车行车记录仪装饰 ································ 218
　相关知识 ··· 218
　技能实例 ··· 219
　　一、行车记录仪的安装位置和固定方式 ···················· 219
　　二、安装施工 ·· 220

参考文献 / 222

第一章 汽车美容装饰概述

现代社会，汽车与人类的活动息息相关。它不仅仅是普通的代步工具，更代表了一个国家的科技发展水平。

一、汽车的基础知识

（一）汽车的定义与分类

1. 汽车的定义

① 我国国家标准 GB/T 3730.1—2001 对汽车的定义：由动力驱动，具有四个或四个以上车轮的非轨道承载的车辆，主要用于载运人员和（或）货物、牵引载运人员和（或）货物的车辆、特殊用途；还包括与电力线相连的车辆，如无轨电车，整车整备质量超过 400kg 的三轮车辆。

② 美国汽车工程师学会标准 SAEJ 687C 中对汽车的定义是：由本身动力驱动、装有驾驶装置、能在固定轨道以外的道路或地域上运送客货或牵引车辆的车辆。

③ 日本工业标准 JISK 0101 中对汽车的定义是：自身装有发动机和操纵装置、不依靠固定轨道和架线能在陆上行驶的车辆。

2. 汽车分类

按照 GB/T 3730.1—2001 的分类方法，汽车分为乘用车和商用车两大类。私人作为代步工具的车辆称为乘用车，公务及商业经营的运输车称为商用车。新的分类标准会根据国际通用办法，在两大类的前提下，按照排放、载重、车型等多种方法再细分。这样，可以用国际上统一的排放、认证和统计标准来衡量我国汽车的性能，也有利于交通部门的汽车管理。

① 乘用车是指不超过 9 座、以载客为主的车辆，分为普通乘用车、活顶乘用车、高级乘用车、小型乘用车、敞篷车、仓背乘用车、旅行车、多用途乘用车、短头乘用车、越野乘用车和专用乘用车等十一类。

② 商用车是指大于 9 座的客车、载货车、半挂车等。客车细分为小型客车、城市客

车、长途客车、旅游客车、铰接客车、无轨电车、越野客车、专用客车等八类。货车细分为普通货车、多用途货车、全挂牵引车、越野货车、专用作业车、专用货车等六类。

（二）车辆识别代码

VIN 车辆识别代码是英文 Vehicle Identification Number 的缩写。目前世界各国汽车公司生产的汽车大部分使用 VIN 车辆识别代码，我国规定在 1999 年 1 月 1 日以后所有新生产汽车必须使用车辆识别代码。VIN 车辆识别代码由一组字母和阿拉伯数字共 17 位组成，可保证 30 年内每辆车的识别代号在国际上是唯一的。每位代码代表着汽车某一方面的信息参数。17 位识别代码位于车辆前半部分的仪表台上或直接打印在车身不同部件上，如图 1-1 所示。

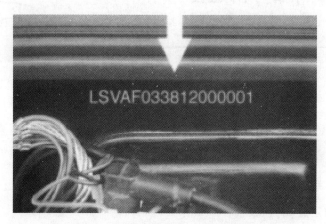

图 1-1 车身上的 17 位识别代码

（三）汽车组成与构造

汽车由发动机、底盘、车身和电气设备等四大部分组成。

① 发动机是汽车的动力装置，其功用是将其他形式的能量（热能、电能等）转化为机械能并对外输出动力。

② 底盘是汽车构造的基础，它承受发动机输出的动力，并保证汽车按驾驶员的操作正常行驶。

③ 车身是供驾驶员操作以及容纳乘客和货物的场所。车身结构根据汽车的种类、用途而定。大部分现代轿车为整体式的车身结构。

④ 电气设备是汽车上用电设备和供电设备的总称。现代汽车上越来越多地使用各种电子设备和微型计算机等，各种人工智能装置也属于电气设备的范围。

（四）汽车的主要技术参数

汽车的主要技术参数包括质量参数和车身尺寸参数。

1. 质量参数

包括整车整备质量、最大总质量和最大装载质量。

① 整车整备质量。是指装备有车身、全部电气设备和车辆正常行驶所需要的辅助设备，加足冷却液、燃料、润滑油，带齐备用车轮及随车工具、标准备件及灭火器的完整车辆的质量。

② 最大总质量。是指汽车满载时的总质量。

③ 最大装备质量。是指最大总质量与整车整备质量之差。

2. 车身尺寸参数

① 车长 L。汽车长是垂直于车辆纵向对称平面并分别抵靠在汽车前、后最外端突出部位的两垂面之间的距离,如图 1-2 所示。简单地说,就是沿着汽车前进的方向,汽车最前端到最后端的距离。

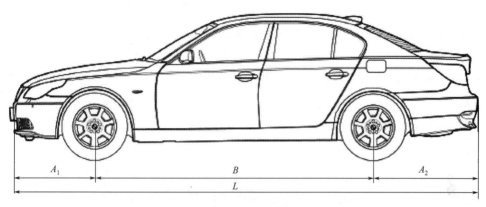

图 1-2　车长、轴距、前悬和后悬尺寸

② 车宽 S。汽车宽是平行于车辆纵向对称平面并分别抵靠车辆两侧固定突出部位的两平面之间的距离,如图 1-3 所示。简单地说,就是汽车最左端到最右端的距离。宽度主要影响乘坐空间和灵活性。

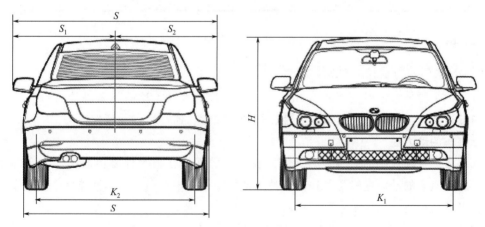

图 1-3　车宽、车高和轮距尺寸

③ 车高 H。汽车高是车辆支承平面与车辆最高突出部位相抵靠的水平面之间的距离,如图 1-3 所示。简单地说,就是汽车在空载但可运行(加满燃料和冷却液)的情况下从地面到汽车最高点的距离。车身高度直接影响车的重心和空间。

④ 轴距 B。汽车呈直线行驶时,同侧相邻两轴的车轮落地中心点到车辆纵向对称平面的两条垂直线的距离,如图 1-2 所示。

⑤ 轮距 K。在支承平面上,同轴左右车轮两轨迹中心间的距离,分前轮距 K_1 和后轮距 K_2(轴两端为双轮时,为左右两条双轨迹的中线间的距离),如图 1-3 所示。轮距越

宽，汽车的稳定性越好。

⑥ 前悬 A_1。汽车呈直线行驶时，汽车前端刚性固定件的最前点到通过两前轮轴线的垂面的距离，如图1-2所示。

⑦ 后悬 A_2。汽车后端刚性固定件的最后点到通过最后车轮轴线的垂面的距离，如图1-2所示。

⑧ 最小离地间隙 C。满载时，车辆支承平面与车辆最低点之间的距离，如图1-4所示。

⑨ 接近角 α。汽车空载时，前端突出点向前轮引出的切线与地面的夹角，如图1-4所示。

⑩ 离去角 β。汽车空载时，后端突出点向后轮引出的切线与地面的夹角，如图1-4所示。

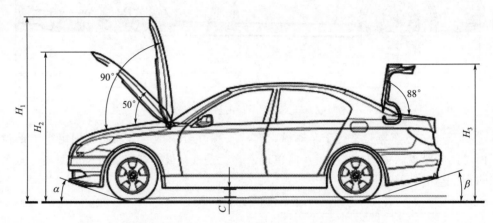

图1-4 接近角、离去角、最小离地间隙尺寸

（五）汽车的主要技术性能

汽车的主要技术性能是指汽车在使用中所表现的性能，这些主要性能有汽车的动力性、燃油经济性、制动性、操纵稳定性、行驶平顺性、通过性以及环保性等。

1. 汽车的动力性

汽车是一种高效率的运输工具，而运输效率的高低在很大程度上取决于汽车的动力性。因此，汽车的动力性能是各种汽车技术性能中最基本、最重要的性能之一。汽车的动力性由以下3个指标来评价：

① 最高车速。是指汽车在最大总质量、风速不大于3m/s的条件下，在干燥、清洁、平直的良好路面上所能达到的最高行驶车速的瞬时值，它是汽车动力性能的重要评价指标。目前轿车的最高车速可以到达200km/h以上。

② 加速时间。通常用原地起步加速时间和超车加速时间来衡量汽车的加速能力。原地起步加速时间是指汽车由一挡起步，并以最大加速度连续换至最高挡后，达到某一预定距离或车速所需的时间。它也是汽车动力性的重要评价指标之一。轿车从0~100km/h的换挡加速时间一般不超过10s。

③ 最大爬坡度。是指汽车在满载时用最低挡在风速不大于3m/s的条件下，在干燥、清洁的路面上等速行驶所能克服的最大道路纵向坡度。

2. 燃油经济性

汽车的燃油经济性常用一定工况下汽车行驶 100km 的燃油消耗量或一定燃油量能使汽车行驶的里程来衡量。在我国汽车燃油经济性指标的单位为 L/100km，即每 100km 消耗的燃油量。燃油经济性与很多因素有关，如行驶速度，当汽车在以接近于低速的中等车速行驶时燃油消耗量最低，高速时随车速增加而迅速增加。另外，汽车的保养与调整也会影响到汽车的油耗量。

3. 制动性

汽车行驶时在短距离内停车且维持行驶方向稳定，以及汽车在下长坡时维持一定车速的能力称为汽车的制动性。汽车的制动性能指标主要有制动效能、制动效能的恒定性、制动时汽车的方向稳定性、汽车的制动过程。

① 制动效能。指汽车的制动距离或制动减速度，用汽车在良好路面上以一定初速度制动到停车的制动距离来评价。制动距离越短，制动性能越好。

② 制动效能的恒定性。是指汽车高速行驶下长坡连续制动时，制动器连续制动效能保持的程度，反映的是制动器的抗衰退性能。

③ 制动时汽车的方向稳定性。指汽车制动时不发生跑偏、侧滑以及保证转向能力的性能。目前主流车型均配置 ABS、ESP 等配置主要就是为了提高方向稳定性。

④ 汽车的制动过程。主要是指制动机构的作用时间。

4. 操控稳定性

汽车的操控稳定性是指司机在不感到紧张、疲劳的情况下，汽车能按照司机通过转向系统给定的方向行驶，而当遇到外界干扰时，汽车所能抵抗干扰而保持稳定行驶的能力。

汽车操控稳定性通常用汽车的稳定转向特性来评价。转向特性有不足转向、过度转向以及中性转向三种状况。有不足转向特性的汽车，在固定转向盘转角的情况下绕圆周加速行驶时，转弯半径会增大；有过度转向特性的汽车在这种条件下转弯半径则会逐渐减小；有中性转向特性的汽车则转弯半径不变。易操控的汽车应当有适当的不足转向特性，以防止汽车出现突然甩尾现象。

5. 行驶平顺性

行驶平顺性是保持汽车在行驶过程中，乘员所处的振动环境具有一定的舒适度的性能。这与汽车的底盘参数、车身几何参数、汽车的动力性以及操控性等有密切关系。

6. 通过性

通过性是指车辆通过一定情况路况的能力。通过能力强的车子，可以轻松翻越坡度较大的坡道，可以放心地驶入一定深度的河流，也可以高速行驶在崎岖不平的山路上，在城市中也不用为停车上下路肩而担心。

二、汽车美容

汽车美容是利用专业美容系列产品和高科技技术设备，采用特殊的工艺和方法进行的一系列养车技术。汽车美容的最终目的是要使汽车达到"旧车变新、新车保值"。广义汽车美容已不再是一般概念上的给汽车冲洗、打蜡、去渍、除臭、吸尘及车内外的清洁服务等常规汽车保洁美容作业。它应该分为汽车美容保养和汽车装饰两个部分。

1. 汽车美容保养

要针对汽车各个部位不同材料，利用专业美容系列产品和高科技设备，采用特殊的工艺和方法，对汽车发动机、底盘、外表涂膜、内饰、轮胎、玻璃等部位进行专业检查和保养。还要针对发动机、变速器等相关系统进行免拆清洗和保养。按在汽车上部位的不同，美容分为车身外部美容和内部美容；按美容部位的状况不同，美容可以分为常规美容和修复美容。

① 车身外部美容。包括车身清洗、去除沥青、去除焦油、上蜡增艳、镜面处理、新车开蜡、车轮翻新、保险杠翻新、车身涂膜损伤修复、玻璃划痕和裂纹修复、底盘防腐处理以及变速器免拆清洗保养等项目。

② 汽车内部美容。包括车内美容、发动机美容、行李箱清洁等内容。其中车内美容包括仪表台、顶棚、地毯、脚垫、座椅、座套、车门衬里的吸尘清洁保护，以及蒸汽杀菌、冷暖风口除臭、车内空气净化、内饰损伤的修复与改色等项目。发动机美容则包括发动机冲洗清洁、翻新处理、三滤清洁、油液更换、免拆清洗保养等项目。

2. 汽车装饰

汽车装饰是通过对车辆内外的加装和改装操作，达到提高车辆安全性能、舒适性能、使用性能和环保性能等的要求，也满足车主不同的个性追求。无论进行哪种汽车的装饰操作，都要在遵守国家相关法规、保证安全的前提下进行。按装饰部位的不同，汽车装饰可分为车外装饰、内部装饰、玻璃装饰、底盘装饰、电子产品装饰等五种；按装饰的作用不同，可分为提高舒适性的装饰、提高安全性的装饰、改变风格的装饰、提升价值的装饰四种。

① 提高舒适性的装饰。包括车用香水、把套、坐垫、脚垫、安装静电放电器、音响、玻璃贴膜等。

② 提高安全性的装饰。包括车身防护贴饰、犀牛皮装饰、倒车雷达、防盗器等。

③ 改变风格的装饰。包括更换个性内饰、更换车身大包围、加装尾翼、加装扰流板和导流板等。

笔记

④ 提升价值的装饰。包括加装桃木内饰、更换真皮座椅等。

3. 我国汽车美容状况与前景

① 起步较晚，发展很快。我国的汽车美容业到1994年时才刚出现，但随着汽车尤其是家用轿车保有量的不断增加，汽车美容行业发展很快，正从附属于汽车维修行业的角色逐渐向独立细分行业发展。汽车美容行业也得到了更多人的关注。

② 利润空间大，竞争激烈。在一辆汽车的全部利润中，销售利润占20%，零部件供应利润占20%，服务业利润占60%，其中美容保养在服务业利润中又占了绝大部分的份额。行业的高额利润、操作简单、不规范的管理等特点，使大量的洗车店、汽车配件精品店、汽修厂等蜂拥进入汽车美容市场，致使市场竞争日趋激烈。

③ 随着消费者"爱车、养车"意识的不断提高，越来越多的车主开始重视对车辆的日常保养，不再等到车辆损坏以后到修理厂或4S店进行大修。"七分养，三分修"的汽车养护新理念已为更多的消费者所接受，人们对汽车不仅要求"行得方便"，也要求"行得漂亮"。因此，汽车定期美容护理正在成为汽车市场服务消费的重要内容之一。

第二章 汽车发动机、底盘的美容养护

发动机是汽车的心脏,为汽车行驶提供动力;底盘是支承、安装汽车发动机及其他各部件的总成,是形成汽车的整体造型、接受发动机的动力、使汽车运动并保证汽车正常行驶的各相关部件的总成。发动机和底盘的状态直接影响汽车的各项性能,所以它们的保养与维护显得尤为重要。

第一节 发动机的美容养护

发动机美容是用专业美容清洁用品对发动机及其附件进行清洗和保养的一种操作工艺,可有效延长其使用寿命。发动机外部的污染以油性污染物为主,尘土、油污及各种酸、碱物质特别容易附着在发动机机体等部件上,这些物质会与金属产生氧化反应,从而腐蚀机件。润滑残留物是汽车发动机最常见的污渍,如图2-1所示。厚重的油污会影响发动机散热,如果再有老化的电线产生火花,那么在炎热的夏季,就很容易引起汽车自燃。发动机内部的主要污染物为积炭、水垢、油污等。在长期使用后,燃油系统会变脏,甚至堵塞,产生积炭和沉积物,如图2-2所示。冷却系统产生以水垢为主的污垢及胶质,润滑

图2-1 脏污的发动机

图2-2 积炭严重的燃烧室

系统产生油泥等胶质,从而导致发动机出现启动困难、怠速不稳、抖动、动力下降、油耗上升、尾气超标等问题。

相关知识

一、发动机机械结构

1. 发动机的分类

(1) 按使用的燃料分类

根据使用的燃料不同,发动机分为汽油机、柴油机和使用其他燃料的发动机(如天然气)三类。

(2) 按着火方式分类

根据着火方式的不同,发动机分为点燃式发动机和压燃式发动机两种。

① 在点燃式发动机中,燃烧室内的燃油和空气混合气被火花塞电极间的电火花点燃。汽油机为点燃式发动机。

② 在压燃式发动机中,燃油和空气混合气被压缩后,温度升高而自行着火。柴油机为压燃式发动机。

(3) 按工作循环分类

根据工作循环的不同,发动机分为四冲程发动机和二冲程发动机两种。

(4) 按冷却方式分类

根据冷却方式的不同,发动机分为水冷式发动机和风冷式发动机两种。

(5) 按气缸排列方式分类

根据气缸排列方式的不同,发动机分为直列式、V型和对置式三种。

(6) 按气缸数分类

根据气缸数的不同,发动机分为3个、4个、5个、6个、8个、10个或12个气缸发动机这几种。

2. 发动机的基本术语

发动机基本术语的含义如图2-3所示。

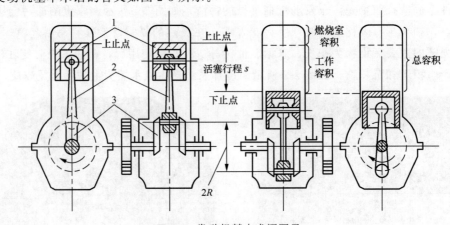

图2-3 发动机基本术语图示

1—活塞;2—连杆;3—曲轴

(1) 上止点

活塞顶离曲轴旋转中心最远的位置，即图2-3中活塞顶达到的最高位置。

(2) 下止点

活塞顶离曲轴旋转中心最近的位置，即图2-3中活塞顶达到的最低位置。

(3) 活塞行程

活塞在上、下止点所移动的距离，一般用s表示。

(4) 曲轴半径

曲轴与连杆下端的连接中心至曲轴中心的距离（即曲轴的回转半径），一般用R表示。活塞行程为曲柄半径的两倍，即$s=2R$。

(5) 燃烧室容积

当活塞在上止点时，活塞顶上方的空间容积。

(6) 总容积

当活塞在下止点时，活塞顶上方的整个空间容积。

(7) 工作容积

活塞从上止点到下止点所让出的空间容积。

(8) 发动机排量

多缸发动机各气缸工作容积的总和，等于气缸工作容积与缸数的乘积。

(9) 压缩比

气缸总容积与燃烧室容积之比，它能反映出气缸内的气体被压缩的程度。

3. 发动机的机械系统组成

汽车发动机的结构形式很多，即使是同一类型的发动机，其具体构造也是各种各样的。无论哪种类型的发动机，基本上都具有"两大机构"和"五大系统"。"两大机构"是指曲柄连杆机构和配气机构，"五大系统"是指燃料供给系统、冷却系统、润滑系统、点火系统和启动系统。压燃式的柴油机没有点火系统。汽油机的结构如图2-4所示。

(1) 燃料供给系统的组成

汽油机的燃料供给系统由供油系统、进/排气系统组成。其作用是把汽油和空气混合成合适比例的可燃混合气供入气缸，以供燃烧，并将燃烧生成的废气排出发动机。燃料供给系统性能的好坏直接关系着发动机工作情况的好坏。

① 供油系统包括汽油箱、电动燃油泵、汽油滤清器、喷油器、压力调节器、油管等。发动机工作时，电动燃油泵把汽油从油箱中泵出，汽油经汽油滤清器去除杂质和水分，流入燃油分配管，然后被分送到各个喷油器。燃油分配器上装有压力调节器，用于保持油压与进气压力差的恒定。供油系统的组成如图2-5所示。

② 进/排气系统包括进气系统和排气系统，可在发动机工作时向气缸内提供新鲜空气并把燃烧后的废气排出。进气系统包括空气滤清器、空气流量计、进气软管、进气歧管、节气门体等。其作用是按工况要求给发动机提供清洁空气。进气系统的组成如图2-6所示。排气系统能把气缸内的空气与燃料混合物燃烧所产生的废气排出，也可以减少发动机产生的噪声。排气系统主要由排气歧管、三元催化转换器、消声器、排气管、谐振器等组成，如图2-7所示。

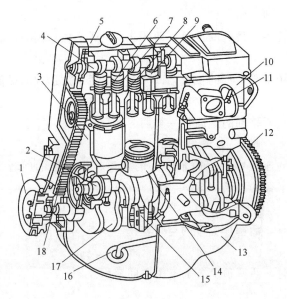

图 2-4 汽油机的结构

1—传输带轮；2—中间轴；3—气缸体；4—凸轮轴；5—凸轮轴罩盖；6—排气门；
7—气门弹簧；8—进气门；9—气门挺杆；10—气缸盖；11—火花塞；12—飞轮；13—油底壳；
14—活塞；15—连杆总成；16—集滤器；17—曲轴；18—正时传输带

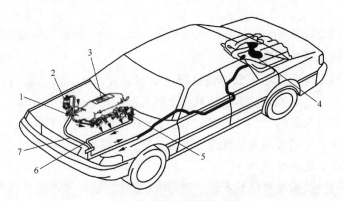

图 2-5 供油系统的组成

1—喷油器；2—汽油滤清器；3—进气总管；4—电动燃油泵；5—压力调节器；6—回油管；7—进油管

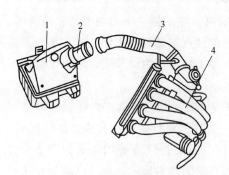

图 2-6 进气系统的组成

1—空气滤清器；2—空气流量计；
3—进气软管；4—进气歧管

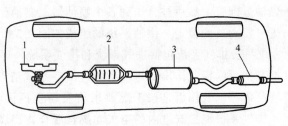

图 2-7 排气系统的组成

1—排气歧管；2—三元催化转换器；
3—消声器；4—谐振器

(2) 冷却系统的组成

汽车发动机普遍采用强制循环式水冷却系统,它利用水泵使冷却水不断地循环流动,带走零件表面的热量。它主要由强制循环水供给装置(散热器、水泵、缸体水套等)、冷却强度调节装置(节温器、冷却风扇等)、水温指示装置(水温传感器、水温表等)组成,如图2-8所示。

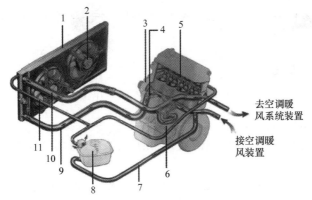

图2-8 冷却系统的组成

1—散热器;2—冷却风扇;3—水泵;4—节温器;5—发动机缸盖水套;6—缸体水套;
7—膨胀水箱下橡胶管;8—膨胀水箱;9—散热器出水管;10—散热器进水管;11—过热蒸汽软管

(3) 润滑系统的组成

发动机的润滑系统由机油泵、集滤器、油底壳、机油滤清器等组成,如图2-9所示。发动机工作时,曲轴带动机油泵旋转,机油经机油集滤器从油底壳中吸出,再用机油泵将机油输出。从机油泵输出的机油进入机油滤清器,滤去机械杂质后的机油流入缸体主油道和缸盖主油道。缸体主油道的机油通过横向油道分别流向曲轴各主轴轴颈,再通过曲轴中的斜油道流向连杆轴轴颈,并润滑主轴轴颈和连杆轴轴颈;缸盖主油道中的机油通过分油道流向润滑凸轮轴轴颈和摇臂等。

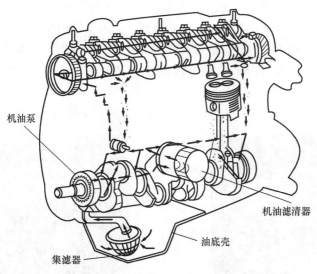

图2-9 发动机润滑系统的组成

(4) 点火系统的组成

汽油机的点火系统由蓄电池、发电机、点火线圈和火花塞等组成。蓄电池可为全车提供电力保障,特别是在车辆启动时,全靠蓄电池带动起动机驱动发动机运转。发电机在发动机启动后代替蓄电池给全车提供电力,并给蓄电池充电。点火线圈将12V电压升高,使火花塞电极间产生电火花,点燃燃烧室内的可燃混合气,使发动机运转做功。

柴油机采用压燃方式点火,所以不需要点火线圈、火花塞等零件。

(5) 启动系统的组成

启动系统主要零件为起动机,在汽车美容中基本不涉及起动机保养内容,所以不做详细介绍。

二、发动机相关油液

1. 燃油

(1) 汽油的选用

汽油是原油经过加工后,生产出的成品油的一种,是当今汽车的主要燃料之一,如图2-10所示。

① 爆燃与压缩比。爆燃是指发动机工作时,活塞未到行程顶点即开始燃烧做功,从而形成反方向的作用力。爆燃时,发动机抖动严重,动力性降低。爆燃是发动机的一种非正常燃烧现象。发动机的压缩比是汽车的核心节能指标。提高发动机的压缩比,会使燃烧更充分,但同时,燃烧的反作用力也越大,对发动机的性能要求也越高。压缩比是发动机的技术指标,不同的发动机有不同的压缩比。发动机的爆燃与压缩比密切相关,压缩比越高的发动机越容易爆燃。压缩比高的发动机应使用高标号的燃油。

② 汽油的标号。汽油标号的高低表示的是汽油辛烷值的大小。例如,95号汽油就是95%的异辛烷和5%的正庚烷。抗爆性能越好的汽油辛烷值越高。

③ 汽油的选用。应根据发动机压缩比来选择汽油的标号,一般情况下,压缩比在8.5~9.5的中档轿车常使用92号汽油,压缩比大于9.5的轿车应使用95号或以上汽油。

④ 汽油标号选择不合理的影响。如果给高压缩比的发动机选用低标号汽油,就会使气缸温度急剧升高,汽油燃烧不完全,振动强烈,从而使输出功率下降,机件受损;如果给低压缩比的发动机选用高标号汽油,就会出现"滞燃"现象,即活塞已经下行,但还没开始燃烧,一样会出现汽油燃烧不完全的现象,对发动机也没有什么好处。

(2) 柴油的选用

柴油也是原油经过加工后,生产出的成品油的一种,是柴油机的燃料,如图2-11所示。

图2-10 汽油

图2-11 柴油

① 柴油的标号。柴油按凝固点分级，表示适用的环境温度。目前，国内应用的轻柴油可按凝固点分为6个标号：5号柴油、0号柴油、-10号柴油、-20号柴油、-35号柴油和-50号柴油。

② 柴油的选用。柴油的选用由使用时的气温决定：一般来讲，5号柴油适合8℃以上的气温，0号柴油适合4～8℃的气温，-10号柴油适合-5～4℃的气温，-20号柴油适合-14～-5℃的气温，-35号柴油适合-29～-14℃的气温，-50号柴油适合-44～-29℃的气温或更低的气温。

如果选用的柴油标号不适合其温度区间，那么发动机中的燃油系统就可能结蜡，堵塞油路，影响发动机的正常工作。柴油的标号越低，结蜡的可能性就越小。

2. 冷却液

发动机冷却液是一种含有特殊添加剂的液体，主要用于水冷式发动机的冷却系统。冷却液的不断循环流动，可带走发动机自身的热量，使发动机自身温度保持在规定范围内（85～95℃）。

（1）高质量冷却液的特性

① 防冻。标准大气压下水的冰点是0℃，普通型的冷却液的冰点可达-40℃，而优质的冷却液的冰点则能达到-60℃左右。冰点是标定冷却液质量的一个重要指标。另一个指标是冷却液的沸点，标准大气压下水的沸点是100℃，而冷却液应达到108℃以上。也就是说，冰点越低、沸点越高、其中的温差越大，冷却液的品质就越好。因为冷却液有防冻的特性，所以也叫防冻液。

② 防腐蚀。发动机及其冷却系统是由金属制成的，有铜、铁、铝、钢、焊锡。这些金属在高温下与水接触，时间长了，都会受到腐蚀并生锈，严重的会逐渐蚀穿金属板而导致渗漏，这直接关系到汽车冷却系统的使用寿命，而冷却液不仅不会对发动机冷却系统造成腐蚀，还具有防腐和除锈的功能。

③ 防垢。硬水中含有大量的碱性物质，经加热分离后，碱性物质就会变成水垢。水垢的导热系数很小，是铸铁的1/25、黄铜的1/50，所以，有了水垢之后，冷却液的导热性就会大大降低。水垢会附着在水箱、水套的内部金属表面，使散热效果越来越差，导致开锅、缺水，甚至有粘缸、烧瓦、腐蚀加重等现象产生，而这又会促使水垢增加，形成恶性循环，最终导致发动机报废。优质的冷却液是用蒸馏水制造而成的，并含有防垢添加剂，不但不会产生水垢，还具有除垢功能。大部分冷却液是乙二醇的水基型。

（2）冷却液的选用

据调查，全球50%以上的汽车发动机故障来源于冷却系统，由此可见冷却液的重要性。它能对发动机冷却系统的部件起到防腐、保护作用，防止水垢生成，避免降低散热器的散热功能，以保证发动机能在正常温度范围之内工作。

3. 发动机润滑油

发动机润滑油也称机油，用于发动机的润滑系统，可延缓机件的磨损。机油除了有润滑功能外，还起到一定的散热、清洁、密封等作用。

（1）机油的种类

目前市场上常见的发动机机油按成分和制作工艺不同分为矿物油、半合成机油、全合成机油三种。

① 矿物油是市面上比较常用的润滑油。矿物油是在石油中分馏出有用的物质后，再从剩下的、原油中较差的成分中提炼而成的。矿物油价格低廉，使用寿命及润滑性能都不如合成油，同时还对环境有较大的污染。另外，矿物油在提炼过程中因无法将所含的杂质完全除去，因此流动点较高，不适合低温地区及极端条件下使用。

② 半合成机油是由矿物油、全合成机油以 4∶6 的关系混合而成的，是在矿物油的基础上经过加氢裂变技术提纯后的产物，半合成油的纯度非常接近全合成油，其成本较矿物油略高，是矿物油向合成油的过渡产品。

③ 全合成机油是机油中的高等级油品。全合成机油是由原油中的煤气或天然气所分散出来的乙烯、丙烯，经聚合、催化等复杂的化学反应炼制成大分子的润滑液。它使用的是原油中较好的成分，加以化学反应并在人为的控制下达到预期的分子形态。全合成机油分子排列整齐，抵抗外来变化的能力强，因此品质好，热稳定、抗氧化反应、抗黏度变化的能力要比矿物油和半合成机油强得多。

（2）机油的使用特性

市面上的品牌机油说明书上经常会出现"API"和"SAE"。"API"是美国石油学会的简称，它所鉴定的是机油的质量等级，所以机油的质量好坏要看 API 指标。"SAE"是美国汽车工程师学会的简称，它所鉴定的是机油的黏度等级。

① 机油的品质特性。"API"品质编制分为汽油和柴油两种，用"S"表示汽油（我国国产汽油用"Q"表示），"C"表示柴油，后面的英文字母表示机油的级别，其质量级别的高低以英文字母的顺序来表示，字母越往后，其级别越高。汽油机油 API 品质级别：SA，SB，……，SJ，……柴油机油 API 级别：CA，CB，……，CH，……随着发动机对机油等级要求的不断提高，低级别的机油正逐渐被淘汰，高级别的机油则不断被开发出来并投入市场。机油使用级别的选择主要是依据发动机机型，发动机转速越高，对机油使用级别的要求也就越高。一般而言，新型号的发动机对机油使用级别的要求更高。在选用机油的时候，要严格按照汽车使用说明书所规定的机油使用级别选用，不要混用不同级别的机油。

笔记

② 机油的黏度特性。黏度是发动机机油最重要的特性之一，而黏度指数与发动机工作温度的相互关系则影响着机油的润滑功能。一般"油"的特性是低温渐稠、高温渐稀，这与发动机的工作需求背道而驰，可利用添加剂来改变油质本性。"SAE"所鉴定的是机油的黏度等级。例如，SAE10W-40、SAE15W-40、SAE5W-50 等，"W"表示冬季（Winter），其前面的数值越小，说明机油的低温流动性越好，代表可供使用的环境温度越低，在冷启动时，对发动机的保护能力越好；"W"后面（"-"后面）的数字则是机油耐高温性的指标，数值越大，说明机油在高温下的保护性能越好。像 SAE40，SAE50 这类只有一组数值的是单级机油，不能在寒冷的冬季使用。SAE15W-40、SAE5W-40 这类机油的黏度等级中有两组数值，如图 2-12 所示。"15"表示冬天时，机油黏度为 15 号，"40"表示夏天时，机油黏度为 40 号。这就说明，这种机油是"多级机油"，适合从低温到高温的广泛区域，其黏度值会随温度的变化给予发动机全面的保护。

各种多级机油的适用范围如表 2-1 所示。

"数字小,低温流动性好,冷启动保护好"　　"数字小,黏度低节省燃油。"

图 2-12　机油黏度

表 2-1　机油黏度等级与温度的关系

黏度级号	适用温度范围/℃	黏度级号	适用温度范围/℃
5W/20	-45~20	15W/40	-25~40
10W/30	-30~30	20W/30	-20~30
10W/40	-30~40	20W/40	-20~40
15W/30	-25~30		

(3) 机油的更换周期

汽车的说明书上规定了机油的更换周期,这个周期是机油的最长更换周期。更换周期不能太长,否则机油会变质。在发动机工作期间,正常情况下都有烧机油的现象,只是量多量少的问题,一般都比较轻微,但仍然应该定期通过油尺检查油面高度,发现不足时应及时补充。如果发现机油消耗量突然变大,就应当注意了,这有可能是活塞环或气门杆磨损加大造成的,应及时检查并消除隐患。

三、发动机点火系统

1. 蓄电池

(1) 电解液

① 电解液密度。电解液密度将随蓄电池充、放电程度的不同而变化。电解液密度的下降程度是蓄电池放电程度的一种表现。可通过测量每个单格内的电解液密度来了解蓄电池的放电程度。

② 电解液密度的修正。不同温度电解液的密度有一定的差别,需要对测得的电解液密度值进行修正。电解液密度以 15℃时的值为基准,按下式进行修正。

密度值=测得电解液密度+0.0007×(实际电解液温度-15℃)

电解液密度也可根据表 2-2 进行修正。

③ 从电解液密度判断蓄电池的放电情况。将测得的并经过修正的电解液密度数值与表 2-3 所列电解液密度与放电程度的关系进行对比,就可以判定蓄电池的放电情况了,从

而确定是否需要进行充电。当蓄电池放电量超过 25% 时，就应及时充电。电解液密度每下降 $0.01g/cm^3$，蓄电池大约放电 6%。蓄电池充足电时的基准密度值为 $1.27g/cm^3$，若测算后的密度值为 $1.23g/cm^3$，则可通过表 2-3 中的数据得知，蓄电池已放电 25%，应进行充电。

▶ 表 2-2　不同温度下电解液密度读数修正值

电解液温度/℃	修正值/(g/cm^3)	电解液温度/℃	修正值/(g/cm^3)
+45	+0.02	−15	−0.02
+30	+0.01	−30	−0.03
+15	0	−45	−0.04
0	−0.01		

▶ 表 2-3　蓄电池放电程度与电解液密度和蓄电池端电压的关系

蓄电池存电情况	充足电	放电 25%	放电 50%	放电 75%	完全放电
电解液密度/(g/cm^3)	1.31	1.27	1.23	1.19	1.15
	1.29	1.25	1.21	1.17	1.13
	1.28	1.24	1.20	1.16	1.12
	1.27	1.23	1.19	1.15	1.11
	1.25	1.21	1.17	1.13	1.09
	1.24	1.20	1.16	1.12	1.08
高率放电计指示电压/V	1.7	1.6	1.5	1.4	1.3

④ 电解液密度的调整。蓄电池电解液密度应根据地区和季节条件进行调整。密度过高，会影响蓄电池使用寿命；密度过低，易造成电解液在冬季结冰的情况。充足电的电解液密度可参考表 2-4 进行选定。同一蓄电池的各单格电解液密度差值不应大于 $0.01\ g/cm^3$。如果某一单格电池的电解液密度下降过大，那么该单格电池内部可能有故障，应查明原因，予以修复。

▶ 表 2-4　蓄电池在不同气温地区的电解液密度

气候条件	充足电的蓄电池在 25℃ 时的电解液密度/(g/cm^3)	
	冬季	夏季
冬季气温低于−40℃的地区	1.30	1.26
冬季气温在−40℃以上的地区	1.28	1.25
冬季气温在−30℃以上的地区	1.27	1.24
冬季气温在−20℃以上的地区	1.26	1.24
冬季气温在 0℃以上的地区	1.24	1.23

(2) 蓄电池的使用注意事项

① 装车时,一定要分清蓄电池的正、负极。

② 拆卸时,先拆搭铁线,再拆火线;安装时,先装火线,后装搭铁线,避免产生电火花。

③ 经常用温水擦洗蓄电池外壳、极柱和导线夹头,然后涂上一层凡士林油膜,避免极柱和导线夹头受到腐蚀,保持外壳干燥、清洁。

④ 加电解液时,若有东西不慎掉入,千万不能用金属物去捞,应用木棒夹出。如用铁丝或铜丝去捞,金属分子会在硫酸的腐蚀下进入蓄电池,形成自放电,从而损坏蓄电池。

(3) 蓄电池充电

当蓄电池在使用过程中出现下列情况之一时,就应进行充电:电解液密度降至 $1.2g/cm^3$ 以下,冬季放电超过 25%,夏季放电超过 50%,灯光暗淡,启动无力,喇叭音量低。

2. 火花塞

火花塞由中心电极、绝缘体和金属壳体等组成,如图 2-13 所示。金属壳体带有螺纹,用于拧入气缸,下端面焊接有侧电极。在壳体内装有绝缘体,用以分隔金属壳体和中心电极。在绝缘体内贯通一根中心电极,中心电极上端有接线端子连接高压线。中心电极与侧电极之间有一定的间隙,高压电经过这个间隙进入并迸发出火花点燃混合气。

(1) 火花塞的类型

① 普通型火花塞与电阻型火花塞。火花塞作为火花放电发生器,是一种宽带连续型的电磁辐射干扰源。为了抑制因跳火产生的电磁辐射对无线电场的强干扰,保护无线电通信并防止车载电子装置的误动作,开发了电阻型火花塞。电阻型火花塞在结构上与普通型没有大的区别,仅仅是将绝缘体内的导体密封剂改为电阻密封剂。

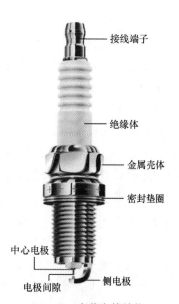

图 2-13 火花塞的结构

② 平座型火花塞与锥座型火花塞。所谓平座型,即火花塞安装座(壳体大圆柱端面)为平面,安装时该平面与气缸之间有弹性密封垫圈。某些发动机为了更紧凑或布置更多的零件(如增加气门),没有给火花塞留下较大的安装空间,于是必须缩小火花塞径向尺寸,甚至取消外密封垫圈,用"锥座"代替了"平座"。

③ 单侧极火花塞与多侧极火花塞。传统单侧极火花塞有一个明显的缺陷,即侧电极盖住了中心电极,如图 2-14(a)所示。当两极间高压放电时,火花间隙处的混合气将吸收火花热量并因电离被激活而形成"火核"。火核形成的场所一般在接近侧电极处,热量将较多地被侧电极吸收,即电极的"消焰作用",它减少了火花能量,降低了跳火性能。三侧极[见图 2-14(b)]、四侧极[见图 2-14(c)]等多侧极火花塞与单侧极火花塞相比,火花间隙由多个侧电极的断面(冲成圆孔)和中心电极的圆柱面构成,这种旁置式的火花间

隙消除了侧电极盖住中心电极的缺点，增加了火花的"可达性"，火花能量较大，较容易深入气缸内部，有助于改善混合气燃烧状况并减少废气排放。多侧极提供了多个跳火通道，因而延长了火花塞使用寿命，提高了点火的可靠性。

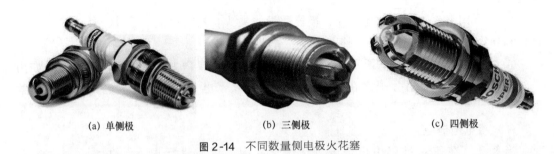

图 2-14　不同数量侧电极火花塞

④ 镍基合金火花塞与贵金属火花塞。随着材料科学和工艺技术的发展，电极材料经历了铁、镍、镍基合金、镍-铜复合材料、贵金属的演化过程。通常，纯金属的导热性优于合金，但纯金属（如镍）对燃烧气体及其形成的固状沉积物的化学腐蚀反应比合金灵敏。因此，电极材料采用镍基加入铬、锰、硅等元素，提高抗电蚀能力。镍基合金的导热性不如铜，采用铜芯并将其外表裹以镍基合金（或其他贵金属合金）将大大改善电极的导热能力。普通镍基合金电极火花塞间隙为 0.7～0.8mm。为了使火花塞具有更高的点火性能和使用寿命，人们使用贵金属（铂、铱、钇等）制作电极。贵金属具有极高的熔点，如铂金熔点为 2041.35K（1768.2℃）、铱金熔点为 2719.15K（2446℃）。加进某些元素（如铑、钯）后，具有极高的抗化学腐蚀的能力。将其制成细电极（直径为 0.2mm），直接烧结于绝缘体发火端中，或以直径为 0.4～0.8mm 的圆片用激光焊接于中心电极前端和侧电极的工作面。这种电极具有强烈的尖端放电效应，在电压相对较低时也能点火，其火花间隙可加大至 1.1～1.5mm。

⑤ 冷却型火花塞与易热型火花塞。火花塞热值是表示其受热和散热能力的指标，其自身所受热量的散发量称为热值。热值越高，集、散热越快，易使火花塞的温度偏低，点火头部产生积炭，引起跑电，使火花塞跳不出火来；热值过低，散热不够，使火花塞温度过高，会导致爆燃等，易使火花塞头部陶瓷烧损，电极熔化。冷却型火花塞是高热值火花塞，绝缘体裙部相对较短，由于散热途径比较短，多用于高压缩比的大功率发动机；易热型火花塞是低热值火花塞，多用于低压缩比的小功率发动机。

(2) 火花塞的型号

火花塞有许多类型，不同的汽车发动机使用的火花塞型号不尽相同。在更换前，要知道该汽车发动机用什么类型的火花塞，可从维修手册上得知。不同生产厂家对火花塞型号标识也不相同。市场上常见的火花塞品牌有 NGK、爆尔（PULSTAR）、电装（DENSO）、冠军（CHAMPION）、博世（BOSCH）等，其对火花塞型号的标识有很大不同。例如，对火花塞热值标识，有些厂家用大数值表示冷却型，用小数值表示易热型，而有些厂家正好相反，具体见表 2-5。其中 NGK 火花塞型号标识见表 2-6 所示，如一汽奥迪 A6（1.8L）原厂配用的型号为"BKUR6ET-10"，对照表 2-6 可知，该火花塞螺纹直径 14mm，辅助型、电阻型，热值为 6，螺纹长度为 19mm，三侧极，火花塞间隙为 1.0mm。

- 表2-5 不同品牌火花塞热值对照表

	NGK	PULSTAR	DENSO	CHAMPION	BOSCH
热性（HOTTER）↕ 冷性（COLDER）	2	—	9	18，19	10
	4	1	14	14，16	9
	5	1	16	11，12	8
	6	1	20	9，10	6，7
	7	1	22	7，8	5
	8	2	24	6，61，63	4
	9	2	27	4，59	3
	9.5	—	29	57	—
	10	—	31	55	2
	10.5	—	32	53	—
	11	—	34	—	—
	11.5	—	35	—	—
	12	—	37	—	—

- 表2-6 部分车型的NGK火花塞型号标识说明

螺纹直径	类型	内置电阻类型	热值	螺纹长度	使用特征	火花塞间隙
A：18mm B：14mm C：10mm D：12mm E：8mm BC：14mm BK：14mm DC：12mm BK：按照国际规格(ISO)尺寸制造的产品，从火花塞密封垫圈到终端螺母的长度比日本规格(JIS)的BCP型短2.5mm	P：绝缘体突出型 M：小型火花塞(CMR6H：座面高度比CR6HS要短) U：沿面、半沿面及辅助型火花塞(BUHW、BUR6ET等)	R：电阻 Z：卷线型电阻	2 4 5 6 7 8 9 10 ↕ 易热型 冷却型	E：19.0mm H：12.7mm L：11.2mm EH：19.0mm BM：9.5mm BPM-A：9.5mm A-F：10.9mm B-F：11.2mm B-EF：17.5mm BM-F：7.8mm	B：整体端子(CR8EB) CM：座面高较短 CS：斜方外侧电极 C：大发车专用(BCPR 6ED) G、GV：赛车用火花塞 IX：铱合金IX火花塞 IX-P：铱合金MAX火花塞 J：两极突出型（大发车专用） K：外侧两级 LPG：LPG专用 N：外侧电极粗型 P：铂金火花塞 Q：外侧四极(BKR6EQUP：BMW) QP：外侧四极，中轴为铂金(BKR5EQUPA：日产) S：标准型(BUR9EQP：马自达) T：外侧三极 U：半沿面火花塞 VX：VX火花塞 Y：V字形切口中心电极 YA：污损对应(BR9EYA)	—9：0.9mm —10：1.0mm —11：1.1mm —13：1.3mm —14：1.4mm —15：1.5mm

3. 发电机

发电机是汽车电气系统的主要电源，由汽车发动机驱动。它在正常工作时，对除起动机以外的所有用电设备供电并向蓄电池充电，以补充蓄电池在使用中所消耗的电能。发电机有直流发电机和硅整流发电机两大类。汽车上使用的多为硅整流发电机。

技能实例

一、发动机室的清洁与保养

1. 认识发动机的整体结构

① 了解发动机的基本信息。能够根据发动机有无点火系统、喷油器、进/排气管等特点，正确分辨出发动机的类型、气缸数等基本信息。

② 按系统认识发动机零件或总成。从燃料供给系统开始，逐步认识点火系统、冷却系统和润滑系统，并且了解各个零件的功能。

2. 清洁保养用品及具体操作

（1）清洁保养用品

清洁发动机室会用到如下用品。

① 毛刷。毛刷是辅助清洗工具，可清除顽固污渍。

② 保护膜。保护膜可防水，保护电气元件。

③ 发动机表面清洗剂。清洗剂能快速乳化分解油污，且不腐蚀机体及其部件。其水溶性强，可完全生物降解，易用水冲洗。

④ 发动机保护剂。保护剂用于发动机外部件的护理，是优质的水基上光剂，可保护零件，防止沾染灰尘。

⑤ 洗车机。将水压调低时，可用洗车机淋湿和冲洗被溶解的污垢。

⑥ 空气压缩机。空气压缩机可提供压缩空气，用于及时吹干电气元件和电线接头处的水分。

（2）清洗操作

① 保护好电气设备。用锡箔纸或保鲜膜等防水材料扎紧不宜水淋的部件，如分电器、电线接头、蓄电池、各传感器接头等，如图2-15所示。如果发动机的污垢较厚，不容易清除，则要在保护电气设备前，先用钢片将顽固污垢清除掉。

② 淋湿发动机舱。将洗车机上的水枪扇面调到最大，使水压尽量低一些，能将尘土冲掉，将发动机淋湿即可，如图2-16所示。风窗玻璃与发动机室隔热空间内最容易积留树叶、污泥和灰尘等污物，这些污物很容易被空调风机带进驾驶室内，所以，一定要仔细冲洗。

图2-15 保护电气设备

图2-16 淋湿发动机舱

③ 清除油污。均匀地喷洒发动机表面清洗剂并浸润 5～10min，如图 2-17 所示。油污严重的部位要用毛刷仔细刷洗，如图 2-18 所示。

图 2-17 喷涂清洗剂

图 2-18 用毛刷清除油污

④ 冲掉污垢。发动机上污垢被清除掉后，用水枪冲掉泡沫和污水。被冲洗干净的发动机如图 2-19 所示。

⑤ 吹干。完成发动机的清洁后，应及时将保护膜取下，尽快吹干火花塞、传感器和电线接头等电气零件处的积水，如图 2-20 所示。

图 2-19 清洗后的发动机

图 2-20 吹干

⑥ 保养。向发动机上均匀喷洒发动机保护剂，如图 2-21 所示。发动机保护剂可以有效地保护发动机上的零件，防止塑料、橡胶零件老化，并避免发动机黏附灰尘。如果时间长了，有灰尘堆积，用压缩空气吹干净即可。

二、发动机机械系统的检查与保养

1. 燃料供给系统的检查与保养

（1）检查进气系统

① 检查塑料空气滤清器外壳是否有破损、铝合金进气歧管是否有破损。

② 检查纸滤芯是否脏污严重、是否有堵塞。应定期用压缩空气枪吹净脏污，如图 2-22

图 2-21 保养机体和管路

所示。

（2）检查排气系统

检查三元催化转换器是否失效，可通过检测三元催化转换器前后的工作温差或通过晃动三元催化转换器听是否有异响等简单方法来判断。消声器受外力损坏后，可用目测的方法来检查，如果排气管有裂纹或弯曲，并且排气噪声显著增加，则可断定消声器内部有损坏，如图2-23所示。

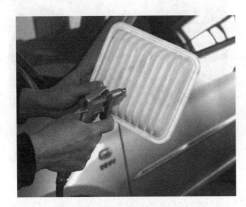

图2-22 清洁空气滤清器

图2-23 检查排气管损坏情况

（3）燃油供给系统的免拆清洗及保养

定期进行汽车燃油系统和节气门的清洗，能有效清除节气门、喷油嘴（见图2-24）、燃烧室的积炭和沉积物，消除发动机怠速不稳、加速不良、抖动和爆燃等故障，延长发动机的使用寿命。清洗步骤如下。

图2-24 检查喷油嘴情况

① 清洗前，切断燃油泵的电源，可以将燃油泵继电器或燃油泵保险拔下。

② 将原车的进、回油管分别断开，用专用的接头将回油管堵上，将进油管与燃油免拆清洗机的对应管路相连接。

③ 取下吊瓶，加入燃油系统清洗剂。装好吊瓶，将其挂在发动机罩上，如图2-25所示。

④ 连接好压缩空气接头，打开空气开关，调整压力至工作压力，旋开吊瓶的水平阀门。

⑤ 启动发动机，让发动机怠速运转 15～20min，直至用完清洗剂。

2. 冷却系统的检查及保养

（1）检查散热器

发动机冷却系统的散热水箱多在车辆的前端，容易受到异物的堵塞和碰撞，如图 2-26 所示。如果散热水箱或者散热风扇被损坏，就会直接影响到发动机的工作情况。

如果散热器片堵塞，则可用水或蒸汽清洁器清洁，再用压缩空气吹干。为避免损坏散热器片，喷射方向应与散热器芯表面保持一定角度，如图 2-27 所示。如果蒸汽清洁器离散热器芯过近，则可能损坏散热器片，因此，应保持一定的喷射距离。如果散热器片弯曲，则可用工具将其校直。

图 2-25　安装吊瓶

图 2-26　冷却系统的散热器

图 2-27　清洁散热器总成

（2）检查冷却液

① 检查冷却液液位。发动机冷机时，冷却液应在"LOW"和"FULL"线之间，如图 2-28 所示。如果冷却液低于"LOW"线，则应检查冷却液有无泄漏并添加该车型指定品牌的冷却液至"FULL"线。

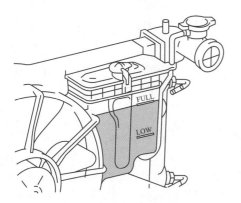

图 2-28　冷却液液位的检查

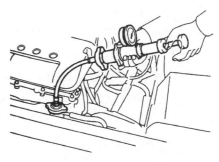

图 2-29　冷却系统的泄漏检查

② 检查冷却液是否泄漏。向散热器总成内加注冷却液，然后连接散热器盖检测仪。用加压手柄向冷却系统施加 118 kPa 的压力（见图 2-29），检查压力是否下降。如果压力下降，就要检查软管、散热器总成和水泵总成是否有泄漏的情况；如果外部无冷却液泄漏的迹象，就要检查加热器芯、气缸体和气缸盖。

注意：为防止灼伤，在发动机和散热器总成仍很热时，不要拆下散热器盖总成。热膨胀可能导致热冷却液和蒸汽从散热器盖口中喷出。

（3）冷却液的更换

① 排空冷却液。拆下散热器盖总成，在冷却系统管路最低端松开冷却液管排空冷却液。

② 添加冷却液。安装拆下的管路，将发动机冷却液注入散热器总成内，直到其溢出。用手捏住散热器进水软管和出水软管数次，检查散热器总成内的冷却液液位。如果冷却液液位下降，则安装散热器盖总成，将冷却液缓慢注入散热器储液罐中，直到冷却液液位到"FULL"线。预热发动机，直到冷却风扇运转。停止发动机，直至冷却液冷却后，检查储液罐中冷却液的液位，如果液位低于"FULL"线，应再次进行补充加注，直到发动机冷却液液位保持在"FULL"线为止。

图 2-30　发动机腐蚀

（4）冷却系统的免拆清洗保养

长期使用的发动机会产生以水垢为主的污垢及胶质。这些杂质难以清除并会慢慢腐蚀部件，如图 2-30 所示，引起发动机过热和水箱开锅，甚至导致发动机爆缸等严重后果。

冷却系统清洗机是能对汽车冷却系统进行动态及静态清洗的设备，如图 2-31 所示。在静态下，冷却系统的部分管路处于关闭状态，只有在温度上升到一定程度时，这些管道才会开启，因此，动态清洗才能达到彻底清除管路中沉积污垢的目的。冷却系统清洗机还可以用于清洗水箱内部的酸性物质，从而提高冷却系统的冷却性能，避免因水温升高而引起的气缸油膜损坏。

冷却系统清洗机的使用方法如下所述。

① 拆开暖风机与发动机连接的水管并将其与清洗机的出液管相连，再向冷却系统清洗机内加注适量的清洗剂。

② 把自来水管接入清洗机的注水口，加入 2～3L 水。拆开水箱与发动机连接的上水

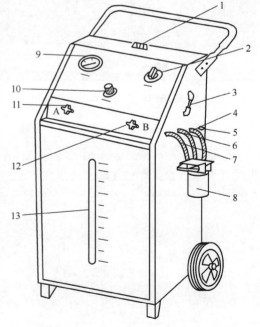

图 2-31　冷却系统清洗机

1—清洗剂加入口；2—定时器；3—视窗；4—自来水管；5—压缩空气接头；6—回液管（接上水）；7—出液管（接暖水管）；8—过滤器；9—压力表；10—调压阀；11—A 转换阀；12—B 转换阀；13—储液桶视窗

管，将其与清洗机的回液管相连。

③ 给清洗机接上压缩空气，调节工作压力至 0.1MPa。

④ 把 A 转换阀旋到循环清洗位置，启动发动机，清洗 10～20min。

⑤ 把 B 转换阀旋到空气位置，将调压阀拉起，输进高压空气，等出液管中有 1/3 气量时，进行气动冲洗，如图 2-32 所示。

⑥ 清洗结束，撤下清洗机。向水箱中加入新的冷却液并加入适量的水箱保护剂。

一般情况下，汽车应在冬夏换季时清洗、保养一次，正常行驶 6～8 个月清洗、保养一次，或者遇发动机水温过高、漏水、开锅时清洗、保养一次。

3. 润滑系统的检查及保养

（1）更换发动机机油

① 检查机油。检查机油时，应先把车辆停在平坦的地面上，关掉发动机并等待约 5min，使机油流回油底壳，然后拉出油尺，将其擦干净并全部插回去，再拉出油尺，油量应在上下两机油刻度之间，如图 2-33 所示。机油应颜色清亮、无异味、无杂质，否则，需要更换新机油和机油滤清器。

图 2-32　冷却系统免拆清洗操作

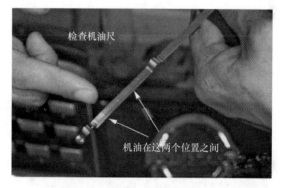

图 2-33　机油尺

② 排放旧油。在排放旧油前，应先将机油加注口盖打开，保证发动机内的气压平衡，使机油排放彻底，如图 2-34 所示。举升车辆到一定高度。卸下机油排放螺栓（见图 2-35），同时，将收集旧油的容器放在排油口的下方。拧松排放螺栓后，要快速将其取下，防止被热的机油烫伤。当旧油排完后，用专用工具将机油滤清器卸下，如图 2-36 所示。

图 2-34　打开机油加注口盖

图 2-35　卸下机油排放螺栓

图 2-36 卸下机油滤清器

图 2-37 更换新机油滤清器

③ 更换新机油滤清器。取出新的机油滤清器，在滤清器正面边缘部位涂抹少量的新机油，如图 2-37 所示，再用专用工具安装好新的机油滤清器。安装机油排放螺栓并用规定的力矩拧紧，如图 2-38 所示。

④ 加注新油。按发动机规定的容量加入新机油。加注新机油时，手要稳，加注速度不要过快，以防止机油洒落在发动机外部，如图 2-39 所示。加注完成后，用机油尺测量加入的机油量是否合格并做适当调整。启动发动机并暖机，观察机油滤清器、机油排放螺栓等部位是否有渗油情况。

图 2-38 安装机油排放螺栓

图 2-39 加注新机油

（2）润滑系统的免拆清洗及保养

发动机润滑系统可使机油在发动机机体内循环，从而润滑曲轴、连杆轴颈、凸轮轴颈和摇臂部位，以减少轴颈的磨损，保证发动机的正常工作状态。一段时间后，发动机内部的机油就会形成油泥、积炭等污垢（见图 2-40），导致机油过早失效、冷却效果减弱、部件过早磨损等，所以要对机油进行定期更换，也要对润滑系统的零件进行定期维护和保养。

润滑系统清洗剂能清除发动机内部的油泥和其他污物，避免机油在高温下氧化、稠化，还可减少发动机部件的磨损，恢复活塞环的弹性，使旧机油的排出更彻底，减少对新机油的污染，从而延长发动机的寿命，提高发动机的动力。

润滑系统保护剂是为保护发动机而设计的，具有特强的减摩、抗磨功能。使用后，保护剂能在易产生磨损的发动机缸体表面形成一层坚硬的保护膜，还能自行修复发动机已经

图 2-40　严重脏污的发动机润滑系统

磨损的表面（磨损不能过分严重），从而降低噪声、节省燃油、延长发动机寿命、提高发动机动力。润滑系统的免拆清洗及保养方法如下所述。

① 启动发动机，怠速运转 5min，将旧机油排出。

② 将清洗机的回油管接到油底壳放油螺孔上，将出油管接到机油滤清器座接头上。打开清洗机电源，设定清洗参数。

③ 向发动机内加注发动机润滑系统清洗剂。

④ 启动发动机并怠速运转 5～10min，将清洗后的清洗剂排出。

⑤ 重新加入发动机机油及发动机润滑系统保护剂。

正常情况下，汽车每行驶 5000～10000km，就需清洗并保养一次，在遇到发动机噪声过大、加速无力、水温过高时也需清洗和保养一次。

三、发动机点火系统的检查与保养

1. 蓄电池的检查及保养

（1）外观检查

① 检查蓄电池是否已被固定在车上，外壳表面是否有磕碰伤。

② 检查蓄电池电缆是否已被连接好，排气孔是否有灰尘，极柱是否有腐蚀物。若电缆未连接好或有灰尘和腐蚀物，应做调整和清理，如图 2-41 所示。

③ 通过蓄电池上的观察窗检查充电情况和质量状态，观察窗呈绿色时，表明电量充足，蓄电池正常；当观察窗的绿点很少或为黑色时，表明蓄电池需要充电；当观察窗显示白色时，表明蓄电池内部有故障，需要进行修理或更换，如图 2-42 所示。

图 2-41　紧固连接线　　　　　　　图 2-42　检查蓄电池状况

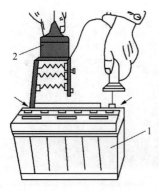

图 2-43 检查蓄电池负荷电压
1—蓄电池；2—高频放电计

（2）检查蓄电池的负荷电压

常用高频放电计对蓄电池的负荷电压进行检查，如图 2-43 所示。测量时，要将高频放电计的触针稍用力压在单格电池的两个极柱上或蓄电池两极柱上，每次的连接时间不得超过 5s。在 5s 内，电压表指针应稳定在某一刻度上，记下此数值。

用高频放电计检查技术状态良好的蓄电池时，其单格电压应稳定在 1.6V 以上或在绿色区域。若低于 1.6V，在 5s 内尚能保持稳定，一般为放电过多；若没有电压显示或电压表指针很快复零，则表示该单格电池或整个蓄电池有短路、断路或其他故障。

（3）检查电解液液面高度

① 将一根内径 6~8mm、长约 150mm 的玻璃管垂直插入加液口内，直至极板上缘为止，然后，用拇指压紧管的上口，用食指和中指将玻璃管夹出。

② 测量玻璃管中电解液的高度。读出的高度值即为蓄电池内电解液平面高出极板的高度，如图 2-44 所示。标准高度为 10~15mm。

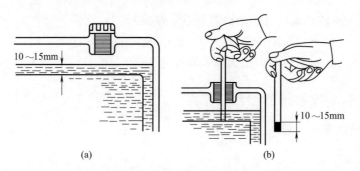

图 2-44 检查电解液液面高度

③ 电解液液面过低时，应及时补充蓄电池补充液，不要添加自来水，以免混入杂质，造成蓄电池故障。也不要添加电解液，否则，会使蓄电池内的电解液浓度增大，缩短蓄电池的使用寿命。

（4）检查电解液密度

① 拧下蓄电池的各加液口的盖，用密度计取出电解液，读取密度计读数。读数时，应把密度计提至与视线平齐的位置，以免影响读数的准确性，如图 2-45 所示。

② 温度低于 15℃ 或高于 15℃ 时，应用温度计测量电解液的实际温度，以计算电解液密度的修正值。注意，在蓄电池经大电流放电之后（如启动发动机），不能马上测量电解液密度，因为此时的电解液没有混合均匀，测量出的密度值不准确。

（5）蓄电池的补充充电

当蓄电池在使用过程中出现下列情况

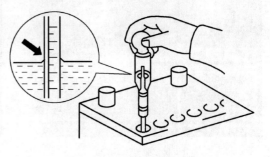

图 2-45 检查电解液密度

之一时，就应进行充电：灯光暗淡、启动无力、喇叭音量低，或者通过电解液密度检查出蓄电池放电超过规定等情况。充电步骤如下。

① 先用蓄电池专用补充液将电解液液面调整到规定的高度。

② 连接蓄电池与充电设备。蓄电池的正极接充电设备的正极，负极接充电设备的负极，绝对不能接反。

③ 确定充电电压。根据蓄电池的充电特性可判断出，蓄电池充足电时，单格电压可达 2.7V 左右，为了保险起见，一般单格充电电压按 2.75V 计算，这样，6 个单格的 12V 蓄电池所需要的充电电压就应为 16.5V。

④ 确定充电电流。充电电流可根据蓄电池的容量来选择。定电流充电分两个阶段进行，第一阶段的充电电流为蓄电池额定容量数值的 1/10，第二阶段的充电电流为蓄电池额定容量数值的 1/20。

⑤ 在充电过程中，为了及时了解情况，应每隔 2～3h 测量并记录一次单格电压、电解液密度和温度的变化情况。当单格电压达到 2.4V 时，应及时转入第二阶段。当电解液出现大量均匀、细密的气泡，单格电压稳定在 2.5～2.7V，并且在 2～3h 内电解液密度和端电压都不再继续上升时，则说明蓄电池已充足电，可以停止充电。

⑥ 充电终了时，应检查并调整电解液密度。如果电解液密度不符合要求，则可先将原格内的电解液抽出一些；如果原电解液密度过小，可加入密度为 $1.40g/cm^3$ 的浓电解液；如果原电解液密度过大，可加入蒸馏水，进行稀释。调整后的各单格电解液密度相差不应超过 $0.01g/cm^3$，液面高度应符合规定。

⑦ 调整好密度后，以小电流继续充电 0.5h，使电解液混合均匀，再复查电解液密度，必要时再进行调整，最后把蓄电池擦拭干净并装车。

注意：给蓄电池充电时，要有专人看管，充好以后，要及时撤下充电设备，防止过充对蓄电池造成损坏。

2. 发电机的检查及保养

（1）发电机的就车检查

① 检查传动带有无磨损、裂纹或其他损坏。

② 检查发电机传动带的预紧力。检查时，应在发电机传动带轮和风扇传动带轮中间，用 30～50N 的力按下传动带，传动带挠度应为 10～15mm；若过松，应松开发电机前端盖与支承杆的锁紧螺栓，向外扳动发电机，进行调整，松紧度合适后，再重新旋紧锁紧螺栓，如图 2-46 所示。

③ 当发电机位置被调节到最外极限时仍然过松或传动带底部有磨光印痕、V 带有老化裂痕时，应及时更换同规格的传动带。

④ V 带运转时有异响或有异常磨损时，应检查曲轴传动带轮、水泵传动带轮、发电机传动带轮是否在同一旋转平面内。

（2）使用发电机的注意事项

① 蓄电池的搭铁极性必须与交流发电机的搭铁极性一致。否则，蓄电池将通过二极管大电

图 2-46 调整发电机传动带的预紧力

流放电，烧坏二极管。

② 将发动机熄火后，应将点火开关断开，否则，蓄电池会长时间向磁场绕组放电，使磁场绕组过热而缩短其使用寿命。

③ 交流发电机不发电或充电电流小时，应及时排除故障。交流发电机与蓄电池之间的导线连接要牢固，否则，容易损坏二极管和电子元件。

3. 火花塞的检查及保养

（1）火花塞的选用

① 换装火花塞时，新换的火花塞热值必须与原厂火花塞热值相匹配。一般情况下，上下落差控制在1个热值之内。如果落差过大，轻则影响发动机功率输出，重则导致火花塞损坏，进而损坏发动机。

② 新换的火花塞螺纹长度、直径一定要与原厂火花塞一致，才能保证可靠安装。例如，一汽奥迪A6（1.8L）原厂配用的火花塞为NGK"BKUR6ET-10"型，可换装该品牌"BKR6EGP"型（超铂金）或"BKR6EIX-11"型（铱金）。

③ 一般规定汽车在行驶10000km之后（或每1年），必须检查或更换火花塞。铂金电极的火花塞使用寿命要长些，一般在汽车行驶100000km之内无须检查更换。

（2）拆卸火花塞

① 拆卸火花塞前，要清除火花塞孔处的杂物和灰尘。

② 应依次拆下火花塞上的高压分线。在拆下高压分线时，应做好各缸的记号，以免弄乱。拆卸高压分线时，不要抓住电线猛拉，应该抓住高压分线末端的防尘套并扭转着卸下电线，如图2-47所示。

③ 用火花塞套筒逐一卸下各缸的火花塞。拆卸时，火花塞套要确实套牢火花塞，否则，会损坏火花塞的绝缘磁体，引起漏电。为了稳妥，可用一只手扶住火花塞套筒并轻压套筒，另一只手转动套筒，如图2-48所示。卸下的火花塞应按顺序排好。

图2-47 拆卸高压分线（带点火线圈）

图2-48 拆卸火花塞

④ 用布块盖住火花塞孔，以确保火花塞被拆卸后，不会有杂物掉进气缸里。

（3）检查火花塞状态

① 外观检查。火花塞正常工作的温度为450～870℃。火花塞若呈灰白色或黄褐色，而且没有积炭，则表明该火花塞工作正常，燃烧良好；如果有电极被严重烧蚀或存有积炭，以及有污迹或其他异常现象，则表明该火花塞有故障，如图2-49所示。

② 检查火花塞的绝缘体，如有油污和积炭，应清洗干净；磁芯如有损坏、破裂，应予更换。对燃烧状态不好的火花塞，应先进行清洁，去除火花塞磁体上的积炭和污迹，然后，再检验其性能。

③ 检查火花塞电极的间隙。火花塞的间隙因车型、车种的不同而异，可以从随车手册中查到。用火花塞量规测量电极间隙并与规定值进行对比，如果间隙异常可适当调整。

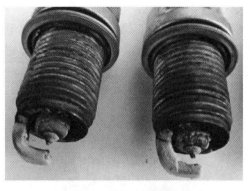

图 2-49　检查火花塞外观

（4）安装火花塞

安装火花塞时，先用手抓住火花塞的尾部，将其对准火花塞孔，慢慢用手拧上几圈，然后再用火花塞套筒将其拧紧。如果用手拧入时感觉有困难或费力，则应把火花塞取下来，再试一次，千万不要勉强拧入，以免损坏螺纹孔。为使火花塞能安装顺利，可以在火花塞螺纹上涂抹一点机油。

第二节　汽车底盘的美容养护

汽车底盘处于车身的最底部，离地面最近，难免会受到碰撞和刮擦。外部环境最容易对汽车底盘造成损害，除了路面上的碎石、积水会对汽车底盘造成损害外，有些城市在大雪过后，为消除积雪所使用的融雪剂也对金属有较强的腐蚀性。这些外因都对汽车底盘造成了一定的损害，如果汽车底盘被损坏了，同样会影响汽车的使用寿命，所以，对汽车底盘部分的检查和保养也是汽车美容里面必不可少的一项。

相关知识

一、底盘机械结构

汽车底盘由传动系统、行驶系统、转向系统和制动系统四部分组成。

1. 传动系统的组成

传动系统一般由离合器、变速器、万向传动装置、主减速器、差速器和半轴等组成。

（1）离合器

离合器位于发动机和变速器之间的飞轮壳内，用螺钉将离合器总成固定在飞轮的后平面上，离合器的输出轴就是变速器的输入轴。在汽车行驶过程中，驾驶员可根据需要踩下或松开离合器踏板，使发动机与变速器暂时分离或逐渐接合，以切断或传递发动机向变速器输入的动力。

（2）变速器

汽车变速器通过改变传动比来改变发动机曲轴的转矩，以满足在起步、加速、行驶及克服各种道路阻碍等不同行驶条件下对驱动车轮牵引力及车速的不同需要。变速器分为手动变速器（MT）和自动变速器，自动变速器有机械式自动变速器（AMT）、双离合自动变速器（DCT）、自动液力变速器（AT）、机械无级变速器（CVT）等几种类型，如图2-50所示。

图2-50 几种常见自动变速器
(a) AMT；(b) DCT；(c) AT；(d) CVT

（3）主减速器和差速器

主减速器和差速器是装配在一起的。主减速器可起到减速、增扭作用；差速器可以使左、右半轴存在转速差，以使车辆灵活转弯。

（4）半轴

半轴可将动力传递给左、右车轮，从而使整车运动起来。

2. 行驶系统的组成

汽车行驶系统由车架、车桥、车轮和悬架等组成。

① 车架也被称为大梁，它是汽车的基体，一般由两根纵梁和几根横梁组成，经由悬架装置、前桥、后桥支承在车轮上。车架具有足够的强度和刚度，以承受汽车的载荷和从车轮传来的冲击。现有的车架种类有大梁式、承载式、钢管式及特殊材料一体成型式等几种。

② 车桥也被称为车轴，它通过悬架和车架（或承载式车身）相连，两端用于安装汽车车轮。车桥可以是整体式的，像一个巨大的杠铃，其两端通过悬架系统支承着车身，因此，整体式车桥通常与非独立悬架配用；车桥也可以是断开式的，像两把插在车身两侧的雨伞，它们各自通过悬架系统支承车身，所以，断开式车桥常与独立悬架配用。可根据驱动方式的不同，将车桥分成转向桥、驱动桥、转向驱动桥和支持桥4种。

③ 车轮是汽车行驶系统里的主要部件，它可承载车身的质量，承受路面的颠簸，保证汽车有良好的乘坐舒适性和行驶平顺性，保证车轮和路面有良好的附着性，提高汽车的牵引性、制动性和通过性。在汽车行驶时，车轮承受着各种变形、负荷、阻力及高低温变化，因此，它必须具有较高的承载性能、牵引性能、耐磨性能、缓冲性能，以及低的滚动阻力与生热性能。

④ 悬架是汽车的车架与车桥或车轮之间的一切传力连接装置的总称，其作用是传递作用在车轮和车架之间的力和力矩，并且缓冲由不平路面传给车架或车身的冲击力，衰减由此引起的振动，以保证汽车平顺地行驶。

3. 转向系统的组成

转向系统主要由转向盘、转向器和转向传动机构（包括转向横拉杆等）组成，如图2-51所示。

① 转向盘由驾驶员操控，它可将转向力通过转向柱传递给转向器，使车辆按照驾驶员操控的方向行驶。

② 转向器可将转向柱的旋转运动改变为转向横拉杆的横向摆动，再通过转向节控制车轮转向。

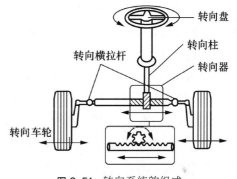

图2-51 转向系统的组成

③ 转向传动机构。转向传动机构中的转向节臂与转向节是固定在一起的，转向节上装有转向车轮。转向车轮可被转向节带动偏转一个转向角度，使汽车改变行驶方向。

现在的汽车多数都应用了动力转向装置。动力转向装置在机械式转向系统的基础上，增加了一套液力或电力助力装置。当汽车转向时，发动机将驱动助力装置，辅助驾驶员转向，这时，作用在转向盘上的力就很小了，减轻了驾驶员的劳动强度。

4. 制动系统的组成

制动系统一般由制动操纵机构和制动器两部分组成。

① 制动操纵机构包括制动踏板、制动助力器、制动主缸、制动管路、制动分泵和驻车制动器。驻车制动器俗称手刹，主要作用是保证停车稳定，防止溜车；在紧急情况下，它也可临时替代行车制动（脚刹）。小型车辆普遍采用手制动杆和钢索对后轮进行制动，即手制动与行车制动采用同一套制动器。

② 汽车上常用的制动器都是利用固定元件与旋转元件工作表面的摩擦力来产生制动力矩的，这种制动器被称为摩擦制动器，它有鼓式制动器和盘式制动器两种。盘式制动器由制动盘和制动钳组成，如图2-52所示。制动盘与车轮刚性连接，制动钳由制动分泵驱动，用于进行制动操作。盘式制动器的优点：对温度不敏感；衰减危险较低；在制动盘的两个旋转方向上具有相同的制动作用；外形结构制造合理，安装时节省空间；具有良好的

自动清洁功能。鼓式制动器多用在轿车的后轮上,由制动鼓和两片制动蹄片组成,如图 2-53 所示。制动鼓与车轮刚性连接,制动蹄片的一端被固定,另一端则由制动分泵驱动,进行制动操作。

图 2-52 盘式制动器

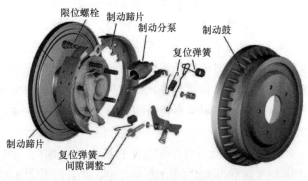

图 2-53 鼓式制动器

③ 防抱死制动系统的英文缩写为 ABS,它能自动调节制动力的大小,从而保证车轮与地面之间有最好的附着状态,达到缩短制动距离、提高汽车制动过程中的方向稳定性的目的。ABS 由传感器、电子控制单元(ECU)、制动压力调节器和报警装置等组成,如图 2-54 所示。ABS 是通过在每个车轮上安置一个轮速传感器,再用它们将各车轮的转速信号及时输入电子控制单元实现防抱死制动控制的。电子控制单元是 ABS 的控制中心,它可根据各个车轮的转速传感器输入的信号对各个车轮的运动状态进行监测和判定,并生成相应的控制指令,再适时将控制指令发给制动压力调节器。制动压力调节器是 ABS 的执行控制装置,它是由电磁阀、电动油泵总成和储液器等组成的一个独立的整体,通过制动管路与制动主缸和各制动轮缸相连。制动压力调节器可通过电子控制单元,对各制动轮缸的制动压力进行调节。报警装置包括仪表板上的制动报警灯和 ABS 报警灯两部分。制动报警灯为红色,通常用"BRAKE"做标识,由制动液面开关、手制动开关及制动液压力开关并联控制。ABS 报警灯为黄色,由 ABS 电子控制单元控制。

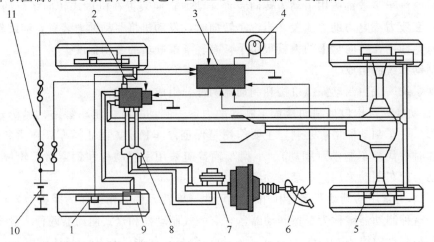

图 2-54 ABS 的基本组成

1—前轮速传感器;2—制动压力调节器;3—ABS 电子控制单元;4—ABS 报警灯;5—后轮速传感器;
6—制动报警灯开关;7—制动主缸;8—比例旁通阀;9—制动轮缸;10—蓄电池;11—点火开关

二、底盘相关油液

1. 齿轮油

齿轮油多用于手动变速器、转向器和减振器总成的润滑。齿轮油的工作条件与润滑油的工作条件相比,工作温度虽不高,但油膜所承受的压力却很大。

(1) 齿轮油的特性

① 齿轮油的油性。齿轮油的油性是指润滑剂介于运动件表面间,使之降低摩擦作用的性能。齿轮油油性的好坏,主要取决于化学成分中有无和金属具有良好亲和力的极压物质存在。

② 齿轮油的黏温特性。齿轮油的黏温特性是指黏度随温度变化的关系和程度。汽车传动机构温度变化大,但黏度却不能大幅度变化,如减速器冬季启动时可能在0℃以下,而工作温度却在80~100℃(最高可达150~170℃),因此要求齿轮油的黏度不能随温度变化而大幅度变化。

③ 齿轮油的极压抗磨性。齿轮油的极压抗磨性是指在摩擦面接触压力非常高的条件下,油膜抵抗破裂的性能。

④ 齿轮油的低温流动性。齿轮油的低温流动性是指齿轮油在低温时也能保持一定的流动性,否则低温启动阻力增大,将使燃料消耗增多。

⑤ 齿轮油的热氧化安定性。齿轮油的热氧化安定性是指油料在高温条件下,在空气、水和金属的催化作用下,抵抗氧化的能力。

⑥ 齿轮油的防锈性。防锈性是指保护齿轮不受锈蚀的性能。空气中的湿气会凝结于齿轮油中,对齿轮有锈蚀作用,可在齿轮油中加入磺酸盐或脂肪酸盐等防锈添加剂。

(2) 齿轮油的品种和牌号

根据传动齿轮承受的负荷大小,齿轮油可分为普通车辆齿轮油和双曲线齿轮油两种。按照生产工艺不同,齿轮油可分为馏分型齿轮油和渣油型齿轮油、馏分型双曲线齿轮油和渣油型双曲线齿轮油等几种。

为满足日益增多的汽车品种对润滑的需要,齿轮油的牌号和质量指标也在不断地改进和提高。国外汽车齿轮油大都按 SAE 黏度分类和 API 使用性能分类。按 SAE 黏度分类有 70W、75W、80W、85W、90、140、250 七种牌号。美国石油学会(API)对车辆齿轮油使用性能的分级见表2-7。国内车辆齿轮油的性能分级见表2-8。

表2-7 美国石油学会(API)对车辆齿轮油使用性能的分级

使用性能分级	GL-1	GL-2	GL-3	GL-4	GL-5
适用范围	低负荷、低速的直齿螺旋齿轮,蜗轮蜗杆,锥齿轮,及手动变速器,等等。	稍高速、高负荷、条件稍苛刻的蜗轮蜗杆及其他齿轮(准双曲面齿轮不能用)	不能用 GL-1 或 GL-2 的中等负荷及中速的直齿轮及手动变速器(准双曲面齿轮不适用)	高速低转矩、低速高转矩的准双曲面齿轮及在很苛刻条件下工作的其他齿轮	比 GL-4 更苛刻的耐低速高转矩、高速低转矩和高速、冲击性负荷的准双曲面齿轮
使用部位	不能满足汽车齿轮要求,不能用在汽车上	不能满足汽车齿轮的要求,除特殊情况外不能用在汽车上	变速器、转向器齿轮及条件缓和的差速器齿轮	差速器齿轮、变速器及转向器齿轮	工作条件特别苛刻的差速器齿轮及后桥齿轮

▫ 表2-8 国内车辆齿轮油的性能分级

代号	组成、特性和使用说明
L-CLC	L-CLC 由精制矿物油加入抗氧化剂、防锈剂、抗泡剂和少量极压剂等制成。L-CLC 适用于中等速度和负荷比较苛刻的汽车手动变速器和曲线齿锥齿轮的驱动桥。这种油比 CLA 和 CLB 有更好的耐负荷能力
L-CLD	L-CLD 由精制矿物油加入抗氧化剂、防锈剂、抗泡剂和极压剂等制成。L-CLD 适用于在低速高转矩或高速低转矩下工作的各种齿轮,特别是客车和其他各种车辆用的准双曲面齿轮
L-CLE	L-CLE 由精制矿物油加入抗氧化剂、防锈剂、抗泡剂和极压剂等制成。L-CLE 适用于在高速冲击负荷、高速低转矩和低速高转矩下工作的各种齿轮,特别是客车和其他车辆的准双曲面齿轮

（3）齿轮油的选用

首先根据传动齿轮的类型和使用时的负荷、速度选出齿轮油种类,即普通齿轮油还是双曲面齿轮油。然后按照使用地区季节的最低气温选出齿轮油黏度,即可得知选用齿轮油的牌号。普通齿轮传动可选用普通齿轮油,双曲线齿轮传动必须选用双曲线齿轮油,有些汽车虽然不是双曲线齿轮传动,但对于在山区或满载拖挂行驶的汽车,因齿面经常处于高温和高负荷工作状态,也要求选用双曲线齿轮油。

2. 润滑脂

润滑脂具有良好的黏附性,不易从摩擦表面流失,可在不密封和受压较大的摩擦零部件上使用,并有防水、防尘、密封作用。润滑脂由基础油、稠化剂、添加剂3部分组成。一般基础油含量占70%～90%,稠化剂含量占10%～30%,添加剂含量在5%以下。

（1）润滑脂的使用性能

① 滴点。滴点是指润滑脂从不流动状态转变为流动状态、在一定试验条件下滴出第一滴时的温度,是表示润滑脂耐热的指标。根据滴点可以大致判断润滑脂能够使用的温度范围。滴点越高,耐热性越好。润滑脂的使用温度一般要比其滴点低20～30℃,甚至低40～60℃。

② 针入度。针入度是指标准尺寸、形状和质量的金属圆锥体在5s内沉入保温在25℃的润滑脂试样中的深度,单位是1/10mm。针入度是表示润滑脂稠度的指标,也是表示润滑脂硬度的数值,针入度越小,润滑脂越硬。润滑脂的软硬取决于稠化剂含量,稠化剂含量越多,润滑脂越硬。润滑脂太硬会增大运动阻力,太软则会在高速时被甩掉。负荷较大、速度较低的摩擦机件,应选用针入度较小的润滑脂;负荷较小的摩擦机件,应选用针入度较大的润滑脂。国产润滑脂是根据针入度大小来编号的,规格见表2-9。

▫ 表2-9 润滑脂的规格

润滑脂编号	0	1	2	3	4	5
针入度（25℃）/（1/10mm）	355～385	310～340	265～295	220～250	175～205	130～160

③ 胶体安定性（分油性）。胶体安定性是指润滑脂抵抗温度和压力的影响而保持其胶体结构的能力。润滑脂分油程度与温度和压力有关,当温度和压力升高时,分油现象增加。

④ 水分。水分是指润滑脂含水量的质量百分比。它以两种形式存在:一种是游离的水,这是不希望存在的,它的存在会降低润滑脂的机械安定性和化学安定性,降低润滑脂

的防护性,甚至会引起腐蚀,要严格控制;另一种是结合的水,它是润滑脂的结构胶溶剂,对某些润滑脂是必不可少的,起稳定作用。

⑤ 腐蚀性。润滑脂能保护金属表面不受外界腐蚀,但润滑脂由于使用原料、制造工艺等原因,其本身或使用过程中的产物里含有对金属起化学作用的物质,在一定温度下会引起金属表面不同程度的腐蚀。

(2) 润滑脂的品种与牌号

① 钙基润滑脂。钙基润滑脂是用动物油、植物油和石灰制成的钙皂稠化润滑油,并以水作为胶体稳定剂,按针入度分为 ZG-1、ZG-2、ZG-3、ZG-4、ZG-5 五个牌号。钙基润滑脂具有良好的抗水性、润滑性和防护性,但其耐热性较差(使用温度不得超过 70℃),使用寿命短。钙基润滑脂可用来润滑转速在 3000r/min 以下的各种轴承,如汽车底盘的摩擦部位,属于应用最广泛的润滑脂。

② 复合钙基润滑脂。复合钙基润滑脂是用醋酸钙作复合剂制成的钙皂稠化润滑脂。它按针入度分为 ZPG-1、ZPG-2、ZPG-3、ZPG-4 四个牌号。复合钙基润滑脂以醋酸钙作为组分,不以水作稳定剂,从而避免了钙基润滑脂耐热性差的缺点。它耐热性好,且具有良好的抗水性和低温性能(可在 -40℃ 的低温下使用),适于润滑高温、高湿条件下工作的摩擦副,如轮毂轴承、水泵轴承等。

③ 石墨钙基润滑脂。石墨既是一种固体润滑剂,又是一种填充剂,具有良好的耐压抗磨性和抗水性。石墨钙基润滑脂主要用于高负荷、低转速的简单机械和易与水接触的工作部位,如汽车的钢板弹簧、吊车和起重机的齿轮盘、绞车齿轮等。由于它的主要成分是钙基润滑脂,因而耐热性差,其最高使用温度不应超过 60℃。

④ 钠基润滑脂。钠基润滑脂由脂肪酸钠皂稠化中等黏度的润滑油制成。由于原料和制造工艺不同,钠基润滑脂可以被制成光滑状结构、海绵状结构、纤维状结构、颗粒状结构。钠基润滑脂按针入度分为 ZN-2、ZN-3、ZN-4 三个牌号。钠基润滑脂属于高滴点润滑脂,耐热性强,可在 120℃ 以下的环境中工作较长时间,完全熔化时也不会降低润滑性。已熔化的钠基润滑脂,在冷却后能重新凝成胶状,搅拌均匀后仍可使用。其最大弱点是耐水性差,由于脂肪酸钠皂的亲水性很强,遇水即会溶解而失去稠化能力,使润滑脂乳化而流失。因此,钠基润滑脂不能用于直接与水接触和有潮湿空气的环境。

⑤ 钙钠基润滑脂。钙钠基润滑脂由脂肪酸钙、脂肪酸钠皂稠化中等黏度的润滑油制成,按针入度分为 ZGN-1、ZGN-2 两个牌号。钙钠基润滑脂性能介于钙基润滑脂和钠基润滑脂之间,耐热性优于钙基润滑脂,但又不如钠基润滑脂;抗水性优于钠基润滑脂,但又不如钙基润滑脂。钙钠基润滑脂适用于 100℃ 以下而又易与水接触的环境,如水泵轴承、轮毂轴承、传动轴中间轴承和离合器轴承等。

⑥ 锂基润滑脂。锂基润滑脂由脂肪酸锂皂固化润滑油制成,是具有代表性的高级通用润滑脂,外观呈发亮的奶油状,按针入度分为 ZL-1、ZL-2、ZL-3、ZL-4 四个牌号。锂基润滑脂滴点较高,适用温度范围较广,并有良好的低温性能、抗水性能,使用周期长,特别适用于高速轴承,可代替其他润滑脂,广泛使用于汽车轴承及摩擦副中。

(3) 润滑脂的选用

选用润滑脂时主要考虑以下因素。

① 工作温度。温度越高,选用滴点也越高;反之,就选用滴点较低的润滑脂。

② 运动速度。速度越大，选用的黏度就应越低；反之，应选高黏度的。

③ 承载负荷。承载负荷大的，应选针入度小的，以免润滑脂被挤出来；反之，应选针入度较大的润滑脂。

3. 汽车制动液

制动液是液压制动系统中传递制动压力的液态介质，是不可缺少的部分。因为液体是不能被压缩的，所以从制动主缸输出的压力会通过制动液直接传递至轮缸中。

（1）制动液的品种

目前使用的制动液，按原料、工艺和使用要求的不同，分为醇型、矿油型、合成型3种。

① 醇型制动液。醇型制动液以精制蓖麻油和醇类配制而成，使用的醇包括乙醇、甲醇、异丙醇、正丁醇等。它的特点是凝固点较低，润滑性好，橡胶皮碗膨胀率小，但易产生气阻，导致制动失效。

② 矿油型制动液。矿油型制动液以精制的轻柴油馏分，经深度脱蜡后，添加稠化剂、抗氧化剂制成。它的特点是有良好的润滑性，对天然橡胶有溶胀作用。

③ 合成型制动液。合成型制动液在醚、醇、酯等物质中加入添加剂（抗氧剂、防锈剂、润滑剂、抗橡胶溶胀剂）调和而成。它的特点是性能优良，高温下使用不会产生气阻，低温下使用能顺利供油，保证制动系统工作可靠，对橡胶也不产生侵蚀溶胀。

（2）制动液规格

为保证汽车行驶安全，各国不断制定、修订制动液标准。

① 国外汽车制动液标准。美国的《联邦机动车安全标准》将制动液分为DOT3、DOT4、DOT5三个级别，这是公认的汽车制动液通用标准。

② 我国制动液标准。《机动车辆制动液》（GB 12981—2012）中规定机动车辆制动液分为HZY3、HZY4、HZY5、HZY6四个级别，其中H、Z、Y分别为合成、制动和液体3个词的第一个汉字的汉语拼音首字母，阿拉伯数字作为区别本系列的标记。HZY3、HZY4、HZY5分别对应国际通用产品DOT3、DOT4、DOT5。

笔记

（3）汽车制动液的性能要求

① 橡胶密封件膨胀率。制动系统中安装有许多橡胶密封零件，由于这些橡胶密封件经常与制动液接触，其强度会逐渐降低，体积和质量会发生变化，可能失去应有的密封作用，导致制动失灵。为此，要求制动液对橡胶密封件的膨胀率要小。

② 腐蚀性。在液压制动系统中，传动装置一般由铸铁、铜、铝及其他合金制成。这些装置长期与制动液接触，若产生腐蚀，会使制动失灵。为使制动液对金属不产生腐蚀作用，一般用酸值和腐蚀试验进行控制。

③ 沸点。车辆高速行驶时若频繁制动，将产生大量摩擦热。若使用沸点较低的制动液，将使制动液沸腾并产生气阻，导致制动性能降低甚至失效。矿油型和合成型制动液沸点较高。

此外，还要求制动液要有适宜的黏度和良好的低温流动性，以保证在各种温度条件下的制动性能。

（4）制动液的选用

一般情况下，按照使用说明书选择制动液是最合理可靠的。汽车生产厂家在推荐制动液时，都是经过充分论证，说明书除给出制动液的标准品牌及规格型号外，一般还提供了可供代用的品牌及规格型号。

（5）汽车制动液使用注意事项

① 使用前必须检查制动液是否有白色沉淀物。若出现白色沉淀物，应过滤后再用。

② 不得混用制动液。由于不同种类的产品所使用的原料、添加剂和制造工艺各不相同，混合后会出现浑浊或沉淀现象（如不注意观察很难发现）。这不仅会大大降低原制动液的性能，而且沉淀颗粒还会堵塞管路导致制动失灵。因此，在更换制动液品牌时一定要用新加入的产品清洗管路。

③ 定期更换制动液。制动液使用一定时间后会因吸湿、化学变化等原因性能下降，从而影响行车安全。因此，使用中的制动液应定期更换，一般是在车检过程中需要更换主缸和轮缸的活塞皮碗时，一同更换制动液。建议每行驶 20000~40000km 或 1 年更换一次制动液。

④ 安全存放及添加。制动液多为有机溶剂制成，易挥发、易燃，要远离火源，注意防火防潮，尤其注意防止雨淋日晒，以免其吸水变质。

4. 汽车液力传动油

液力传动油又称自动变速器油（ATF）或自动传动油，在由液力变矩器、液力耦合器和机械变速器构成的车辆自动变速器中作为工作介质，借助液体的动能起传递能量的作用。

（1）液力传动油的性能要求

① 黏度。以典型的液力传动油来看，其使用温度范围为 $-25 \sim 170℃$，要求油品具有高的黏度指数和低的凝固点。一般规格的液力传动油黏度指数在 170 以上，凝固点为 $-40℃$，合成油黏度指数为 190，凝固点为 $-50℃$。

② 热氧化安定性。在汽车行驶过程中液力传动油温度随汽车行驶条件的不同而不同。油温升高氧化而生成的油泥等会使液压系统的工作不正常，润滑性能恶化，金属被腐蚀。

③ 剪切安定性。液力传动油在液力变矩器中传递动力时，会受到强烈的剪切力，使油中黏度指数改进剂之类的高分子化合物断裂，使油的黏度降低，油压下降，最后导致离合器打滑。

④ 抗泡性能。在液力传动油中有泡沫混入后，会引起油压降低，导致离合器打滑、烧结等故障产生。

⑤ 摩擦特性。液力传动油要求有相匹配的静摩擦系数和动摩擦系数，以适应离合器换挡时对摩擦系数的不同要求。

（2）液力传动油的类型

目前，我国液力传动油仅有两种企业规格，在温度为 100℃ 的条件下根据运动黏度分为 6 号和 8 号两种。其中 6 号液力传动油主要用于内燃机车、重负荷货车、履带车、越野车等大型车辆液力变矩器和液力耦合器，还可用于工程机械的液力传动系统；8 号液力传动油主要用于各种小轿车、轻型货车的液力传动系统。

（3）液力传动油的选用

在选用液力传动油时要注意以下事项。

① 不同厂家、不同级别的液力传动油不可以混用，具体应用事宜须与油品应用专业工程师联系。

② 液力传动油储存期限不得超过一年，常温下密封保存。若液力传动油储存条件发生变化，须经油品专业人员检验，确认合格后方能使用。

③ 厂家仅提供油品技术参考数据，每批次油品具体理化指标以厂家或经销商提供的实际数据及用户检测数据为准。

三、底盘损伤

1. 损伤的类型

汽车底盘的损伤包括以下两类。

（1）碰撞损伤

汽车底盘处于车身的最底部，离地面最近，最容易受到碰撞和刮擦。轻微的碰撞会损坏金属，造成锈蚀；严重的碰撞会损坏底盘零件，如刮坏油底壳、地板、副车架、稳定杆，撞坏纵梁、转向横拉杆、半轴等，造成机油泄漏、车身变形、车辆跑偏等后果，直接影响到车辆的正常行驶。

（2）锈蚀损伤

汽车底盘是最容易被忽略，也是最容易遭到腐蚀的部位，归纳起来，汽车锈蚀的主要因素如下所述。

① 长时间行驶，车辆上附着油污是避免不了的，油污严重时，会影响散热，还会腐蚀车体。

② 因轻微意外或碎石碰撞而划破表面烤漆防护层，以致锈蚀。

③ 在冬季，除了气候寒冷的因素外，一些城市添加在融雪剂中的某些化学药剂的成分对汽车底盘也会造成一定的腐蚀。

④ 雨天路湿，车辆下面的空隙处特别容易积存污泥，这就给湿气提供了藏匿的地方，这往往也是最容易生锈的地方。如果某部分长期潮湿，那么其他干燥部分也可能生锈。

⑤ 车体嵌板部分、凹处与其他部位常会聚积含水分的泥土，加速锈蚀。

⑥ 潮湿的地毯使汽车内部无法完全干燥，造成地板锈蚀。

笔记

2. 底盘封塑

底盘封塑也叫"底盘装甲"，它是一项底盘防腐护理工艺，是将一种高附着性、高弹性、高防腐、防潮的柔性橡胶树脂厚厚地喷涂在底盘上，使之与外界隔绝，以达到防腐、防锈、防撞的目的，同时还可以隔离一部分来自底部的杂音。底盘封塑不同于以前的底盘防锈处理。普通的防锈处理是在汽车底盘涂上一层油脂，也能隔离水分，但当汽车行驶一定的里程之后，油脂会蒸发、黏附灰尘，防锈效果会渐渐消失，黏附的灰尘、油污还会造成新的腐蚀。底盘封塑能彻底隔绝酸雨、融雪剂的侵袭。

底盘封塑需要用到的材料和工具如下。

（1）防锈保护剂

防锈保护剂是以橡胶为基本材料的一种防锈剂，具有防腐蚀、隔音的功能，其施工方便，喷涂在垂直方向的表面时也不会滴流。防锈保护剂常见的包装形式有罐装和自喷罐装两种，使用前要摇匀。

（2）喷枪

罐装的液态防锈保护剂需要配合专用的喷枪来使用，并且要以压缩空气为动力进行喷涂，如图 2-55 所示。如果是气雾型的防锈保护剂，则可直接喷涂。

（3）其他工具

空气压缩机和供气管路为喷涂防锈保护剂提供动力。

图 2-55　防锈保护剂喷枪

技能实例

一、底盘的检查与保养

1. 举升车辆

① 在使用举升机之前，一定要先阅读说明书。

② 参阅具体车辆的维修信息，找出推荐的车辆举升点位置，如图 2-56 所示。车辆举升点是为安全升起车辆而设计的，应将举升机、举升垫和移动式千斤顶准确放置在举升点位置。

③ 应调整车辆的中心靠近举升机的中心，以免车辆因失衡而落下。

④ 慢慢升起举升机，车辆高度到达大约 150mm 时，停止举升，晃动车辆，以确认车辆在举升机上是平衡的。如果听到异响，则表明车辆可能没有被正确支承，应降下车辆并重新对正车辆和举升垫。

⑤ 车辆被完全举起并锁住举升机的安全钩后，维修人员才能在车底作业。这样，即使举升机液压系统失效了，安全钩也能保证举升机和车辆不会落下。

⑥ 车辆被举升时，车内不能有人。

2. 认识汽车底盘零件

应按系统逐步认识底盘零件或总成，从行驶系统开始，到制动系统，再到转向系统和车架，并了解各个零件的功能。

3. 检查传动轴

① 检查传动轴有无裂纹和扭曲，转动是否自如，有无异响等；防尘罩有无破损，外侧是否有裂纹和其他损坏，如图 2-57 所示。

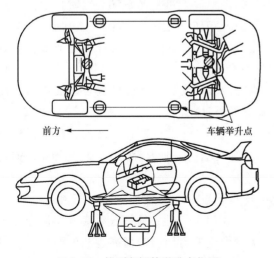

图 2-56　找到车辆的举升点位置

图 2-57　检查防尘罩

② 检查底盘有无刮碰损伤，表面是否有锈蚀，零件是否有变形等情况，如图 2-58 所示。

③ 检查排水口是否变形或被堵塞，是否能正常排水，如图 2-59 所示。

图 2-58　检查车架是否损坏

图 2-59　检查车底排水口

4. 自动变速器的常规检查及保养

自动变速器是汽车底盘系统中容易受到碰撞的部件，经常会有托底事故发生，如果使用自动变速器的车辆发生托底事故，就会严重影响到车辆的正常行驶。自动变速器的基础检查包括对油质和油面高度的检查，对节气门拉索和变速杆的检查，对怠速、空挡启动开关及强制降挡开关的检查等。

① 检查油面高度。将汽车停放在水平路面上并拉紧驻车制动；使发动机怠速运转；踩住制动踏板，将变速杆分别拨至"P""R""N""D""2""L"等位置并在每个挡位上停留几秒钟，最后，再将变速杆拨至停车挡"P"位置；拔出油尺并将其擦干净，将油尺全部插入加油管后再拔出，检查油面高度。自动变速器的油面应位于油尺上两刻线之间。自动变速器处于冷态（室温低于25℃）时，油面应在油尺刻线的下限（COOL）附近；自动变速器处于热态（油温70~80℃）时，油面应在油尺刻线的上限（HOT）附近，如图 2-60 所示。若油面高度过低，则应向加油管内加入自动变速器油，直至油面高度符合规定为止。

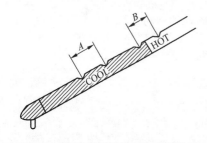

图 2-60　自动变速器油面高度的检查
A—冷态时的油面高度范围；
B—热态时的油面高度范围

② 检查完油面高度后，还应检查自动变速器的油底盘、油管接头处有无泄漏现象，如漏油，应立即修复。

③ 对自动变速器油油质的检查。将油尺上的自动变速器油滴在干净的白纸上，检查自动变速器油的颜色及气味。正常的自动变速器油的颜色一般为粉红色，且无异味。如自动变速器油呈褐色或有焦煳味等，则说明油已变质。

④ 自动变速器油的更换周期。一般进口轿车的自动变速器应每正常行驶 100000~200000km 换一次油，即便不行驶，若车辆放置一年以上，也必须将自动变速器油全部更换。每行驶 20000km 或 6 个月以后应检查一次自动变速器油的油面高度和油的品质，以判断自动变速器的工作是否正常。

5. 检查转向助力装置

① 检查驱动带。观察驱动带是否有过度磨损、帘线磨损等情况，如图2-61所示。

② 检查转向助力液。用千斤顶顶起车辆前部并将其支承住，在发动机停机时，轻轻将转向盘从一侧锁止位置转到另一侧锁止位置，反复几次。降下汽车，启动发动机，怠速运转几分钟。从一侧极限位置旋转转向盘到另一侧极限位置并保持2～3s，然后，反方向转到另一侧极限位置，保持2～3s。重复转动转向盘几次，关闭发动机，检查动力转向液是否有泡沫或乳化现象，如图2-62所示。如果系统出现泡沫或乳化现象，则系统存在渗漏现象，应仔细检查并修复。

③ 检查动力转向液液面的高度。将汽车停在水平路面上，发动机停止运转后，检查储液罐中液面的高度。如有必要，可加注转向机油，以确保动力转向液液位正常。

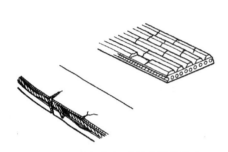

图2-61 动力转向泵驱动带的检查

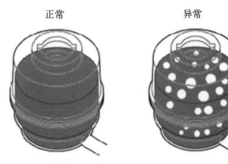

图2-62 动力转向液的检查

6. 检查驻车制动装置

（1）调整驻车制动的原因

随着汽车的使用，钢索会产生一定量的塑性变形，造成驻车制动行程过大，因此，调整好车轮制动器间隙后，还应检查并调整驻车制动拉索长度。当在较小的坡道上拉紧驻车制动装置时汽车仍后溜，或在拉紧驻车制动装置的情况下汽车能以二挡起步时，应检查、调整驻车制动装置。

（2）驻车制动行程的调整方法

调整方法是通过改变拉索长度来调整驻车制动拉杆的空行程。调整时，旋松驻车制动拉索端部，调整螺栓上的两个紧固螺母，使螺栓的长度减小，直到驻车制动手柄棘轮行程量在4～7个齿的范围内为止。

具体操作步骤如下。

① 将车轮挡块置于车轮附近适当位置。

② 松开驻车制动装置。

③ 用力踩下制动踏板，以便让制动摩擦片紧贴在制动鼓上。

④ 将驻车制动装置拉过4个棘齿，抬起制动踏板。

⑤ 扭紧紧固螺母，直到两个车轮用手转不动为止。

⑥ 松开驻车制动装置，检查两车轮是否转动自如。

调整好后，驻车制动装置在拉杆行程的60%（如拉到9个齿中的5个齿）时，车辆应能在15°的坡路上稳定地停住。

7. 检查制动器管路

检查制动器管道和软管的安装情况，如图2-63所示。

二、自动变速器的免拆清洗保养

由变速系统磨损产生的油泥、积炭等污垢，会堵塞滤芯并缩小用于流通的管路，导致自动变速器控制阀功能紊乱。拆卸油底壳也只能排出小部分的旧油，油管、散热器、液力变矩器内的旧油仍不能排净。

图2-63 检查制动器管路安装情况

1. 高质量的自动变速器清洗剂、保护剂的保养效果及特点

① 清除由于变速系统磨损形成的油污、积炭等污物，中和酸性物质，避免腐蚀。
② 清洁精密偶件及油道，改善牵引响应。
③ 防止胶质、沉淀物产生，防止变速器油氧化，使各个部件不受腐蚀。
④ 防止振动、噪声和打滑。
⑤ 适合所有类型的变速器。

2. 保养方法

常规情况下，汽车每行驶20000～25000km时，自动变速器应清洗、保养一次，如遇自动变速器打滑、换挡迟缓、系统渗漏时，也应清洗、保养一次。

① 清洗。将汽车举升到适当高度，拆开一条自动变速器冷却油管，将其两端分别与自动变速器清洗换油机的进、回油管路相连，如图2-64所示。短暂启动发动机，判断油的流动方向，确保自动变速器的出油端与清洗机的回油管相连。在中间接上球阀，使回油端与清洗机的出油管相连。将清洗剂瓶与清洗机外部吸油管相连。将清洗机的转换阀2转到"吸油"位置，将转换阀1定在"换油"位置。连接电源，开启开关，待清洗剂注入自动变速器后，拆

图2-64 清洗自动变速器

下外部吸油管，将转换阀1和转换阀2都转到循环位置。启动发动机，开始循环清洗。操作所有的自动变速器挡位，每一挡位停留5～10s，10～15min后清洗完毕。

② 换油。在清洗机新油桶内注入约12L新油，将转换阀1转到"换油"位置，将转换阀2转到"循环"位置；开启电源开关，开始向变速器内注入新油；待新油视窗内有新油流动时，启动发动机，自动变速器开始新、旧油交换。调节球阀，使新、旧油流量一致。操作所有的变速器挡位，每一挡位停留5～10s。从视窗中观察，当旧油颜色与新油颜色一致时，换油完毕，关闭发动机；接好自动变速器的油管，启动发动机，切入P挡，观察油位，以判断是否需要补充新油，同时观察管路是否渗漏。

③ 保护。将保护剂添加到自动变器油箱中。

三、汽车底盘的防腐蚀喷塑保护

1. 施工前的准备

（1）个人防护用品

① 穿戴好工作服、工作鞋、工作帽等常规个人防护用品，如图 2-65 所示。

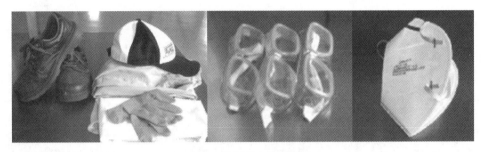

图 2-65　常规个人防护用品

② 佩戴防护口罩、耐溶剂的橡胶手套和防护眼镜。

（2）施工安全

① 底盘装甲操作要在车下施工，使用车辆举升机时要注意安全。

② 进行喷涂操作时，要注意工作车间的通风。

③ 不得将防锈保护剂和除油剂等喷涂物对着他人或其他物体喷涂。

2. 施工流程

（1）清洁

先要仔细地将底盘彻底清洁一遍。

① 可以先用高压水枪将泥土等污垢清除。

② 用专用的去污剂把沥青、油污等彻底去除，如图 2-66 所示。

③ 用压缩空气吹干底盘部分的积水，尤其是缝隙中要彻底干燥。

这些处理中的任何一项疏忽都会影响"装甲"的牢固程度。

（2）处理损坏和锈蚀部位

如果汽车老旧，车底已经有了腐蚀现象，或者底盘有被刮碰的痕迹，使以前的保护胶或油漆损坏了，已露出钢铁部分，那么一定要先将这些部位处理好，否则，做好"装甲"后锈蚀仍然会在内部发生。处理这些损坏的方法如下所述。

① 先用钢刷或铲刀将锈蚀和破损的漆膜处理掉，露出新鲜的钢铁底材。

② 用 P100～P150 砂纸打磨一遍，吹净污物并做好除油工作，如图 2-67 所示。

图 2-66　彻底清洁

图 2-67　处理损坏部位

(3) 贴护

① 对于油管和露出的螺栓等部位要先做好贴护工作。

② 底盘防锈保护胶不可用在汽车可转动部分和需要散热的部位。将自动变速器、传动轴、油箱、转向轴、排气管等部位用报纸密封起来，如图 2-68 所示。

(4) 首次喷涂

首次喷涂的量不要过多，达到 50% 的遮盖力就可以了。喷涂完成后，要静置 5min 左右，才能进行下一次喷涂，如图 2-69 所示。

图 2-68　贴护

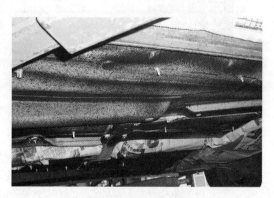

图 2-69　首次喷涂

(5) 二次喷涂

① 二次喷涂时要将底盘全部遮盖，不能露出底盘原来的颜色，以达到完全保护的目的，如图 2-70 所示。

② 如果产品使用说明中有明确的要求，可分多次喷涂。具体情况要依产品操作说明来定。

(6) 检查

撤掉保护贴纸，检查是否有遗漏的地方，是否在不应该喷涂的部位喷涂了，如图 2-71 所示。

图 2-70　二次喷涂

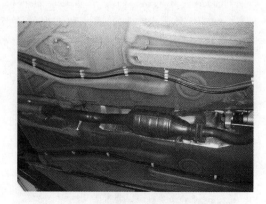

图 2-71　检查

第三节 车轮的美容养护

轮胎是车轮中与地面直接接触的部件，它在汽车的行驶中起着关键作用，属于易磨损零件，并经常会受到各种机械和化学损伤。在汽车的运输成本中，轮胎的费用占 5% 以上。因为轮胎直接与地面接触，它必须要在不同速度的行驶条件下发挥其一切作用，所以，很多情况下，轮胎成了车轮的代名词。

相关知识

一、轮胎的结构与类型

汽车车轮由轮胎和轮毂组成，如图 2-72 所示。有的车轮轮毂不太美观，还会为其另外加一个装饰罩盖。

轮毂是车轮的骨架，是用于安装轮胎的部件。轮毂与轮胎接触的外环叫轮辋，轮辋的制造需要很精确，用以装配无内胎的轮胎。在使用时，汽车的轮辋规格是很重要的，它将决定汽车可以装用哪些轮胎。轮毂的轮辋和车轴之间部分叫轮辐。有些车辆所使用的轮毂为钢材压制及焊接而成，目前大多数车辆使用铝合金轮毂。

轮胎是安装在轮毂上的接地滚动的圆环形弹性部件，是橡胶与纤维材料及金属材料的复合制品，制造工艺是机械加工和化学反应的综合过程。橡胶与配合剂混炼后，压出胎面；帘布经压延、裁断、贴合制成帘布筒或帘布卷；钢丝经合股、包胶后成型为胎圈；然后，将所有半成品在成型机上组合成胎坯，再在硫化机的金属模型中，经硫化制成轮胎成品。

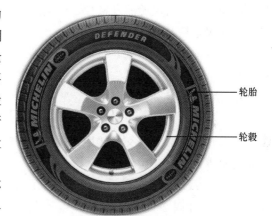

图 2-72 车轮的组成

1. 轮胎的作用

（1）支承汽车的总质量

轮胎与轮毂一起承受汽车的重力并传递来自于其他方向的力和力矩，包括垂直反作用力、侧向反作用力和切向反作用力等，因此轮胎应当始终保持适当的气压。轮胎侧壁触地部分的弯曲度不应超过其胎侧高度的 20%，以使轮胎合理地挠曲，使胎身可以保持最佳的使用状态。

（2）吸收并缓和汽车的动能

轮胎还能吸收并缓和汽车行驶过程中所受到的一部分冲击和振动，保证汽车具有良好的乘坐舒适性和行驶平顺性。当加速或制动时，轮胎所承受的力相当于汽车的总重量。此时，轮胎会将外力传递到横轴上，从而产生制导效应，使轮胎以一定的速度将车子维持在驾驶者所希望的行驶方向上。

（3）保证汽车与路面的附着性

轮胎还应与路面有良好的附着性，以提高汽车的动力性、操纵性和通过性。在20世纪90年代初，用硅取代了轮胎中的炭黑，使油耗有所降低，但这并不影响轮胎的附着力。

（4）降低噪声

轮胎还起着降低噪声的作用。如今的车轮多是由无内胎轮胎和金属轮辋构成的。这种结构有不少优点，轮胎侧壁异常柔韧，能起到保障舒适的作用；胎面则因金属轮辋而变得坚硬，以保证其抓地性良好。胎面上的花纹主要起排水和避免因路面湿滑而发生侧滑的"水层效应"的作用。胎面花纹还能起到降低行驶噪声的作用。

2. 轮胎的结构

现在的轿车使用的轮胎大部分是无内胎的轮胎，其胎体内层有气密性好的橡胶层，且需配专用的轮辋，如图2-73所示。胎冠可提高轮胎路面附着性和排水性，承受各种作用力；带束层可保证轮胎在高速转动时的性能；帘布层可使轮胎在高内压下仍能保持其形状；橡胶层可保持轮胎的气密性；胎圈是轮胎安装在轮辋上的部分，由胎圈芯和胎圈包布组成，起固定轮胎的作用。

世界各国轮胎的结构，都在向无内胎、子午线结构、扁平（轮胎断面高与宽的比值小）和轻量化的方向发展。

3. 汽车轮胎的分类

（1）按胎体结构分类

汽车轮胎可分为斜交线轮胎、带束斜交轮胎和子午线轮胎三类。子午线轮胎与斜交线轮胎的根本区别在于胎体。

① 斜交线轮胎。胎体采用斜线交叉的帘布层，胎体帘线方向与轮胎行驶方向成30°～38°的角度，如图2-74所示。

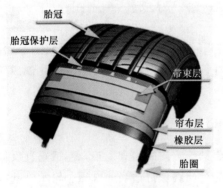

图2-73 无内胎轮胎的结构

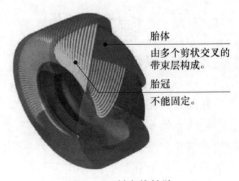

图2-74 斜交线轮胎

② 子午线轮胎。胎体是聚合物多层交叉材质，胎体的帘线方向与轮胎行驶方向成90°夹角，如图2-75所示。其顶层是由数层钢丝编成的钢带帘布，可减小轮胎被异物刺破的概率。现在的轿车上用的都是子午线轮胎。

(2）按轮胎的组成分类

汽车轮胎可分为有内胎轮胎和无内胎轮胎两类。无内胎轮胎中的空气是被直接压入外胎中的，因此，轮胎与轮辋间要有很好的密封性。无内胎轮胎在外观和结构上与有内胎轮胎近似，所不同的是，无内胎轮胎内壁上附加了一层厚2～3mm的专门用来封气的橡胶密封层，它是用硫化的方法黏附上去的。当轮胎被穿孔后，由于其本身处于压缩状态而紧裹着穿刺物，因此能长期不漏气，即使将穿刺物拔出，也能暂时保持胎内气压。无内胎轮胎的胎圈上有若干道同心的环形槽，在胎内气压的作用下，槽纹能使胎圈压紧在轮辋边缘上，以保证密封。无内胎轮胎的轮辋是不漏气的，它有着倾斜的底部和均匀的涂层。气门嘴被直接固定在轮辋上，其间垫以密封用的橡胶衬垫。无内胎轮胎上都标有"TUBE-LESS"的标识，如图2-76所示。无内胎轮胎具有气密性好、散热好、结构简单、质量小等优点，缺点是途中修理较为困难。

图2-75　子午线轮胎

图2-76　无内胎标识

（3）按使用季节的不同分类

汽车轮胎可分为夏季轮胎、冬季轮胎和四季通用轮胎三类。

① 夏季轮胎。夏季轮胎的橡胶化合物比冬季轮胎的硬。温度在7℃以上时，夏季轮胎具有最佳的附着力和抓地力。

② 冬季轮胎。冬季轮胎采用耐寒冷的橡胶化合物制成，这种化合物在温度低于零度时不会硬化，因此可提供较好的附着能力，如图2-77所示。随着温度的升高，冬季轮胎的柔韧性会提高，挤压变形也越来越严重，使轮胎磨损增大、滚动阻力提高，进而导致耗油量提高。

③ 四季通用轮胎。四季通用轮胎既适合冬季使用，也适合夏季使用。

（4）按胎内气压大小分类

汽车轮胎可分为高压轮胎（气压为490～686kPa）、低压轮胎（气压为196～490kPa）和超低压轮胎（气压为196kPa以下）三类。

（5）按胎面花纹分类

汽车轮胎可分为普通花纹轮胎、越野花纹轮胎和混合花纹轮胎三类。普通花纹轮胎的花纹细而浅，适用于比较好的路面；越野花纹轮胎的花纹凹部深而粗，与软路面的附着性较好，越野能力强，适用于矿山、建筑工地等路面情况；混合花纹轮胎的花纹介于普通花纹和越野花纹之间，中部为菱形，纵向为锯齿形或烟斗形花纹，两边为横向越野花纹，适用于在城市、乡村之间的路面。

（6）按轮胎帘线类型分类

汽车轮胎可分为钢丝轮胎、尼龙轮胎、人造线轮胎和聚酯轮胎等几类。

（7）按用途不同分类

汽车轮胎可分为轿车轮胎、载货汽车轮胎和特种车辆及工程机械用轮胎等几类。

（8）防爆轮胎

防爆轮胎也称自承载式轮胎，其轮胎胎壁两侧有加强层，能够承载车身重量。它可以在完全漏气的情况下继续行驶很长距离，不会像普通轮胎一样，当胎压减少或消失后，轮胎就会变瘪，甚至脱离轮毂，使车辆无法行驶或失去控制，从而造成车祸，如图2-78所示。防爆轮胎有以下特点。

图2-77 冬季轮胎

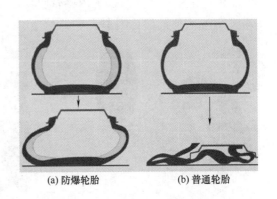

图2-78 防爆轮胎与普通轮胎对比

① 在出现缓慢的空气损失时，防爆轮胎仍能以80km/h的速度行驶约2000km。

② 在空气突然完全漏光时，防爆轮胎仍能以80km/h的速度行驶约160km。

③ 安装防爆轮胎的车辆由于无须装备备用轮胎和车辆升降机，因此减轻了车辆重量，增加了可用空间，提高了车辆的安全性。

④ 使用时要注意，安装了防爆轮胎的车辆不允许安装普通车轮和轮胎，只有在紧急情况下才能安装普通轮胎，也不允许把防爆轮胎安装到普通车轮上。

⑤ 安装防爆轮胎的车辆要配备胎压报警指示系统。防爆轮胎的胎压无法从轮胎的外观看出，即使在胎压很低时，轮胎外观也没有明显变化。胎压不足对防爆轮胎来说也是十分危险的，所以，安装胎压报警指示系统尤为重要。

二、轮胎标记

汽车轮胎上的标记有十余种，正确识别这些标记对轮胎的选配、使用和保养十分重要，对于保障行车安全和延长轮胎使用寿命也具有重要意义。轮胎型号中的尺寸单位一般为英寸（in❶）。

1. 断面宽度

断面宽度指轮胎的横断面宽度，如图2-79所示。一般用"B"表示，单位为"mm"，

---

❶ 1in=25.4mm。

如165mm、185mm等。

2. 扁平率

扁平率是指轮胎断面高/轮胎断面宽（H/B）的值，如图2-80所示。扁平率用百分数表示，如55％、65％等。一般来说，扁平率小于50％的轮胎属于扁平胎。

图2-79 断面宽度

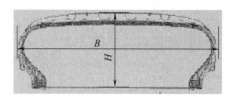

图2-80 扁平率

3. 轮胎类型代号

子午线轮胎用"R"表示，有些轮胎上还有单独的标识，如图2-81所示。

4. 轮辋直径

轮辋直径是指轮辋直径的大小，一般用"d"表示，如图2-82所示。其单位为英寸，如轮辋直径为14in、18in等。

图2-81 子午线轮胎

图2-82 轮辋直径

5. 载重系数

载重系数是指轮胎的承载能力，载重系数的大小不是实际载重数值，它与实际载重相对应。轮胎常用载重系数对照如表2-10所示。

表2-10 轮胎常用载重系数对照

系数	83	84	85	86	87	88	89	90	91
质量/kg	487	500	515	530	545	560	580	600	615
系数	92	93	94	95	96	97	98	99	100
质量/kg	630	650	670	690	710	730	750	775	800
系数	101	102	103	104	105	106	107	108	—
质量/kg	825	850	875	900	925	950	975	1000	—

6. 速度标志

轮胎的速度标志是指轮胎的最大行驶安全速度，用英文字母表示。轮胎速度标志的含义如表 2-11 所示。

表 2-11 轮胎速度标志

速度标志	最大安全速度/(km/h)	常用车型
N	140	普通轿车(备用胎)
P	150	—
Q	160	轻型货车(雪胎)
R	170	轻型货车
S	180	—
T	190	—
U	200	—
H	210	运动型轿车
V	240	跑车
Z	240	跑车(或大于 240km/h)
W	270	特型跑车
Y	300	特型跑车

注：1. 较常见的轮胎速度标志为 P、S、T、H。
    2. 如轮胎无速度标志，除非另有说明，否则均默认其最大安全速度为 120km/h。

一般情况下以上 6 个轮胎标识会组合在一起并醒目地标记在轮胎胎体上，按断面宽度、扁平率、轮胎类型代号（R）、轮辋直径、载重系数、速度标志的顺序组合，如图 2-83 所示。对扁平率和轮辋直径的了解有助于选择适合的轮胎，而对于轮胎的载重系数和速度标志的了解则有助于行车安全。

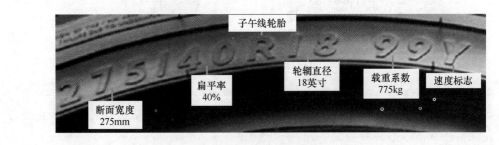

图 2-83 轮胎的基本标识

"275/40 R 18 99Y" 轮胎标识中各项的含义为：275——胎面宽 275mm，40——扁平率为 40%，R——子午线结构，18——轮毂直径为 18 英寸，99——最大载重为 775kg，Y——最大安全速度为 300km/h。

7. 其他标记

（1）负荷及气压

轮胎上一般会标示最大负荷及相应气压，负荷以"kg"为单位，气压即轮胎胎压，单位为"kPa"，如图 2-84 所示。

（2）磨损极限标志

轮胎一侧有用橡胶条、块标示的轮胎磨损极限，一旦轮胎磨损达到这一标志位置，应

图 2-84 轮胎最大负荷和胎压

及时更换，否则会因强度不够而中途爆胎。

（3）层级

层级是指轮胎橡胶层内帘布的公称层数，与实际帘布层数不完全一致，它是轮胎强度的重要指标。层级可用中文标志，如"12 层级"；也可用英文标志，如"14P.R"即 14 层级。

（4）帘线材料

有的轮胎上会有单独的标识，如"尼龙"（NYLON），一般将其标在层级之后；也有的轮胎厂家将其标注在规格之后，并且用汉语拼音的第一个字母表示，如 9.00-20N、7.50-20G 等，其中 N 表示尼龙、G 表示钢丝、M 表示棉线、R 表示人造丝。

（5）平衡标志

先用彩色橡胶制成标记形状，再将其印在胎侧，以表示轮胎此处最轻，组装时应将此处正对气门嘴，以保证整个轮胎的平衡性。

（6）滚动方向

轮胎上的花纹能对排水和防滑起到特别关键的作用，如果装错，则适得其反。所以，花纹不对称的越野车轮胎常以箭头标志装配滚动方向，以保证其附着力和防滑等性能。

（7）生产批号

生产批号用一组数字及字母来标示，表示轮胎的制造年、月及数量。如"98N08B5820"，表示 1998 年 8 月 B 组生产的第 5820 只轮胎。生产批号用于识别轮胎的新旧程度及存放时间。

（8）商标

商标是轮胎生产厂家的标志，包括商标文字及图案。商标大多比较突出和醒目，使人易于识别。商标大多与生产企业厂名一起标示。

三、轮胎气压与不正常磨损

在汽车高速行驶的过程中，轮胎故障是所有驾驶者最为担心和最难预防的，这也是交通事故发生的重要原因之一。怎样防止爆胎已成为安全驾驶的一个重要课题。据国家橡胶轮胎质量监督中心的专家分析，以标准的车胎气压行驶和及时发现车胎漏气是防止爆胎的关键。

1. 胎压不正常的危害

（1）胎压过高

轮胎气压过高会产生以下后果。

① 胎面与地面接触面积减小，胎冠中央磨损严重，如图 2-85 所示。

② 轮胎与地面之间的附着力减小，降低汽车制动效能。

③ 缓冲性能降低，降低乘坐舒适性。

④ 轮胎损伤严重时，胎压过高也会带来爆胎的危险。

轮胎胎压过高时，地面对车辆的阻力将降低，可以降低燃油的消耗，但是与其造成的危害程度相比还是得不偿失的。

(2) 胎压过低

轮胎气压过低会产生如下后果。

① 胎面与地面接触面积增大，胎冠两侧（即胎肩）磨损严重，如图2-86所示。

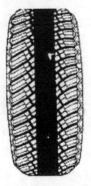　　

图2-85　胎冠中央磨损　　　　图2-86　胎肩磨损

② 轮胎与地面之间的附着力增大，增加油耗。

③ 缓冲性能降低，降低乘坐舒适性。

④ 在车辆高速行驶时，会导致爆胎。对于无内胎的车轮来说，轮胎内部的密封情况完全靠轮辋与轮胎接触部位来实现，而胎压过低则会使密封情况变差，尤其是在车轮高速转动时，密封性的急剧下降会大大增加爆胎的可能性。

2. 轮胎的其他异常磨损

(1) 胎冠单侧磨损

胎冠内侧或外侧磨损，如图2-87所示，是由于车轮定位不准或长期不进行换位所致，前轮外倾角及前轮前束不合标准会引起前轮偏磨。一旦出现此类磨损，则需要进行四轮定位，必要时，还需进行轮胎的互换。

(2) 胎冠呈锯齿状磨损

这种磨损与前轮前束有关，当胎冠由外侧向内侧呈锯齿状磨损时，说明前轮前束过大；反之，则说明前轮前束过小。

(3) 胎冠呈波浪状或碟片状磨损

此类情况是由车轮的平衡不良、轮辋和轮轴及其轴承不正常或车轮定位不准引起的。出现这种磨损后，应及时进行车轮的平衡或四轮定位，并且应检查相关轮辋与轴承。车轮平衡不良还会造成行车方向不易控制、车子跑偏或直行时转向盘不正等情况，在特定行车速度下，车身还会发生抖动的现象。

(4) 胎冠局部磨损

这是由紧急制动使车轮抱死或急速启动使车轮打滑引起的磨损，如图2-88所示。这种磨损会缩短轮胎的使用寿命，所以应尽量避免紧急制动与急速启动。

图 2-87　胎冠单侧磨损　　　　图 2-88　胎冠局部磨损

技能实例

一、车轮检查与保养

1. 轮毂检查

车轮轮毂容易受到刮碰，所以要经常检查其表面是否受损、平衡块是否脱落、是否发生变形，如果变形严重，就要及时更换新的轮毂，以免发生事故。

2. 轮胎检查

（1）胎压检查

① 汽车轮胎的标准气压值在油箱盖内侧、车门框内侧或行李箱内侧标注。车辆的使用说明书上也会有标准胎压值。要定期使用气压表测量轮胎气压，如图 2-89 所示，不可用肉眼判断。

② 有时，气压降低许多，轮胎看上去却并不太瘪，所以每月应至少检查一次气压（包括备胎），备胎的气压要充得相对高一些，以免日久会降低。正常情况下，轮胎也会漏气，造成气压降低，平均每月会降低 0.07MPa。轮胎气压会随温度的变化而改变，温度每升/降 10℃，气压也会随之升/降 0.007～0.014MPa。

③ 必须在轮胎冷却时测量气压。检查完轮胎气压后，可将肥皂液涂在气门嘴上，查看是否漏气，如果出现明显的气泡或抖动，则表示气门嘴芯漏气，应拧紧或更换气门嘴芯。平时应将气门嘴的防尘帽戴上，以防脏物和水汽进入气门嘴。

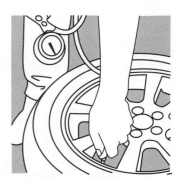

图 2-89　检查轮胎气压

（2）轮胎表面的检查

① 检查轮胎外伤。胎体被扎伤、刮伤一般是因为驾驶员对行驶路线选择不当或不注意避让尖锐、突出的障碍。检查时，应查看轮胎是否有扎钉、破损、鼓包、开裂和气门嘴老化等现象。轮胎外伤可能导致轮胎漏气，有外伤的轮胎应慎重使用。一个小小的轮胎刺孔如不及时处理，也会导致人员伤亡。气门嘴是一个容易被忽视的地方，应留意检查。

② 检查轮胎的磨损情况。轮胎的寿命与轮胎花纹的寿命紧密相关。可用花纹深度规来测量花纹残留深度，如图 2-90 所示。一般情况下，轮胎侧面每隔 60°就有一个小 "A" 符号，一周共有 6 个，在小 "A" 所对应的胎冠部分的花纹下刻有花纹深度残留极限，如图 2-91 所示。花纹残留深度不得低于这个极限值，否则轮胎的驱动力、制动性能都要大大降低，遇到雨水路面，就要 "水上滑行" 了。在有雨水的路面上行驶时，随着车速的增加，轮胎与路面之间形成水膜，轮胎的接地面积就会明显减小。另外，雨量的多少对摩擦系数也有显著的影响。开始下雨后，若行驶在沥青路面上，轮胎的摩擦系数就会急剧下降，随着泥土和灰尘被冲掉，轮胎的摩擦系数会有所增大，路面干燥后，摩擦系数才能逐渐恢复正常。

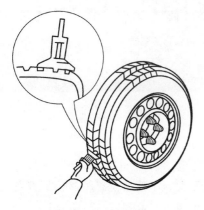

图 2-90　检查花纹深度

图 2-91　检查轮胎磨损情况

3. 车轮的使用注意事项

（1）注意胎压

过高或过低的胎压都会造成轮胎的不正常磨损，缩短轮胎的寿命。在气候比较恶劣的冬、夏两季，可根据维修服务站的建议，定期调整胎压。

（2）避免急加速

汽车由静止状态突然启动时，轮胎与路面会发生剧烈摩擦，加速胎面磨损。

（3）减少紧急制动

紧急制动会加剧胎面的局部磨损，容易造成轮胎起包、脱层等后果。应多用滑行减速，少用制动，尤其是紧急制动。

（4）定期进行车轮换位

① 汽车前、后桥的负荷不同，所以，4 只轮胎的磨损会不均匀。在新胎行驶 5000km 后，应进行同侧车轮的前后换位，即同侧的前、后车轮互换；行驶到 10000km 后，应进行前、后车轮的交叉换位，即左前与右后车轮互换，而右前与左后车轮互换，如图 2-92 所示。

② 车轮换位时，备用车轮可以一同换位，如图 2-93 所示，但是参与换位的备用车轮必须与所用的车轮和轮胎的型号完全一致。进行车轮换位时，应检查各个轮胎的磨损程度。换位后，必须调整前、后轮的胎压到规定值并检查车轮螺母的拧紧力矩。对于子午线轮胎、雪地行驶用轮胎或镶钉轮胎，换位前应先做好方向标记，以便按同一方向安装车轮。

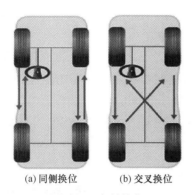
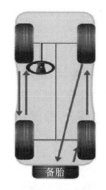

(a)同侧换位　　(b)交叉换位

图 2-92　车轮换位　　　　　图 2-93　备用车轮参与换位

（5）同车慎装异种轮胎

一辆车应慎装两种不同规格的轮胎，因为它们花纹的设计、质量、直径等技术参数都不尽相同，如果将两种不同规格的轮胎装在同一轴上，就会造成转向过度或不足，容易产生侧滑，轻则影响汽车的操纵灵活性，重则造成车祸。

二、轮胎的美容保养

1. 轮胎亮光剂

轮胎亮光剂能够快速渗透到轮胎表层，清除污垢，防止轮胎硬化、爆裂，使轮胎恢复原色，光亮如新。市场上多使用喷涂型的轮胎亮光剂，涂抹形式的轮胎亮光剂的质量要高于喷涂型的。

2. 拆卸车轮

① 将车辆停放平稳，拉紧驻车制动。取下车轮罩盖，露出车轮螺栓。

② 拧松车轮螺栓。按对角线顺序拧松车轮螺栓，不要将螺栓完全拧下，如图 2-94 所示，以免会对轮毂和螺栓造成损坏。

③ 举升车辆，使车轮离开地面至方便取下车轮的高度，卸下车轮螺栓，取下车轮。

3. 轮胎的保养

先将轮胎花纹里的异物清除干净，再将特制的轮胎增黑剂喷于轮胎的表面。使用前，应先摇匀增黑剂，再将其均匀地喷在轮胎表面，静候 3～5min，待轮胎自动干透即可，如图 2-95 所示。

图 2-94　拆卸车轮图　　　　　2-95　喷涂轮胎增黑剂

保养时，药剂会迅速渗透到橡胶内部，从而起到分解有害物质、延缓轮胎老化并使其增黑、增亮的作用，保养后的轮胎如图 2-96 所示。

4. 安装车轮

① 先在车辆举升位置进行预安装。按对角线的顺序紧固车轮螺栓，不要大力拧紧螺栓，保证车轮不晃动就可以了。

② 降下车辆，使车轮着地，用扭力扳手按规定力矩紧固螺栓，紧固操作也是按对角线进行，如图 2-97 所示。一般轿车车轮螺栓的拧紧力矩在 100～120N·m，有的汽车还要求分几次紧固。

图 2-96 保养后的轮胎

图 2-97 按规定力矩拧紧螺栓

③ 安装上车轮罩盖，轮胎的保养操作结束。

第四节 车轮的装饰

 笔记

车轮的轮毂和轮胎就好像车辆的脚和鞋，它们对行车安全有重要影响。车轮的装饰项目也有很多，有提高安全性的胎压监测系统加装，有针对铝合金轮毂损伤的抛光、拉丝修复，也有对轮毂进行水转印、电镀（见图 2-98）、贴膜等各种炫酷装饰。

相关知识

一、胎压监测系统

在汽车行驶时，汽车轮胎压力监测系统实时地对轮胎气压进行自动监测，对轮胎漏气和低气压情况进行报警，以保障行车安全，如图 2-99 所示。加装的轮胎压力监测系统通过安装在轮胎上的压力传感器发射无线信号，用主机读取显示该信号数据来实现实时监测胎压。

胎压监测系统主要通过两种形式对轮胎气压进行检测，分别是直接式和间接式。胎压监测系

图 2-98 电镀轮毂

统按压力传感器安装位置不同又可以分为内置式和外置式两种。

1. 直接式

直接式胎压监测系统利用安装在每一个轮胎里的压力传感器直接测量轮胎的气压，然后用无线发射器将压力信息从轮胎内部发送到中央接收器模块上的系统，再对各轮胎气压数据进行显示，如图 2-100 所示。当轮胎气压太低或漏气时，系统会自动报警。

图 2-99　胎压监测系统

图 2-100　胎压检测原理

以君越为例，其胎压显示在仪表盘显示屏上，如图 2-101 所示。通过转向盘的控制按钮对菜单进行切换能直接进入胎压显示的界面。除了在仪表盘中查看外，拥有胎压监测及安吉星系统的通用车型更能通过手机客户端进行查看。当车辆胎压出现异常时，显示屏会自动切换至胎压显示界面并进行提醒。

图 2-101　直接式胎压监测系统

2. 间接式

间接式胎压监测系统的工作原理是通过车轮转速传感器测量 4 个车轮的转速进而识别出胎压异常。它会比较对角分布的车轮转速并算出平均车速。当某轮胎的气压降低时，车轮的动态直径乃至车轮转速都会发生变化。它可在从 15km/h 的速度到最高车速的范围内，识别出所有车轮上 30%±10% 的充气压力损失。如果超出了这个值，它便会通过组合仪表用红色 LED 灯或文字"爆胎"，以及一个声音报警信号向驾驶员发出警告。间接式胎压监测系统实际上是依靠计算轮胎滚动半径来对气压进行监测的,其准确率较低。

以大众 CC 为例,由于其使用间接式胎压监测系统,因此需要在胎压正常时长按胎压设定键 3s 左右至出现提示音和胎压报警灯亮起以设定胎压正常值,如图 2-102 所示。当出现胎压异常时,仪表盘上的胎压报警灯会亮起,由于不能直接显示具体的胎压状况,因此需要人工对四轮都进行胎压监测。

图 2-102　间接式胎压监测系统

实际应用中,还有集合了上述两个系统优点的胎压监测方式,它在两个互相成对角的轮胎内装备直接传感器,并装备一个四轮间接系统。与全部使用直接系统相比,这种复合式系统可以降低成本,克服间接系统不能检测出多个轮胎同时出现气压过低的缺点。但是,它仍然不能像直接系统那样提供所有轮胎内实际压力的实时数据。

3. 内置式

内置式胎压监测系统的传感器安装在轮胎内部,替代原厂气门嘴,通过一块电子显示屏显示轮胎气压和轮胎温度等数据,如图 2-103 所示。此类产品测量精确,而且可以在行驶中读取胎压数据,但是安装时要拆装轮胎和做动平衡,同时需要拆除原厂气门嘴(如果想恢复很难),因此价格比较高。

4. 外置式

笔记

外置胎压监测系统的传感器安装在气门嘴上,安装方便,价格便宜,但是测量精度较内置式的低,如图 2-104 所示。

图 2-103　内置式胎压监测

图 2-104　外置式胎压监测

二、水转印

水转印指利用水的表面张力,将图案转印于物件表面的一种美术工艺。目前,水转印技术有两种,一种是彩纹漆水转印,另一种是薄膜水转印。

1. 彩纹漆水转印

彩纹漆水转印又称水面浮漆浸渍法,是将水面形成的油漆图案印制于物件表面的一项美术油漆工艺。将黏度适中、密度小的调和漆少量、陆续滴在水中,至漆液散开漂浮于水面,漆膜面积占水面积的50%左右时,将已涂好白漆而又干燥好的加工物轻轻浸渍在水中,即沾上漆膜,浸后吹去水面多余的漆,立刻取出,待漆膜干燥后,用酯胶清漆罩光即可。彩纹漆水转印制作的漆膜成纹自然,色彩缤纷,美观醒目。

2. 薄膜水转印

薄膜水转印技术是利用水表面张力将带彩色图案的转印纸进行高分子水解的一种印刷技术。薄膜水转印通常用于汽车的轮毂,所以也称为轮毂印花,如图2-105所示。

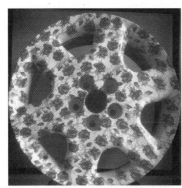

图 2-105 轮毂印花实例

水披覆薄膜张力极佳,很容易缠绕于产品表面形成图文层。其基本原理是将以特殊化学处理的薄膜(即转印纸,如图2-106所示)印上所需的色彩花纹后,平送于水的表面形成披覆膜,再喷上能使披覆膜彻底溶解却不破坏膜上纹路的活化剂后,利用水表面张力的作用,将色彩图案均匀地转印于产品表面。经清洗及烘干后,再喷上一层透明的保护涂层,这时产品可呈现出一种截然不同的视觉效果。

图 2-106 转印纸

技能实例

一、内置式胎压监测系统的加装

1. 准备

① 检查系统配件是否齐全,胎压传感器、显示屏、连接线、使用说明书是否齐全,相关零件是否有损坏,如图2-107所示。

② 顶起车身,取下车轮。

2. 安装胎压传感器

① 放尽胎气,去掉车轮上的旧平衡块和轮胎花纹里的杂物,如图2-108所示。卸下轮胎。

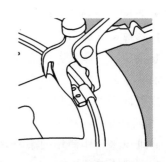

图 2-107 胎压报警指示系统配件　　　　图 2-108 取下平衡块

② 用裁纸刀小心割掉原轮毂上气门嘴底部的橡胶，注意不要损伤轮辋，如图 2-109 所示。扯出原配气门嘴，小心清理残留物。

③ 安装胎压传感器。注意，传感器上的胎位标志要与所装轮胎对应，如图 2-110 所示。

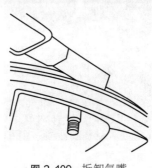
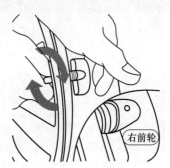

图 2-109 拆卸气嘴　　　　图 2-110 安装传感器

重复上述步骤，完成其余胎压传感器的安装。

3. 匹配参数

① 将做好动平衡的车轮安装到车上。

② 把主机和显示屏安装到仪表台的合适位置，以便于查看。并且，要保证其牢固，如图 2-111 所示。

③ 启动发动机，进入胎压检测界面。按对应的轮胎，手动匹配各项参数，如图 2-112 所示。在匹配参数的过程中，要对轮胎进行充气、放气并连续超过 4s，系统才能收到数据信息。

图 2-111 安装显示屏　　　　图 2-112 设定参数

④ 行车检验胎压监测系统并按实际情况调整，以得到更精确的胎压值。

二、轮毂薄膜水转印装饰

1. 准备

① 设备和工具。清洗设备、打磨工具和材料、喷枪及其配套设备、美工刀、纸胶带等。

② 材料准备。转印膜（每个轮毂约需要2m）及彩印表面底漆、彩印亮光剂、彩印雾化剂等辅助材料。

③ 劳动保护准备。喷漆工作服、防溶剂手套、防毒面罩（由于污染性较小，业内普遍使用防尘口罩）。

2. 操作流程

① 处理轮毂。轮毂拆卸后，将轮毂表面使用800号砂纸进行打磨，打磨成亚光面，用气枪吹干，放入烤箱烤10min。

② 喷底漆。将调好的底漆用低压喷枪均匀喷涂在轮毂表面，若要转印不同的图案，必须使用不同的底色（如木纹基本使用棕色、咖啡色、土黄色，石纹、青花瓷基本使用白色）。喷涂时，喷完一遍需等待几分钟再喷第二遍，直至轮毂表面被底色漆完全盖住，如图2-113所示。

③ 固定膜。测量好所需的尺寸，裁下转印膜，四边用纸胶带粘住，如图2-114所示（图中所示花纹和最后成品不一致，此图只作为步骤参考），以防止喷涂雾化剂后，膜被液化，图文向四周扩散。

图2-113 喷完底漆后的效果

图2-114 固定膜

④ 置膜。使恒温水箱内的水温达到要求（不同品牌的转印膜对水温的要求不同，使用时要参阅转印膜的技术说明）。水面保持稳定状态，以适当的角度将膜平放于水面（见图2-115，图中所示花纹和最后成品不一致，此图只作为步骤参考），确保膜的光滑一侧朝下。

⑤ 溶解膜。将雾化剂加入高压喷枪内，以喷漆的方式喷在转印膜表面，如图2-116所示。视印刷油墨厚度及环境温度判定喷涂雾化剂时间，一般冬天喷1~2min，夏天喷

30s左右。喷涂时注意不要引起水花。结合水温判定溶解时间,一般为5~10s。

图2-115 置膜

图2-116 溶解膜

⑥ 转印膜。待膜成镜面效果而且平展后,即可转印膜。在转印之前需视加工物的外形或纹路来选择下水的角度,以利于空气的排出,如图2-117所示。上膜后不可立即拿起,需停留3~5s,并在水面下摇动,以切断边缘的膜及增加花纹吸附被加工物的时间。

⑦ 水洗。将轮毂表面残留的杂质用清水洗净,如图2-118所示。冲水水压需调整适当,以避免花纹脱落。

图2-117 转印膜

图2-118 水洗

⑧ 吹干。用气枪把表面水吹干净,如图2-119所示。

⑨ 喷涂亮光剂。根据选用亮光剂的技术说明将其调制好,按要求的技术条件,用专用喷枪喷涂于印花表面,以起到保护的作用,如图2-120所示。待亮光剂充分干燥后,即可组装、安装车轮。

3. 注意事项

① 进行水转印操作前,轮毂上的气门芯要拆下。

② 底漆要喷涂3~5遍。颜色较深的全色膜应用浅色的底漆。

图 2-119　吹干　　　　　　　图 2-120　喷亮光剂后的效果

③ 有的膜入水即溶，并会从中间重叠，应迅速把重叠部位打开。
④ 雾化剂用量很重要，放少了膜不溶解，放多了不利于上膜。
⑤ 膜上如果有气泡应先处理，如处理不掉，则转印时应避开。
⑥ 清洗转印后的轮毂表面时，最好用花洒冲洗 5～10min，至转印物不黏为止。

第三章 汽车车身美容与装饰

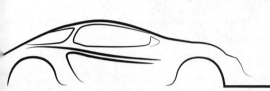

汽车的工作环境复杂，不但要经受日晒、雨淋、石击、冰雪、严寒、炎暑这样多变的环境条件，而且还会经常接触化学药品，如酸、碱、盐等腐蚀性的物质，使车身表面被碰撞、划伤，材料老化，甚至被腐蚀，再加上保养护理不当，更加降低了汽车的使用寿命。脏污的外表，不仅破坏汽车的美感，影响观者的心情，而且也直接影响着乘客的乘坐舒适性和健康，所以要定期对汽车进行专业清洗和保养，保持车辆外貌的美观，延长车辆的使用寿命，提高驾驶安全性。汽车车容装饰美观是汽车产品的一项技术指标，也被当作车辆年检中技术要求的项目之一。

 笔记

第一节 车身的美容养护

汽车车身清洗听起来很简单，甚至有些人认为不就是洗车吗！"一桶水，一把刷子，一条毛巾"就完全可以搞定了，但实际上，这种想法是错误的。车身涂膜就像人身体的皮肤一样，光用水冲一下，是远远不够的，要想保持它各方面的性能，就必须进行专业清洗和保养。

 相关知识

一、车身表面的污物

1. 车身表面污物的形成

汽车车身表面的一般污物主要是由尘土和泥水引起的。泥沙和油污容易溅到车身上，它们再黏附另一些尘土和污物，就会使车身变得越来越脏。尘土黏附过程大体可分3个阶段：尘土扩散、传播和颗粒分离。污染程度以每平方厘米面积上的污秽质量（单位：毫克）来度量。

2. 车身表面污物的种类

车表污物包括外部沉积物、附着物、水渍等，它们往往具有很高的附着力，能牢固地附着在零件的表面。由于这些污染有各自不同的性质，因此，清除它们的难易程度也不同。

（1）外部沉积物

外部沉积物可以分为尘埃沉积物和油腻沉积物。大气中含有一定数量的尘埃，在运动着的车辆附近，当尘埃的颗粒度为 5～30 mm 时，其含量就会达到 0.05 g/m³ 左右。当尘埃颗粒的含量增加时，它在金属表面的凝聚和沉积也会加快。在潮湿的空气中，吸附在汽车表面的水膜会提高尘粒间的附着力，从而使尘粒加速凝聚，其附着在汽车表面上的牢固程度主要取决于表面的清洁程度、尘粒的大小和空气的湿度。油腻沉积物是由于污泥和尘埃落到机油污染了的零件上而形成的，也可能相反，是润滑油落到了污泥污染了的表面上，然后润滑油浸透了污泥并附着在车身表面，如图 3-1 所示。

图 3-1 车身上的油污

（2）附着物

汽车在行驶中，容易粘上不同的附着物，如沥青、水泥、鸟粪、虫尸等。这些附着物能牢固地粘在车身表面，一般很难用水清洗干净，要用有机溶剂去除清洗。如果这些附着物在车漆表面停留时间过长，就会侵蚀到油漆的内部，甚至会对车身的基材造成损害，所以看到这些附着物时一定要及时清除。

有时车身与其他物体相互刮蹭后，也会附着脏物，如图 3-2 所示。与上面讲的几种附着物不同，它可能会对车身的涂膜和基材造成损害。很多时候，人们会因为维修费用高和维修时间长，而不去专业维修站对刮伤的汽车进行油漆修补。虽然有经验的美容技师可以很容易地将这种损害处理掉，但车身表面已经有了机械碰撞，而美容处理也仅仅是使外表看不出来罢了。

（3）水渍

长期放置在老旧库房的汽车，有时落到表面的水滴中含有颜料、化学溶剂等会损坏涂膜的物质，水分蒸发后车身上就会形成很难去掉的水垢，如图 3-3 所示。有些水垢甚至会浸透到油漆里，威胁到车身钢板。若车身打蜡过度或蜡的质量不好，则蜡熔化后也会形成难以去除的水垢。

图 3-2 车身的附着物

图 3-3 车身上的水渍

二、车身清洗

1. 个人安全与防护

个人安全防护用品指为防止一种或多种有害因素对自身的直接危害所穿用或佩戴的器具。正确使用安全防护用品,可以避免员工在生产过程中受到直接伤害,对保护员工的身体健康及生命安全都起着重要的作用。要根据工作性质的不同,合理佩戴安全防护用品,如图3-4所示。

① 棉布工作服。棉布工作服用天然植物纤维织物制作,具有隔热、耐磨、扯断强度大、透气的特点。

② 工作帽。工作帽用于保护劳动者的头部,防止因劳动者头发过长或掉落对操作施工产生影响。

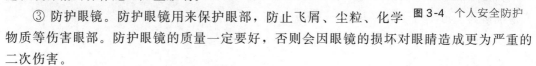

图 3-4 个人安全防护

③ 防护眼镜。防护眼镜用来保护眼部,防止飞屑、尘粒、化学物质等伤害眼部。防护眼镜的质量一定要好,否则会因眼镜的损坏对眼睛造成更为严重的二次伤害。

④ 防护口罩。防护口罩可防止员工将有毒有害气体吸入肺部。防护口罩有防尘口罩和防毒面具之分。在烟尘严重的环境中佩戴防尘口罩,在有溶剂挥发的环境中佩戴防毒面具。

⑤ 手套。手套用于保护手部,有皮手套、线手套、防水手套、耐溶剂手套等几种。

⑥ 安全鞋。安全鞋用于保护脚部,有防滑、绝缘、防砸、耐溶剂、防水、抗高压等性能。

汽车美容行业经常接触各种清洗液和溶剂等液体,所以基本的防护用品一定要准备齐全,防水鞋、防水手套等是必不可少的,还要有规范的工作服,并且工作服上不能有尖锐的饰物,以防刮坏车身涂层。进行底盘装甲操作时,会有胶粒喷出,所以要佩戴防护眼镜和防护口罩等。

笔记

2. 车身清洗液

好的清洗液呈中性,含阴离子表面活性剂,能同时达到去除车身静电、油污和涂膜保养的多重目的,一般洗涤剂是无法替代的。操作时,要按照使用说明来做,绝大多数的洗车液都要求与水按一定的比例混合使用,可根据车身污染程度的不同随时调整混合比例。

(1) 清洗液的除渍原理

用清洗液除渍是一个比较复杂的过程,水基清洗液主要通过"润湿—吸附—悬浮—脱(冲)落"等不断循环的过程去除物体表面污渍。

① 润湿作用。当清洗液与物体表面上的污渍接触后,污渍及其与物体表面间的空隙会被清洗液润湿,使污渍与被清洗表面的结合力减弱,进而使污渍松动。

② 吸附作用。清洗液中的电解质形成的无机离子会吸附在物体表面污渍的质点上,改变物体表面对污渍质点的静电吸引力。清洗汽车外表面时,既会产生物理吸附(分子间相互吸引),又会产生化学吸引(类似化学键的相互吸引)。

③ 悬浮作用。经过清洗液的润湿、吸附,物体表面上的污渍质点会脱落,悬浮于水基清洗液中。

④ 脱(冲)落作用。可通过水基清洗液的流动,将已悬浮于物体表面的污渍冲离该物体。

(2) 清洗液的主要成分

汽车表面清洗液的主要成分有如下几类。

① 表面活性物质。表面活性物质也称表面活性剂或界面活性剂，是一类能显著降低液体表面张力的物质，常用的表面活性物质有油酸、三乙醇胺、醇类、合成洗涤剂等。

② 碱性电解质。碱性电解质指在水溶液中能电离出金属离子的化合物，在汽车清洗中常见的是弱碱性的水溶液，主要有碳酸钠、水玻璃、磷酸盐等。

③ 溶剂。溶剂作为清洗工作介质的主体，它能溶解表面活性剂等添加剂，使它们共同对污渍起化学反应，从而达到清除污渍的目的。溶剂主要有油基溶剂类（如煤油、松节油、溶剂汽油等）和水基溶剂类（主要是水，它被应用得最多）。

④ 摩擦剂。摩擦剂是用来增加毛巾与被清洗物体表面间摩擦力的物质，如硅藻土等。

3. 清洗车身的注意事项

(1) 注意水质

在汽车清洗作业中，水源的质量往往容易被忽视，质量较差的水不但不能起到清洁的作用，而且还会对涂膜造成损害。洗车作业用水要清洁、无污染，严禁使用未经过滤或受污染的水源，以免影响清洗效果或对汽车外表造成损伤。在通常情况下，只要使用自来水或符合标准的循环水就可以了。

根据可持续发展的战略，为了节约城市用水，在用水清洗车辆时，必须配置循环水设备，但如果循环水的质量无法保证，则将直接影响到汽车的清洗质量。要想使洗车污水经处理后达到可再循环使用的程度，就要解决处理后的水质标准问题。第一，对于汽车清洗，尤其是用高压水清洗汽车时，对车身危害最大的是水中的固体悬浮物，它会在高压力的挟带下，对汽车涂膜造成一定的损伤；第二，会对车身造成危害的是水中的矿物油，如果含量过多，也将对汽车表面造成污染；第三，为了防止对车体的腐蚀，水源的pH值应保持在6～8；第四，从保护人体健康的角度出发，水中细菌的总数应当控制在一定的范围之内；第五，色度、臭味这些水感指标，也要达到不能使人有不适感的程度。在国家标准《城市污水再生利用城市杂用水水质》（GB/T 18920—2020）中，对洗车用水的水质标准做了详细规定。应当说，经处理后的污水只要符合国家标准，就能完全放心地用于清洗车辆。

(2) 注意洗车液

严格来说，使用的清洗用品应为中性，也就是pH值为7，或者稍偏碱性。因为中性的洗车液不但能保护车身涂膜，还不会损伤从业人员的皮肤，另外车身污染物大部分都有酸性，所以洗车液可以稍显碱性。目前，有些从业人员仍在使用洗衣粉等生活用品或工业用的洗涤剂洗车，这轻则会使涂膜失去原有光泽，重则会使涂膜严重腐蚀，局部产生变色、干裂，还会加速局部涂膜脱落部位的金属腐蚀。

(3) 注意擦洗用品

擦洗时，应根据擦洗部位的不同选用不同的擦洗材料。当清洁车身涂膜时，应该使用干净、柔软的毛巾或麂皮，切不可使用硬质的清洁工具，以免在涂膜上留下擦伤痕迹。要用专用的工具及水桶擦洗车身下部和轮胎等部位。不同部位的擦洗用品不得混用。许多人喜欢用一些旧毛巾或劣质毛巾擦车，殊不知旧毛巾和劣质毛巾上的纤维容易脱落，而且有的劣质毛巾过薄，针织密度很小，也容易损伤涂膜，这些毛巾晒干后会变得很硬，用来擦车也会造成涂膜划痕。

（4）注意工作环境

不要在阳光照射下洗车，有些不规范的洗车店由于场地限制，到了夏季就直接在烈日下洗车，而且根本不等待发动机冷却。在这一状况下进行汽车清洗作业时，车身上的水分会很快蒸发，使车身上原来的水滴处留下许多斑点，影响清洗效果。夏季温度很高，再加上汽车在行驶后，发动机温度更高，若此时洗车，会使汽车发动机提前老化。在烈日下洗车，还会产生透镜效应。所谓透镜效应是指在阳光的照射下，车身涂膜上的小水滴对日光有聚焦作用，焦点处的温度会高达 800~1000℃，从而导致涂膜被灼蚀，出现肉眼看不见的小孔洞，这些小孔洞有的还会深达金属基材。当灼伤的范围较大时，一些密度较高的涂膜就会出现严重的失光现象，所以，在夏季洗车、打蜡一定要在有遮蔽的环境下进行。

冬季也不要在寒冷的环境中洗车，以防水滴在车身上结冰，造成涂膜破裂。在北方的严寒季节洗车时，应在室内进行，车辆进入工位后，先停留 5~10min，再进行冲洗。

（5）注意洗车的时机

如果天气一直晴好，车身也没有特殊的脏污，那么大约一周做一次全车清洗工作即可。连续雨雪天时，用湿布或湿毛巾擦拭全车所有的玻璃即可，等到天气放晴之后，再将全车进行一次清洗。

技能实例

一、车身的清洗操作

1. 检查车身表面

① 检查车身损伤。在给车辆进行美容操作前，一定要做好车身损伤检查并记录，如图 3-5 所示。尤其是当顾客要给车辆进行涂膜、内饰、玻璃等部位的美容装饰时，产生的费用会比较高，为了避免与顾客之间产生不必要的误会，做好记录就显得非常重要了；还可以保留客户记录，便于以后的联系和沟通，提高自身的规范程度。

② 仔细检查车门、车窗等部位是否关严。一定要仔细检查车门、车窗、行李箱盖等部位是否关严，如图 3-6 所示。若未关严，高压水流会通过未关严的缝隙冲进驾驶室内，可能造成严重的后果（真皮座椅、电子元件等被损坏）。

图 3-5 仔细检查并做好记录

图 3-6 车窗没有关严

2. 高压水枪水流的调整

① 洗车水压的要求。洗车时的水压没有绝对的要求数值，我们也无法准确判断，只要能把污物冲掉且不损坏涂膜和其他车身零件就可以了。一般来说，对车身进行预冲洗时，水压要高一些；二次冲洗时，水压要适当调小。高档汽车的涂膜和车身零件质量要好于低档汽车的，所以冲洗时可以适当调高水压。清洗微型汽车等低档车辆时，应尽量调低水压，否则很容易把涂膜冲掉。

② 水压的调整。调整方法有两种：一种是通过改变喷嘴与被喷淋物之间的距离来调整，距离近则压力高，距离远则压力低；另一种是通过改变水流的形状来调整，柱状水流的水压高、冲力强，适合洗缝隙和污泥堆积严重的地方，如图3-7所示，雾状水流（即扇面水流）的冲洗面积大、水压小，适合淋湿车体表面和二次冲洗，如图3-8所示。具体使用哪种方法，还应根据实际情况灵活选择。

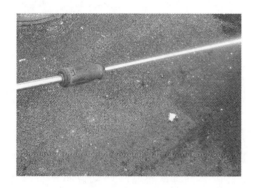

图3-7 柱状水流

图3-8 雾状水流

3. 车身预冲洗

对车身进行预冲洗时，一定要把水压适当调高，可通过改变水枪与车身的距离来调整水压。初次冲洗时，距离在半米左右，水流扇面在15°~20°为宜，缝隙和拐角等处应用柱状水流冲洗。脏污的车身上会有大量的尘土和砂粒，它们以各种方式牢固地黏附在车身上，若水压小，则很难把它们冲洗掉，会为下一道工序埋下隐患。水压也不能调得太高，否则会损伤涂膜和其他零件。

图3-9 从车顶开始冲洗

① 冲洗时，一定要遵循由上到下、从前到后的原则，按从车顶到底盘、从发动机罩到行李箱盖的顺序仔细冲洗，不要漏掉任何一个缝隙和拐角等容易积存砂土的地方，如图3-9所示。车身通体被高压水枪打湿且涂膜无大颗粒泥沙或污物后，才能确保下一步骤的顺利进行。

② 车轮上方的车身圆弧里有大量因车轮滚动而被甩上来的泥沙和污物，一定要清洗干净，如图3-10所示。

4. 喷洒泡沫并擦匀

① 喷涂的泡沫要均匀、适量，喷洒泡沫的顺序也应按从上到下来进行。喷完车身清洗剂以后，带上浸泡过的干净毛手套，轻轻将车身擦拭一遍，以便彻底去除顽固的油渍。应用毛手套擦拭的部位为车身上有油漆的表面和汽车玻璃表面，如图 3-11 所示。

② 轮胎和门槛下缘等车体下部，一定要用专用的海绵或刷子单独清理，以防止工具混用对车漆和玻璃造成意外损伤，如图 3-12 所示。

图 3-10　要仔细清洗车身的隐蔽处

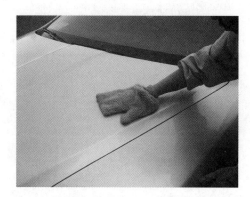
图 3-11　擦拭

5. 二次冲洗

二次冲洗的目的是把清洗剂泡沫和污水完全冲掉，所以，这时的水压不用过高，水流扇面在 30°～45°为宜，水枪与车身的距离仍然保持在半米左右，依然按从上到下、从前到后的顺序进行。当车身上的水自然流下呈现帘幕状并没有油珠的感觉时，就说明车身已经清洗干净了。

6. 刮水

清洗车身用的刮水板是经过专业设计的，它就像风窗玻璃刮水器一样，能适应车身的不同流线，并且与车身表面的接触非常紧密。用其进行刮水操作，快捷、彻底、省时省力，如图 3-13 所示。

图 3-12　清理轮胎和轮辋

图 3-13　刮水

7. 精细擦拭

① 一定要将麂皮浸泡透、拧干后再使用，使它的吸水性更好，如图 3-14 所示。

② 精细擦拭时，一定要仔细、彻底，不要忽略了车门、行李箱盖边缘和门框等部位，

如图 3-15 所示。

图 3-14　浸泡并拧干

图 3-15　不要遗漏边角位置

8. 吹干

用压缩空气将锁孔、门缝、车窗密封条、后视镜壳、油箱盖等部位吹干，尤其是锁孔里的水分，如图 3-16 所示。在北方的冬季，经常会在洗车后发生因车锁被冻住而无法开、锁车门的事情，有时还会因为油箱盖打不开而无法加油。

二、手工打蜡

1. 工具和材料

（1）车蜡

可按作用的不同，将蜡分为保护蜡、修护蜡、综合蜡三类。

① 保护蜡，如图 3-17 所示。保护蜡能均匀地渗透到涂膜的细小空隙中，使涂膜上多一层保护膜，以隔绝紫外线、灰尘、油烟及其他杂质，保持涂膜的光泽和持久性。

图 3-16　吹干锁孔

图 3-17　保护蜡

② 修护蜡。在蜡中加入了研磨成分，如氧化铝、碳化硅等。可根据研磨剂的颗粒切削能力不同，将其分为粗蜡、中蜡、细蜡三类。修护蜡能够修复涂膜上的划痕，但同时会使涂膜变薄。

③ 综合蜡。它是将修护蜡和保护蜡综合在一起，可以使抛光和保护一次完成，如三合一美容蜡等。

（2）车蜡的选择

市场上的车蜡种类繁多，分类标准也是五花八门。各种车蜡的性能不同，其作用和效果也不一样，所以必须慎重选用，如果选择不当，则不仅不能保护车体，反而会损伤车漆，甚至使车漆变色。

一般情况下，选择车蜡时，要根据车蜡的作用和特点、车辆的新旧程度、车漆颜色及行驶环境等因素来综合考虑，可参考如下标准进行选择：

① 高级轿车选用高档车蜡。
② 为普通车辆选用普通的珍珠色或金属漆系列车蜡即可。
③ 最好为新车选用彩涂上光蜡，以保护车体的光泽和颜色。
④ 夏天宜用防紫外线的车蜡。
⑤ 行驶环境较差时，用保护作用突出的树脂蜡比较合适。
⑥ 选用车蜡时，还必须考虑车漆颜色，一般为深色车漆选用黑色、红色、绿色系列的车蜡，为浅色车漆选用银色、白色、珍珠色系列的车蜡。

（3）褪蜡毛巾

手工打蜡时，要使用干净、柔软的毛巾。市场有一种叫"神奇百洁布"的褪蜡工具，它不同于普通毛巾，极少掉毛细纤维，且柔软性好，不伤涂膜。

2. 上蜡

将少量蜡挤在海绵上，保证每次只处理一定的面积，不可大面积涂抹。上蜡时，手的力度一定要均匀，应用大拇指和小拇指夹住海绵，以手掌和其余的3个手指按住海绵，如图3-18所示。

上蜡时，应按一定的顺序进行，一般是从车顶开始上起，再到发动机罩、翼子板、车门、再到尾部，遵循先上后下的原则。应尽量使蜡膜薄而均匀，并且要将车身上有涂膜覆盖的表面都上到。上蜡时，可以按直线往复进行，也可以按螺旋线进行，但是不可把蜡液倒在车上乱涂。一次作业要连续完成，不可涂涂停停。

3. 褪蜡

上蜡完成后，停留几分钟，再用手工操作或抛光机将其打亮。手工擦拭时，应先用手背感觉车蜡的干燥程度，以刚刚干燥而不黏手为宜。褪蜡时，按上蜡的顺序进行就可以了，手掌应放平，垫上柔软的毛巾，掌心微用力，反复擦拭，直到将蜡粉褪净，涂膜变得明亮、光滑为止，如图3-19所示。

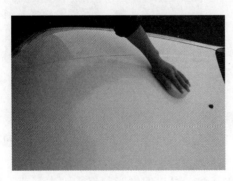

图3-18　上蜡

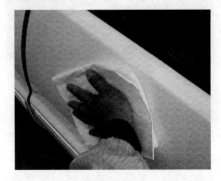

图3-19　褪蜡

从侧面观察时，涂膜应光泽一致，没有未褪掉车蜡的地方。若用机器处理，则应在车蜡完全干燥后再处理，将转速控制在1000r/min以下。

打蜡后，车灯、车牌、车门和行李箱等处的缝隙中会残留一些车蜡，影响车身的美观。若不及时擦干净这些地方的蜡垢，还可能导致锈蚀，因此，打完蜡后一定要将蜡垢彻底清除干净。

4. 检查

打蜡完毕后，应再对全车表面进行一次检查，应注意检查容易被遗漏的部位，如发动机罩边缘及内侧、车门边缘及内侧、车门把手内侧、行李箱边缘及内侧、油箱盖内侧、轮胎等部位。保养完毕的车身将光亮如新。

将保养好的车辆交给顾客，整理设备和工具，进一步完善施工工单。

第二节 车身面漆的抛光美容

车身面漆是指整个车身涂膜的表面层，它们赋予车身多彩的颜色和光泽。面漆就像人的皮肤一样，需要经常进行美容保养，才能保持"亮丽的容颜"。车身清洗是最基本的美容方式，虽然简单，但其中的学问很多。因为涂膜要受到紫外线的伤害，还会产生各种划痕，会附着各种污物，所以，要想预防和修复涂膜的各种损伤，光凭良好的清洗是远远不够的，还需要对涂膜进行深层护理保养，如图3-20所示。

图3-20 面漆抛光美容

汽车面漆的美容保养要遵循以下原则：

① 正规。一定要选择正规的美容店做面漆的美容保养，使用正规的保养产品并按照正规的操作工艺操作。切不可图便宜，否则可能会对汽车面漆造成更严重的伤害。

② 坚持。坚持按合理的周期、正规的方式做面漆保养，时间长了，美容效果才会明显。

③ 及时。车辆有了损伤，一定要及时去处理，不能一拖再拖。小毛病有可能引起大麻烦，一个不起眼的划痕可能使车身被腐蚀。如果等到钢板被腐蚀了才去修理，那么无论从哪方面来说都是得不偿失的。

④ 适可而止。美容保养也不要过度，一定要适可而止。不能在面漆上无休止地使用各种防护用品，尤其是手工蜡不要打得太多，否则容易附着灰尘，天气太热时，蜡还容易化成水垢。面漆也是有厚度的，如果过分抛光，会使它越来越薄，最终被抛穿，不但没有

起到保养作用,还增加了损伤程度。

相关知识

一、汽车面漆的作用和类型

1. 面漆的作用

汽车表面都需经过涂装形成一层特殊的表面层,表面层虽然很薄,但它的作用却非常重要。

① 保护作用。汽车车身大部分都是钢铁材质的,若长期暴露在空气中,会被氧化或腐蚀。人们通过各种不同的工艺将涂料牢固地附着在车身表面,形成一层保护膜,将表面与空气、水分、日光及其他腐蚀性物质(如酸、碱、盐、二氧化硫等)隔离,起到保护表面、防止腐蚀的作用,从而延长其使用寿命。

② 美化作用。按照人们的喜好和与环境的协调,将五颜六色的涂料涂装在车体表面,形成色彩鲜艳、光亮平滑的美丽外观,可给人以赏心悦目的感觉。

③ 提升价值作用。良好的涂装质量可以提升车辆的价值,用不同质量的涂料喷涂的汽车的价格会有很大的不同。能满足各种特殊需要的专用涂料可起到伪装、隔热、隔音、导电、防振、防燃烧、防毒气、耐低温、太阳能接收、红外线吸收等特殊作用,为各种特定环境条件下使用的产品提供了可靠的表面保护层,增强了产品的使用性能,扩大了使用范围。

④ 识别作用。涂料具有色彩鲜明、保持性好、涂装方便等特点,是用作识别、指令、指示、警告等标志的重要材料。执行紧急及特殊任务的工程抢险、救护、消防、警车等车辆都是用不同颜色向其他车辆发出警告的,从而引起注意,以保证行驶安全、保障人民生命和国家财产安全。

2. 面漆的类型

笔记

(1) 按生产地点不同分类

按生产地点不同,面漆涂膜可分为原厂涂膜和维修站修补涂膜。

① 原厂涂膜是指车身在生产线上进行的首次涂装,所采用的原材料基本上是单组分的(常温下配料,但不起化学反应,能达到管道输送的工艺要求),面漆采用高温固化工艺(加热到150℃左右)。原厂涂膜总厚度(从金属底材到表面)单工序约为80μm,双工序约为100μm。原厂涂膜抗刮、抗磨等力学性能好,光泽均匀。

② 修补涂膜是维修站用于修复受损伤的涂膜表面的涂膜,它应与原厂涂膜性能相近。修补涂装过程所用的原材料基本上为双组分的(现用现配,使用时间有严格的限制),采用室温固化或烘烤强制固化工艺。按要求维修后,涂膜总厚度(从金属底材到表面)应为150μm左右,这跟维修材料和维修技师的技术水平有直接关系。

(2) 按面漆的施工工艺分类

按面漆的施工工艺不同,面漆涂膜可分为单工序面漆、双工序面漆和三工序面漆。

① 单工序面漆。单工序面漆的结构如图3-21所示。单工序面漆是指只施工一次即可获得的面漆,形成的涂膜有遮盖力,能遮盖住底漆颜色,呈现给我们需要的颜色,有一定的光泽度,并有很好的抗机械损伤能力。白色的普通桑塔纳轿车和红色捷达轿车多为单工

序面漆。

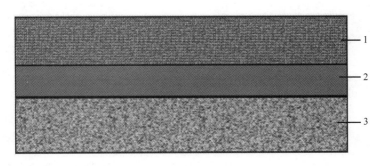

图 3-21　单工序面漆
1—面漆（既有颜色又有光泽）；2—底漆；3—底材

② 双工序面漆。双工序面漆的结构如图 3-22 所示。双工序面漆是指面漆需要分两次施工来获得：第一次要喷涂底色漆，底色漆为金属漆或珍珠漆，干燥以后，只能提供遮盖力，展现出绚丽的金属光泽；第二次要喷涂罩光清漆，清漆层能提供光泽度和起到抗机械损伤的作用。底色漆层和清漆层一起构成了面漆层，现在的轿车绝大多数都采用双工序或多工序的面漆。

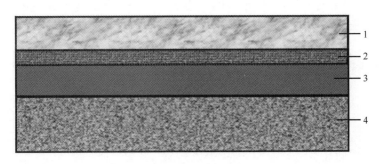

图 3-22　双工序面漆
1—清漆（无颜色有光泽）；2—底色漆（有颜色无光泽）；3—底漆；4—底材

③ 三工序面漆。顾名思义，就是面漆层要分三次施工才能获得，珍珠漆多为三工序面漆。

（3）按面漆颜色分类

常见的面漆颜色分为素色（也称为实色）和金属色（包括珍珠色）。

① 素色面漆中不含金属颗粒，只有白、红、黄等普通颜料。例如，2000 年以前的白色捷达轿车面漆，如图 3-23 所示。

② 金属色面漆中含有金属（铝粉或铜粉等）、金属氧化物颗粒或珍珠（多为云母）颗粒，此种面漆有"随角异色"效应，即观察角度不同，看到的颜色也不同。银灰色的捷达轿车面漆就是金属色的，如图 3-24 所示。目前，金属色面漆的应用要比素色面漆更普遍。

金属色面漆一定是采用双工序或三工序施工的。而素色面漆有采用单工序也有采用双工序施工的，一般来说低价的轿车或货车车身面漆多采用成本低的单工序素色面漆，而高档轿车车身面漆多采用双工序或多工序素色面漆。

图 3-23 素色面漆

图 3-24 金属色面漆

二、汽车涂膜的损伤

1. 涂膜损伤类型

（1）按损伤程度对车身涂膜损伤的分类

可按车身涂膜损伤程度的不同，将损伤分为轻微损伤、轻度损伤、中度损伤和重度损伤 4 类。

① 轻微损伤。涂膜表面有细小的划痕，像发丝一样，所以也叫发丝痕。整体观看时，会分辨不清，但涂膜的光泽度会降低，给人雾蒙蒙的感觉，尤其是黑颜色的涂膜，看起来会发白。

② 轻度损伤。该种涂膜损伤较重，划痕独立显现，用指甲横向轻轻刮过，会有明显阻力。

③ 中度损伤。该种涂膜损伤很重，能明显地看出来，但损伤还没有贯穿面漆。

④ 重度损伤。该种涂膜损伤已经将面漆彻底损坏，露出了底漆，甚至底层金属。

（2）划痕对涂膜的影响

光线照射到划痕严重的涂膜后，会发生漫反射，如图 3-25 所示，使涂膜看起来没有光泽，总是雾蒙蒙的，尤其是有黑色涂膜的车身，即使刚清洗过，也不会有很高的光泽度，如图 3-26 所示。

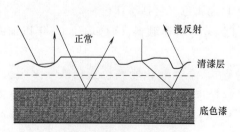
图 3-25 光线照射到有划痕表面后的反射情况

图 3-26 车身上的划痕

2. 涂膜损伤的保养修复工艺

对不同类型的面漆涂膜和不同的损伤程度采用的保养修复工艺如表 3-1 所示。

表 3-1 涂膜损伤程度及保养修复工艺

面漆类型	损伤程度	保养修复工艺	损伤程度示意图
单工序面漆	面漆良好：表面无附着物和划痕，光亮、洁净	打蜡、封釉、镀膜	
	面漆良好，但附着污物：表面无划痕，有附着物，如鸟粪、柏油等，有些附着物中的酸性物质会渗透到涂膜深处	用专用清洗剂去除污物，打蜡、封釉、镀膜	
	面漆有轻微划痕：长时间没有进行涂膜保养，洗车毛巾及灰尘等造成了发丝状划痕，虽然车身很干净，但是总感觉像是没有洗净	细抛光，去除发丝痕，打蜡、封釉、镀膜	
	面漆有严重划痕：划痕明显，轻轻用指甲去试验，能感觉到有阻碍，仔细观察，发现没有见到底漆	打磨，粗抛光，细抛光，打蜡、封釉、镀膜	
	面漆被划穿：见到了底漆，甚至看到底材（钢板、塑料）	重新喷涂，打磨，粗抛光，细抛光，打蜡、封釉、镀膜	
双工序面漆	清漆层良好：表面无附着物和划痕，面漆光亮、洁净	打蜡、封釉、镀膜	
	清漆层良好，但有附着污物：表面无划痕，但是有附着物，如鸟粪、柏油等，有些附着物中的酸性物质会渗透到清漆层深处	用专用清洗剂去除污物，打蜡、封釉、镀膜	

由于单工序面漆涂膜的颜色跟其厚度有关，在进行抛光美容时，如果将面漆抛掉过多，会造成抛光部位与车身其他部位产生色差，所以对单工序面漆抛光要谨慎！

三、面漆损伤的美容方法

1. 抛光

面漆抛光是汽车美容技术中最为主要的部分，抛光技术的高低直接关系到汽车美容的最终效果。如果车身面漆有划痕损伤，则经过喷涂之后，可能会出现粗粒、砂纸痕、流痕、反白、橘皮等细小缺陷。为了修复这些缺陷，要对其进行适当的研磨抛光处理，以提高面漆的镜面效果,达到光亮、平滑、艳丽的要求。

(1) 抛光机

抛光机有立式和卧式两种,立式抛光机体积小巧,携带方便,可以作为打蜡工具使用。绝大多数的汽车美容店都使用卧式抛光机,如图3-27所示。它操作方便,使用寿命长,抛光效果好。

(2) 抛光蜡

抛光蜡(见图3-28)属于美容修复蜡,含有不同磨削程度的磨料颗粒,可根据磨料颗粒的不同将抛光蜡分为粗蜡、中蜡和细蜡。可以用手指取少量蜡并反复摩擦,以感觉出粗蜡和细蜡的不同磨削能力,进而区分出不同的抛光蜡。高品质的抛光蜡会有以下特性。

图3-27 抛光机

图3-28 抛光蜡

① 采用氧化铝磨料颗粒,抛光速度快且效果好。在抛光过程中,磨料颗粒会逐渐减少,纯机械抛光基底可以使效果更持久,不会受到洗车、天气的影响。相比之下,含硅和其他添加剂产品的抛光蜡的耐久性差,化学作用产生的光泽效果是短暂的。

② 不含硅。含硅产品会使涂膜产生所谓的"硅穴",甚至会对底材造成伤害。

③ 水基产品,使用方便,满足环保要求,没有健康危害。用水作溶剂,抛光后很容易清洁,被飞溅到的零件用湿布一擦就行。其他产品常含有高浓度碳水化合物或其他有害物质。

④ 产生极少的废尘。抛光结束后,不需要用水冲洗。

2. 封釉

封釉时,釉可通过封釉机的高速振动和摩擦并利用其特有的渗透性和黏附性使釉分子强力渗透到汽车表面涂膜的缝隙中,这样,涂膜也具备了釉的防酸雨、抗腐蚀、耐高温、耐磨、高光泽度等特点,从而达到美化和对涂膜保护的目的。经过封釉的汽车涂膜光滑、手感柔顺、亮丽照人,涂膜能够达到甚至超过原车的外观效果,使旧车更新,新车更亮,也为以后的汽车美容、烤漆、翻新奠定了基础。

(1) 封釉机

它采用粘扣式的设计,与它配合使用的抛光盘是磨削能力不强的细海绵或蜂窝状海绵,如图3-29所示。它的运动轨迹与抛光机不同,转盘与轴心不是重合的,有一段偏心距,所以,它在运行的时候不是绕着圆心旋转,而是在旋转的同时有偏心的振动,如图3-30所示。

图 3-29 封釉机

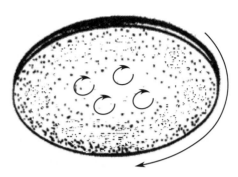

图 3-30 偏心复合运动

（2）车身釉

釉是一种从石油副产品中提炼出来的抗氧化剂。釉的特点是防酸、抗腐蚀、耐高温、耐磨、耐水洗、渗透力强、附着力强、光泽度高等，如图 3-31 所示。

3. 镀膜

镀膜要在打蜡和封釉之后，它由玻璃纤维素、硅素聚合物、氟素聚合物等非石油材料制成。镀膜能在涂膜表面形成一层不会被氧化的保护层，将涂膜和外界完全隔离开来。它具有极高的强度和耐候性，而且表面光滑，不容易黏附污物，光泽度极高且持久，如图 3-32 所示。镀膜一次效果可持续将近一年。

图 3-31 车身釉

图 3-32 镀膜后的效果

4. 抛光、封釉与镀膜的区别

① 抛光能修复面漆中度以下的损伤，是将面漆损伤层磨削掉，属于损伤性美容。

② 封釉和镀膜不能修复面漆的损伤，但是能够保护面漆，提高面漆光泽和鲜艳性，属于保护性美容。

③ 封釉保护原理是釉剂渗透进车身涂膜中，提高涂膜的各种性能；而镀膜是在车身涂膜表面形成一层保护膜起到保养作用。

对于面漆被彻底划穿的重度损伤，目前只能采用重新喷涂的方法维修（详见本章第三节）。

技能实例

一、车身面漆类型的鉴别

1. 观察法

距离观察部位1m以内,根据光线的不同,调整观察角度,仔细观察面漆中是否有金属颗粒。如果面漆中含有金属颗粒,则该面漆一定是采用双工序施工的金属色面漆;如果面漆中没有金属颗粒,则该面漆可能是采用单工序也可能是采用双工序施工的,要想更准确地判断其工艺类型,则必须采用打磨法。

2. 打磨法

在车身涂膜上选一块不显眼的位置,如车门、油箱盖、行李箱盖等处的内侧,用P2000抛光砂纸轻轻打磨。打磨时,一定要加水湿磨,因为干磨下来的清漆也呈灰白色,不容易分辨。加水湿磨后,磨掉的清漆就不会显示颜色了。

① 打磨后,若砂纸上附着的颜色与车身涂膜颜色一致,则说明面漆是单工序的,如图3-33所示。

② 打磨后,若砂纸上没有颜色,则说明面漆是多工序的,打磨下来的是清漆层,如图3-34所示。

抛光机的使用

图3-33 砂纸上有颜色

图3-34 砂纸上没有颜色

二、面漆抛光操作

1. 抛光机与抛光轮的使用

(1) 抛光机的使用

① 抛光轮(海绵轮)背面与抛光垫之间有自粘扣,以方便安装和拆卸,如图3-35所示。安装粘扣式的抛光轮时,一定要保证二者的中心线重合。如果安装位置偏了,那么海绵轮转动时,边缘的离心力将分布不均,会影响抛光的质量并加速设备的损坏。

② 普通抛光机有1~6个不同的速度挡位。高档的抛光机速度调节是无级的,可以在静止到最高转速之间随意调节,以满足不同抛光工艺的要求,如图3-36所示。

图 3-35　安装海绵轮

图 3-36　调速

③ 抛光操作时，可锁住开关，不需用手指长时间按着开关，以方便抛光操作。要停机时，只要再按一下开关，即可将锁止解除，使抛光机停止工作。

- 粗抛时，转速要低些，一般在 1～3 挡；精细抛光时，转速要高些，一般在 1～5 挡。
- 抛光时，不要过分用力按压抛光机，保证抛光机不晃动就可以了。
- 抛光完毕，将抛光轮取下，将其清洗干净并单独放好。
- 存放抛光机时，要让抛光垫向上，以防止抛光垫被压变形。

（2）抛光轮的选择

抛光轮要根据涂膜的损伤程度来选择，具体选择标准如表 3-2 所示。

表 3-2　抛光轮的选择

产品	技术特点	适用涂膜	实　物
羊毛轮	用于涂膜的粗抛光，其特殊结构可使空气流通，有助涂膜温度保持最佳，切削力最强	新修补或刚处理过的划痕严重的表面	
粗海绵	用于严重受损的旧涂膜抛光，切削力次次强	新修补或刚处理过的划痕严重的表面	
细海绵	用于精细抛光，可提升涂膜表面的光泽	有发丝划痕或粗抛光后的表面	
蜂窝状海绵	用于精细抛光，它的蜂窝状结构有助于消除抛光纹	有光晕的表面或汽车保养	

抛光设备和材料

2. 抛光前的准备

① 准备设备和材料。准备好抛光机、抛光轮、抛光砂纸、抛光蜡、保护蜡等设备和材料。

② 清洗车辆。旧车涂膜表面会附有泥沙、灰尘、蜡质油污等污染物，一定要在抛光前将车辆清洗干净，使涂膜表面干燥、无尘、无蜡、无污痕。可用火山泥去除轮毂上的铁粉等顽固污染物，如图 3-37 所示。沥青、重油脂、蜡质等化学异物是最让人头疼的车身污染物，擦不掉、洗不掉，弄不好的话，还会越来越严重，甚至会把涂膜弄坏，去除此类异物可用专用的脱脂溶剂清洗，如图 3-38 所示。

抛光操作

图 3-37　去除铁粉

图 3-38　去除沥青

③ 将饰条、门把手、棱线等部位遮护好，如图 3-39 所示。扳回外后视镜，如果有外置天线，应将其取下。

3. 面漆缺陷的处理

（1）面漆状况

面漆可能出现氧化、脏膜、泛色、轻微划痕、流痕、粗粒、橘皮、失光、丰满度差等问题。

（2）处理方法

先后用 P1500～P2000 抛光砂纸打磨表面。对凸出的流痕、粗粒、橘皮等，要用磨垫衬着砂纸来打磨，注意不要把面漆磨穿，如图 3-40 所示。再用毛巾和清水把车身擦净、擦干。有干磨条件的，可以用干磨软垫进行抛光前的缺陷处理。

图 3-39　抛光前的遮护

图 3-40　磨掉划痕等缺陷

4. 粗抛光

（1）面漆状况

经过 P1500～P2000 抛光砂纸的研磨后，面漆无流痕、粗粒、橘皮、凸点，表面呈现无光状态。

（2）抛光方法

摇匀抛光粗蜡，将其置于抛光机的粗抛光轮上。将抛光机转速调至800～1200r/min，并平放于面漆上。然后均衡地向下施力，从车顶开始，有规律地沿水平方向来回移动，每一小块做一次处理，面漆呈现出光泽后，即可用干净的毛巾把抛光剂擦净，如图3-41所示。

图3-41　粗抛光

经过粗抛光后，面漆表面无砂痕、划痕、粗粒、橘皮，面漆无抛穿痕迹，呈现平滑、光亮状态。粗抛光结束后，要及时将车身上的粗蜡粉擦掉，不要给后续工作埋下隐患。

5. 精细抛光

（1）面漆状态

粗抛光结束后，表面的缺陷已经被处理掉了，但由于抛光粗蜡的磨削力很强，因此，面漆的光泽度不高，还会存在细微的划痕和光晕。

（2）抛光方法

摇匀抛光细蜡，将其倒在抛光轮上。将抛光机转速调至1200～1800r/min，并平放于面漆上。然后，均衡地向下施力，从车顶开始，有规律地沿水平方向来回移动，每一小块做一次处理，直至面漆呈现出没有光晕的闪亮效果，即可用干净的毛巾把抛光剂擦净。精细抛光结束后，面漆要达到如图3-42所示的程度。

抛光前

抛光后

图3-42　精细抛光后的面漆

6. 面漆封釉

（1）对面漆的要求

① 封釉前，要保证面漆表面干净、平滑、无划痕。

② 若有划痕等缺陷，则可先对面漆进行抛光，然后用干净的软布将抛光残留物清除干净，才可以进行封釉。

（2）封釉操作

① 使用前，要充分摇匀釉剂，用软布或海绵将其涂在漆面上，停留 60s 后，用手或机器封釉。

② 机器的转速应保持在 1000r/min 以下。最后，用干净的软布擦去残留物。

③ 手工处理时，可直线操作，达到表面光亮的效果即可。

7. 抛光美容的注意事项

① 抛光后的车身一定要进行清洁，抛光车间应无灰尘，日光不能直接照射车身。

② 车身不能过热，尤其是发动机罩的位置，要等到表面冷却后再施工。

③ 按从车顶──→发动机罩──→翼子板──→车门──→行李箱盖──→保险杠蒙皮的顺序，即由上到下、前到后的顺序施工。

④ 一次施工面积不要过大，以个人手臂长度方便操作为准。

⑤ 按车身部分来操作，抛完发动机罩再去抛翼子板，不要一处还没抛完就抛下一处。

⑥ 更换抛光剂的同时要更换海绵轮，不可混用海绵轮。

⑦ 对棱线及边角位置进行抛光操作时，要小心，不要过分地抛，以免抛穿。

⑧ 抛光机要往复运动，不得在一处长时间停留，以免生热，损坏涂膜。

⑨ 不要将抛光机和抛光蜡等物品随手放在车身上，工作服上也不要有尖锐的饰物。抛光机电线妨碍操作时，要将其放在肩背上。

⑩ 抛光后的汽车，一定要及时上保护蜡或进行封釉等保养，以防止面漆被氧化。

第三节　车身涂膜的喷涂修复

笔记

汽车车身涂膜是车辆的"衣服"，它对车辆起到外观装饰及防腐的作用。若车身涂膜的面漆层被划穿，则会严重影响美观，如图 3-43 所示。若涂膜被划穿并露出金属，还会使汽车有被腐蚀的可能。严重的划痕已不能用抛光美容的方法来修复了，在这种情况下，要采用重新喷涂的工艺，使涂膜恢复到良好的状态。

图 3-43　车身上的严重划痕

相关知识

一、汽车涂料

1. 涂料的组成

涂料一般由成膜物质、颜料、溶剂和添加剂组成，如图 3-44 所示。

（1）成膜物质

成膜物质是涂料的主要成分，其作用是使颜料保持明亮的状态，并使之坚固、耐久地黏附在物体表面。它决定了涂料的类型，具有一定的保护与装饰作用，如提高光泽度、硬度、弹性、耐水性、耐酸碱性等。成膜物质通过化学、物理改性后，可以提高涂膜的耐久性、附着性、耐腐蚀性、耐磨性和韧性等。现在市场上使用的车身涂料的成膜物质是树脂，可按来源不同，将树脂分为天然树脂和合成树脂；可按结构和成膜方式的不同，将树脂分为非转化型（热塑型）树脂和转化型（热固型）树脂。

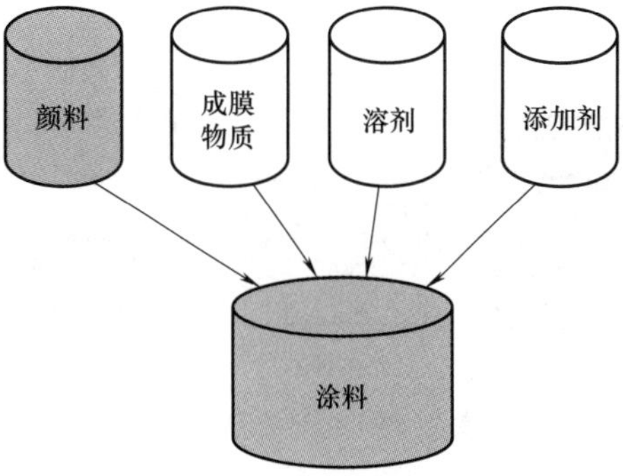

图 3-44　涂料组成

（2）颜料

颜料是涂料中的不挥发物质之一，呈微细粉末状、有颜色。它用于赋予面漆色彩和耐久性，起到装饰作用。同时，颜料使涂料具有较高的遮盖力，可提高涂料的强度和附着力，改善其流动性和涂装性能。颜料分着色颜料（包括有机颜料、无机颜料及金属颜料）、体质颜料（主要用于改进涂料性能并降低成本，大多为天然白色或无色物）、防锈颜料（如氧化铁红、铝粉、红丹、铬黄、磷酸锌等）及特种颜料。颜料可按化学成分不同，分为无机颜料和有机颜料，无机颜料的遮盖性好、密度大、色调不太鲜明；有机颜料的遮盖性差、密度小、色调鲜明。汽车涂料中清漆为不含颜料的透明涂料。

（3）溶剂

溶剂是涂料中的"挥发"成分，它的主要功能是充分溶解涂料中的树脂，使涂料呈液态，便于在表面涂布。大多数溶剂是从原油中提炼出来的"挥发性"配料，它具有良好的溶解能力。优质的溶剂能改善面漆的涂布性能和涂膜特性，并且能增强其光泽，有助于更精确地配色。溶剂可按用途不同分为真溶剂、助溶剂和稀释剂，可按蒸发速度的不同分为低沸点溶剂、中沸点溶剂和高沸点溶剂。汽车涂料中用水做溶剂的为水性漆，粉末清漆为不含溶剂的涂料。

（4）添加剂

添加剂在涂料中的比例很少，但它们却对涂料的储存过程、施工成膜过程、性能及颜色调整方面起着各种重要的作用：有能加速干燥并增强光泽的加速剂；有能减缓干燥速度的缓凝剂；还有能减弱光泽的消光剂；还有些添加剂能起到综合作用，能减少起皱、加速干燥、防止发白、提高对化学物质的耐受能力等。

2. 涂料的成膜

（1）物理成膜（热塑型）

成膜前后的涂料分子结构不发生变化，仅靠溶剂挥发、温度变化等物理作用使涂料干燥成膜，如图 3-45 所示。其干燥迅速，但形成的涂膜耐溶剂性差、力学性能不好、光泽低、耐候性差。

（2）化学反应成膜（热固型）

成膜前后的涂料分子结构会发生变化，成膜过程中，除溶剂挥发等物理作用外，主要靠树脂在固化剂或加热或光照等条件下发生化学反应而成膜，所形成的涂膜不能再被溶剂溶解，也不会因受热而熔化，如图 3-46 所示。这种涂膜的力学性能好、光泽度高、耐候性好。

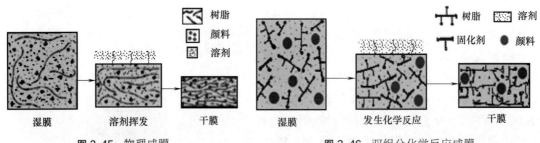

图 3-45 物理成膜　　　　　　　图 3-46 双组分化学反应成膜

二、喷枪

可根据涂料的不同来选择喷枪，喷枪主要有重力式、吸上式（也叫虹吸式）和压送式 3 种。修补汽车涂膜时，一般用吸上式和重力式喷枪。喷枪由涂料壶、枪身和喷枪控制装置等几部分组成。

1. 喷枪的使用方法

① 给喷枪装入涂料后，将枪尾的快速接头连接上压缩空气。

② 喷枪扳机分两挡，如图 3-47 所示。1 挡时，喷出空气，可用于吹尘等；2 挡时，流经喷嘴的涂料被雾化，进入正常喷涂阶段。手握喷枪柄，以食指与中指压扣扳机到 1 挡位，使压缩空气阀门打开，压缩空气沿管道到达喷气嘴，喷出气流。这时，由于针塞套筒未打开，气流可用于吹去涂装面的灰尘。然后，再向后压扣扳机到 2 挡位，针塞后移打开喷料嘴，涂料随同气流扩散成雾状微粒并喷向涂膜，以形成涂装膜。

③ 喷涂时，可以根据工作需要调节风帽的位置，需要水平方向喷涂时，将喷嘴调成水平，此时的喷幅为竖线；需要上下喷涂时，将喷嘴调成竖直，此时的喷幅为横线，如图 3-48 所示。

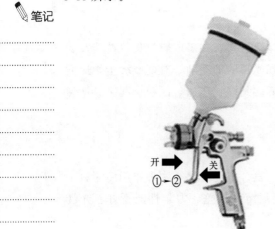

图 3-47 喷枪扳机挡位　　　　图 3-48 风帽位置与扇形方向

2. 调整喷枪的基本参数

① 气压调整。当喷涂气压调节旋钮处于与枪体平行位置（最大雾化状态）时，顺时针旋转喷涂气压调节旋钮，可使喷涂气压变小；当喷涂气压调节旋钮处于与枪体垂直位置

（最小雾化状态）时，逆时针旋转喷涂气压调节旋钮，可使喷涂气压变大，如图3-49所示。

② 喷幅调整。若要增大喷幅，则需要逆时针旋转喷幅调节旋钮；若要减小喷幅，则需要顺时针旋转喷幅调节旋钮，如图3-50所示。一般情况下，为了获得良好的喷涂效果，建议将喷枪的喷幅调节到最大状态。

③ 流量调整。需增大涂料流量时，应逆时针旋转涂料流量调节旋钮，增大枪针行程，从而增大涂料流量；需减小涂料流量时，应顺时针旋转涂料流量调节旋钮，减小枪针行程，从而降低涂料流量，如图3-51所示。

图3-49　调整气压

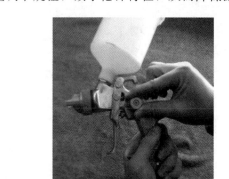

图3-50　调整喷幅

图3-51　调整流量

涂膜缺陷处理

技能实例

一、涂膜损伤的维修

若车身翼子板涂膜表面有划痕损伤，则需要进行涂膜修复，维修工艺如下。

1. 准备

① 准备个人防护用品：防静电工作服、耐溶剂手套、防毒面具、安全鞋、工作帽、防护眼镜等。

② 准备相关工具和材料：各种型号的打磨砂纸、相关油漆和辅料、喷枪等。

2. 打磨缺陷

① 用P240干磨砂纸或P400水磨砂纸在旧涂膜上打磨，如图3-52所示。将油漆被损坏的部位打磨平整。

② 确定需要喷涂底漆的范围，用P320干磨砂纸或P600水磨砂纸做进一步的处理。

3. 喷涂底漆

（1）清洁

清洁打磨后的涂膜表面，保证无水、无油、无粉尘。

（2）遮护

将那些不需要喷涂的部位都遮盖起来。遮盖前,应对所有的表面如玻璃、装饰件、灯罩、保险杠等进行彻底清洗,一定要将灰尘全部除掉。在装饰条或其他部件上粘贴胶带时,尽量不要拉伸胶带。

(3) 底漆喷涂与打磨

① 先在修补涂膜边缘的交接部位喷涂薄薄的一层,待其稍干之后,给整个打磨后的表面喷一层底漆,将损伤部位完全遮盖。一般要喷 2~3 遍,喷涂后的表面应平整、光滑,如图 3-53 所示。

图 3-52 打磨损伤部位

图 3-53 喷底漆

② 为了加速底漆的干燥,有时要用红外线烤灯来烘烤,如图 3-54 所示。

③ 待底漆干燥后,用 P400 干磨砂纸或 P800~P1000 水磨砂纸对其进行打磨,如图 3-55 所示,最后,用 P2000 水磨砂纸或相同粒度的其他打磨材料来打磨要喷涂面漆的范围,打磨范围要扩大。所有需要喷涂的部位都要打磨到,不能有遗漏,打磨后的表面应光滑,无橘皮纹。如果要喷涂单工序的素色面漆,那么最后要用 P400 干磨砂纸或 P800 水磨砂纸打磨一遍;如果要喷涂金属色面漆,那么最后要用 P500 干磨砂纸或 P1000 水磨砂纸打磨一遍;如果需要做过渡喷涂,那么过渡部位要用 P1500 抛光砂纸或相同粒度的其他打磨材料打磨一遍。

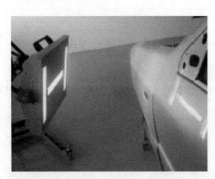

图 3-54 用红外线烤灯烘烤

图 3-55 打磨底漆

4. 喷涂底色漆

① 用除油剂清洁整个板件,用粘尘布进行喷涂前的除尘作业。

② 用面漆喷枪喷涂底色漆,调整好喷幅、出漆量和喷涂气压。若底色漆的遮盖力低,则可先以低气压喷涂,并从内向外喷涂,遮盖底漆范围,如图 3-56 所示。每一层底色漆干燥后,都要用粘尘布除去多余的银粉,直至底漆完全被遮盖,一般要喷涂 2~3 次。

5. 喷涂罩光清漆

喷涂完金属底色漆并等涂膜完全干燥后，用干净的粘尘布将涂膜表面的漆雾擦净，以防有金属颗粒浮在表面，影响最后的涂膜效果。

喷涂第一层清漆，等待 5min 后，再喷涂第二层清漆，如图 3-57 所示。清漆喷涂完成后，静置 5min 让涂膜流平。然后，对涂膜进行加热，使其干燥，干燥温度应达到 60℃，大约烘烤 30min，涂膜即可干燥。

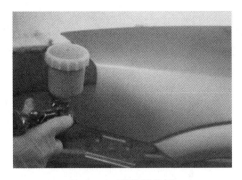
图 3-56　喷涂底色漆

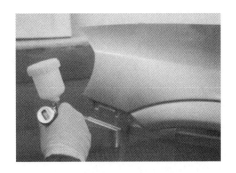
图 3-57　喷涂罩光清漆

6. 抛光

等清漆完全干燥后，对喷涂过的涂膜进行抛光处理，使板件恢复良好状态。

二、车身变色喷涂

变色喷涂就是在车身表面喷涂一层特殊的涂料（变色龙漆），干燥成膜后，在自然光下不同角度（车身不同位置）呈现不同颜色，如图 3-58 所示。

图 3-58　车身变色龙漆

1. 准备

（1）洽谈

与客户沟通，了解具体车型、客户需求、客户爱好等，进行相关产品介绍和价格告知。

（2）设备和材料

① 按整车喷漆工艺准备相应的工具和设备，如喷烤漆房、喷枪等。

② 专用底色漆（黑色）、变色龙漆、清漆、稀释剂、固化剂、除油剂、遮盖纸等。

2. 车身处理

（1）清洁车身

① 冲洗车身，清洗完毕后，用干毛巾进行擦拭。

② 拆除车身所有影响施工的附件，如外后视镜、车标、车灯等。

③ 用清洁剂清洁车身上的所有污物，擦拭干净后充分干燥。

（2）喷涂前涂膜表面处理

① 用 P800 砂纸打磨整车所有需喷涂变色龙漆的部位。

② 如果需喷涂部位涂膜有损伤或板件有变形，则先将损伤部位进行原子灰和底漆施工，将缺陷修复好。

③ 清洁车身，并做整车除油处理。

3. 喷涂操作

（1）喷涂黑色底漆

① 按涂料技术说明建议调制 1K（单组分）黑色底漆，过滤后装入合适的喷枪（用涂料生产商建议的喷枪）。

② 在整个车身表面喷涂黑色底漆，如图 3-59 所示。通常需要"湿碰湿"喷涂 2 层，并彻底闪蒸干燥。

③ 用 P1500 水磨砂纸打磨黑色底漆。

④ 清洁车身，并做整车除油处理。

（2）喷涂变色龙漆

① 按涂料技术说明建议调制变色龙漆，过滤后装入合适的喷枪（用涂料生产商建议的喷枪）。

② 在整个车身表面喷涂变色龙漆，如图 3-60 所示。通常需要"湿碰湿"喷涂 3～5 层，膜厚达到 $15～25\mu m$。

③ 按涂料技术说明建议调制好清漆（稀释和加固化剂），在整个车身表面喷涂 2～3 层清漆。

图 3-59 喷涂黑色底漆

图 3-60 喷涂变色龙漆

4. 后续处理

① 待漆膜充分干燥后，安装所有拆下的车身附件。

② 对整车进行抛光、封釉操作，施工效果如图 3-61 所示。

图 3-61 施工效果

第四节 车身彩绘

　　车身彩绘也称为车身艺术喷涂，是彩绘画师用喷笔（或喷枪）把彩绘颜料喷涂在车体表面形成图案，并对画面喷涂清漆和进行抛光处理，使画面持久亮丽、色彩逼真、栩栩如生的操作过程。图 3-62 所示为车身彩绘实例。

图 3-62 车身彩绘实例

相关知识

一、车身彩绘基础知识

1. 车身彩绘的发展

（1）国外车身彩绘

喷笔绘画最早可以追溯到 1893 年，美国的著名水彩画家查尔斯·帕蒂克率先使用了喷笔作画。早期使用喷笔绘画的艺术家都是在自己的画室中创作,在画布上或其他材质上小面积作画。把喷笔绘画应用在不同的材质上也是在一步步实践中摸索出来的。最初的车身彩绘画家是在一些废旧的汽车上作画,因为没有系统的经验可循,画面内容主要以简单的文字涂鸦和卡通形象为主,属于一种即兴发挥的涂鸦形式。

如今,车身彩绘在欧美等国已经发展得非常成熟,特别是在艺术气息浓厚的城市,随处可见被彩绘的汽车穿梭于街头。彩绘主题多种多样,有恐怖的骷髅、有夸张的人物、有栩栩如生的动物、有炙热的火焰、有唯美的风景……,车主追求个性的、独特的表现形式,促使车身彩绘演绎出它独特的汽车文化。

(2) 我国车身彩绘

在国内,车身彩绘还是一个新的领域。以前,很多摩托车和汽车的车主都希望自己的爱车更加个性化,大多数想改装车辆的人都选择贴纸进行装饰。但是,贴纸是贴于汽车表面的,没有立体感,虽然可成批制作,但颜色造型都有限制,没有视觉冲击力,其精致度和耐久度都较差。

车身彩绘与汽车美容装饰是分不开的,从某种意义上讲,车身彩绘也属于汽车美容装饰的一个范畴。近年来国内很多汽车美容装饰连锁加盟企业都把车身彩绘作为一个独立的加盟项目放在其中,这也是加盟项目的一个亮点。连锁企业因为是连锁经营,可以把加盟店开到全国各地区,无形中把彩绘技术也带到了全国各地,使车身彩绘烤漆艺术在国内各地区迅速传播。

(3) 法规要求

车身彩绘改变了汽车外貌,因色彩鲜艳而吸引人们的目光,在社会上有一定的影响,所以在进行车身彩绘时需要注意以下两个方面。

① 要符合国家的相关法规政策规定。我国法规对车身颜色和图案有具体要求,其中有两条规定:一条规定是已注册登记的机动车改变车身颜色的,机动车所有人应当在变更后 10 日内向车辆管理所申请变更登记;另一条规定是对车身颜色实行的是先变更后登记,是备案式的管理。另外,需注意彩绘不能超过车身面积的三分之一,汽车的玻璃部位不能做彩绘。

笔记

② 彩绘图案要符合文化导向及美学要求,不应涉及暴力、血腥、色情、政治、恐怖、裸露、灾难、污辱性的文字和图案,应提供积极、健康、文明、上进、爱心、自然、和谐的文化表达。

2. 车身彩绘的特点

普通的画布是方形的,是二维平整的,所展现的内容也有它的局限性。汽车的表面不是平整方形的,它是立体的,有着相连的前、后、左、右、上 5 个方向,这就是说车身是由 5 个不同角度的面与转角组成的,给了那些善于发挥想象的艺术家更广阔的创造空间,5 个不同角度的面有利于表达更加完美的画面,更能发挥艺术家们善于思考、创造的能力,可以从不同的角度来表达同一图形的内涵和象征意义。车身彩绘还具有以下特点。

① 彩绘色彩亮丽、持久、牢固,长期不变色。

② 操作方便,容易上手。

③ 图案表现力突出,任何复杂或简单的图案都可以用彩绘的形式绘制出来。

④ 图像逼真,有很强的装饰性。

⑤ 艺术可观赏性强,有很强的视觉冲击力。
⑥ 可完全满足车主个性化的需要。

3. 车身彩绘的分类

目前,应用于汽车上的彩绘主要有两种类型,即临时性彩绘和永久性彩绘两种。

(1) 临时性彩绘

临时性彩绘就是可以清洗掉的彩绘,适用于新车的销售展示、新车发布会、4S店展示、婚车等,可以满足临时要求。临时性彩绘不会损伤原厂车漆,展览完后可以用水清洗掉,彩绘图案可以和车身完美融合。但是,因为没有清漆保护层,所以保持时间较短,在室内可以保持一个月左右,户外淋雨后不能触摸。临时性彩绘作品完成后表面没有光泽度,彩绘图案色彩饱和度没有永久性彩绘高。

(2) 永久性彩绘

永久性彩绘是图案不能清洗掉的彩绘,适用于要求较高的个性化车身装饰。永久性彩绘保持时间长,和正常漆面保存时间一致。彩绘作品可以和车身完美结合,作品完成后表面有光泽度,彩绘图案色彩更饱和,画面立体感强。因为清洗不掉,如要复原,需要重新喷涂漆面,并且制作成本较高。

二、喷笔

喷笔用于将漆料(颜料)喷涂于需彩绘的表面。与上色笔相比,喷笔可以更均匀地喷涂颜料,更好地控制颜料的厚度以表现色彩轻重、明暗等细微差别,易于大面积喷色而不产生色差;与彩色喷罐相比,不再是单调的一种颜色,可以自由地根据自己的喜好和需要,任意调和出各种颜色。

1. 喷笔类型

按控制调节装置不同,喷笔可分为外调式和内调式。通过调节颜料喷出的口径,可以控制色彩喷涂面积和厚度。一般选择外调式喷笔,其口径可以在0.2~0.3mm做细微调节,制作的彩绘效果较好。外调式喷笔的扳机位于笔杆的中部,如图3-63所示。

喷笔按口径大小可分为0.1mm、0.2mm、0.3mm和0.5mm等多种,口径越小,绘制出的线条越细,比较常用的口径有0.2mm和0.3mm两种。

喷笔按储漆杯(漆壶)所在的位置不同,可分为上壶式[见图3-63(a)]、侧壶式[见图3-63(b)]和下壶式[见图3-63(c)]3种。

2. 喷笔的结构

喷笔主要由储漆杯、喷嘴、笔身、喷针、尾管和喷针调节器等组成,如图3-64所示。喷针位于喷笔内部的中心,尖端部分直接控制喷笔的口径和方向,在清洗时一定要小心,注意不要损坏头部。喷针一旦损坏,整支喷笔也就报废了。

喷针调节器位于尾管的末端,通过调节这个旋钮,可以控制前端漆料喷出的量,以控制漆料喷在物体表面的厚度。喷嘴位于喷笔的前端,作用是将压缩空气与颜料混合。

3. 喷笔的选择

可根据个人习惯和喜好进行选择,但很多时候手感也是很重要的。

① 在顶棚上绘制时,因为喷笔喷嘴是向上喷绘的,所以采用侧壶式(可旋转)喷笔是最合适的。

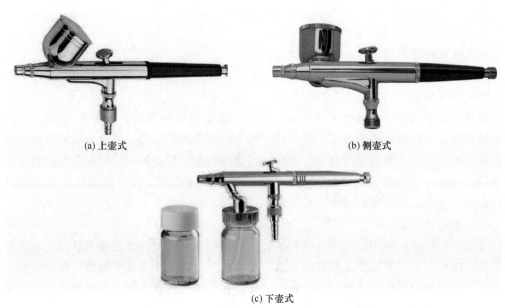

(a) 上壶式　　　(b) 侧壶式

(c) 下壶式

图 3-63　外调式喷笔

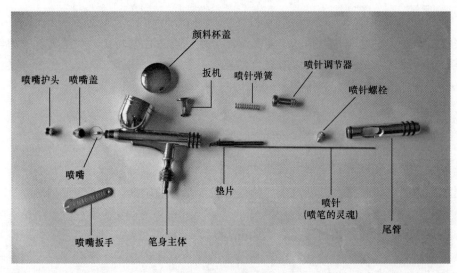

图 3-64　喷笔结构

② 下壶式喷笔在更换涂料时比较方便，可以把调和好的涂料放在漆壶里，需要什么颜色时，只要更换漆壶就可以了，这种喷笔比较适合绘制颜色丰富的画面。

③ 上壶式喷笔只有一个储漆杯，比较固定，清洗容易，只要把漆料放在储漆杯里即可喷绘，属于常用型喷笔。

一支好的喷笔不是按价格来定的，一般以容易清洗的不锈钢喷笔为好。如叶红 HD-130，是较便宜而且质量不错的喷笔。

4. 其他设备与工具

车身彩绘所使用的主要设备是喷笔，同时还需要空气压缩机、连接的气管和接头，以及制作模板的刻刀、刻板、胶带、钢卷尺、直尺等，还有必备的计算机和家用打印机等。

车身彩绘所使用的空气压缩机一般是活塞式的,也是在工作中常见的类型。在汽车装饰店、修理厂等也采用这种类型的空气压缩机。对于只从事车身彩绘作业的小型工作间,可购置小型移动式压缩空气系统,主要包括小型空气压缩机、油水分离器、软管、接头等,如图3-65所示。

计算机的配置无须太高,可以完成一般的平面设计和打印任务就可以了。打印机需要选择彩色喷墨的,最好安装有使用方便、经济实惠的连续供墨系统。纸张要求用一般的打印纸和相片纸就可以了。

图3-65 小型移动式压缩空气系统

三、彩绘上色

1. 颜料

车身彩绘所使用的颜料可分为两种:一种是水性颜料,如丙烯颜料和水性汽车漆,后者很昂贵且不常用;另一种是常见的单组分的快干汽车漆,颜色非常丰富。汽车漆是车身彩绘的最佳选择。但由于汽车漆不环保,有一定的毒性,所以施工时工作人员一定要戴好防毒防尘面具加以保护。

2. 彩绘上色

车身彩绘绘制过程中的上色流程与普通的绘画上色完全不同。普通绘画的上色方法是调和不同色阶的颜色反复涂抹,由浅及深或由深及浅,或由一种颜色到另一种颜色,这个过程需要调和几种颜色进行涂抹,很复杂且有笔痕,不易均匀。而利用喷笔进行喷绘就非常方便,只需要调和两三种颜色即可喷绘出色彩丰富、渐变均匀的效果。

(1) 色彩分解

色彩分解就是把一种颜色分出两种或三种颜色进行层叠喷绘,先喷第一种颜色,再叠加喷绘第二种颜色,这样当第一种颜色遇到第二种颜色就会变色成画面所需要的颜色。它的好处是色彩显得丰富、透彻。如喷绘绿色,可以先喷绘一层蓝色,再喷绘一层黄色,两种颜色叠加在一起就变成绿色了。这样喷绘出的颜色既能体现出绿色,又能体现出蓝色和黄色,色彩变得非常丰富。

在车身彩绘的上色过程中可以大胆地使用这种方法,这也是喷绘绘画与普通绘画方法的最大区别。

基于色彩分解原理,车身彩绘中通常使用红、黄、蓝、白和黑五种颜色的颜料,即可完成各种颜色图案的绘制。如果配备的颜料色种较多,可选择的空间变大,可以提高喷绘的工作效率。

(2) 上色技巧

在彩绘中还有一个很重要的上色技巧,涉及颜料的薄厚和覆盖的性质。任何颜色都是以白色为基底的,只有喷涂在白色颜料上才能显现出颜料的本色。当在已经画好底色的背景上绘制其他颜色时,不能直接在背景上喷绘。因为彩绘的颜色除了白色和黑色外,其他颜色是半透明的，两种颜色叠加在一起会变成其他颜色，不能达到预期的效果。例如，在深蓝色的背景上喷绘浅绿色的线条，应用白色颜料先在背景上喷绘出白色线条，再在白色上薄薄地喷绘上绿色颜料，这样原来的白色就会变成需要的颜色了。颜料的覆盖力也与喷绘操作有关，如果喷绘出的颜料非常薄，也会导致覆盖力不强。以上技巧也是彩绘中需要注意的地方。

（3）彩绘方法

彩绘和普通绘画的方法不同。以一幅风景画面为例，普通的绘画方法是用画笔先画出大的轮廓和大的底色，画面中的前后物体和各部分会同时渐进完成，强调整体步骤。但用喷笔制作彩绘的步骤和流程可以有几种方案，比如可以先画后面的背景，然后画前面的物体。如果前面的物体形体轮廓很清晰，那么就需要用模板把背景画完的部分遮挡起来，再画前面的物体。也可以先画前面的物体，然后用模板把前面画好的物体遮挡起来再画后面背景部分。

四、模板

车身彩绘使用的模板称为形体模板，简称为模板。在喷绘过程中使用它可以提高车身彩绘效率，但有些车身彩绘图案不能依靠模板来实现，只能靠彩绘师的高超技术即兴发挥，如写实的发丝效果、光线的效果、云彩的效果，以及一些没有明确轮廓的形体，如远景的树枝、山峦和在视觉上模糊的影像等。

形体模板通常有4种形式，即硬模板、软模板、遮挡模板和矢量模板。

1. 硬模板

硬模板是用硬纸板（卡纸）制作的模板形式，主要通过透稿得到。操作时放在上面的是要画的图案，中间是复写纸或炭粉（炭粉均匀涂在图案的背面），下面是硬纸板，如图3-66所示。透稿时可用硬铅笔绘制图案轮廓，这样在硬纸板上留有图案的清晰痕迹。再用刻纸刀顺着留在硬纸板上的痕迹把需要刻绘的形体轮廓刻开。

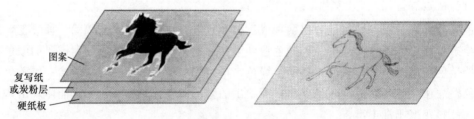

图3-66　硬模板

硬模板可以刻画形体比较清晰的图案。一般写实风格的图案，特别是画面中主体的形象轮廓线本身就非常清楚的，还有前后关系明确、明暗分明、界线明朗的部分都需要采用硬模板的形式。

2. 软模板

软模板也是透稿的模板形式，它是利用复写纸或炭粉把图案形体轮廓和结构线直接描绘在车身上，在车身上直接可以体现出形体线条，然后利用喷笔喷绘来绘制出图案。

3. 遮挡模板

遮挡模板是在喷绘过程中用来遮挡已经完成的局部，以方便喷绘旁边图形的模板。遮挡模板在喷绘有弧形的地方时经常使用。

4. 矢量模板

矢量模板也叫漏板,是利用刻绘机或刻刀把图案形体线以矢量封闭线的形式刻绘在不干胶纸或其他料板上,在不干胶纸或料板上形成可以镂空的图案。这种模板多应用在喷绘一些卡通图案、字体、标志、矢量图文、边缘清晰的线条等情况,如图 3-67 所示。

图 3-67 矢量模板

技能实例

一、彩绘基本功练习

1. 喷笔的使用方法和技巧

(1) 喷笔的控制

喷笔的控制原理很简单,但要控制得随心所欲就比较困难了。首先拿笔的手臂要自然放松,运动时要大臂带动小臂,小臂带动手腕,形成一个关节运动,绘制出来的线条才能流畅、自然。拿喷笔的姿势有两种,一种是大拇指按住扳机,食指放在储漆壶的外侧,如图 3-68(a) 所示;另一种是食指按住扳机,大拇指、中指、无名指握住笔身,如图 3-68(b) 所示。

(a) 大拇指控制

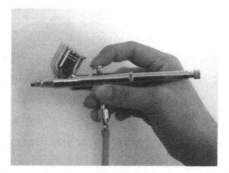
(b) 食指控制

图 3-68 喷笔的握姿

(2) 喷笔使用技巧

① 在喷笔喷嘴与画面的距离和出油量不变的情况下，可以调节喷笔的喷针调节器。气压越大，在同等的时间内喷出的颜料越多、喷绘面积越大；气压越小，在同等的时间内喷出的颜料越少、喷绘面积越小。

② 在喷笔气压和出油量不变的情况下，在同等的时间内，距离画面越近，喷在画面上的颜料就越多，但喷绘的面积就相对越小；距离画面越远，喷在画面上的颜料就越少，但喷绘的面积就相对越大。

③ 在喷笔喷嘴与画面的距离和气压不变的情况下，可以自由地控制喷嘴出油量的大小，用拇指把扳机向后扳动，扳动的幅度越大，喷到画面上的颜料就越多且面积越大。

彩绘画师可以通过调节距离的远近来控制喷笔喷绘出的点、线、面效果，还可以通过调节气压和出油量来完成各种复杂图案效果的绘制。这 3 种控制喷笔的方法互相配合，也是喷笔最基本的使用控制方法。

2. 线条的喷绘

入笔时由远及近，先给气压，再渐渐向后扳动扳机给颜料，颜料由少及多，喷至中间时，喷笔距离画面最近，颜料给得最多；收笔时由近及远，先慢慢收回颜料，再收气压，喷笔距离画面越来越远，这样就会在画面上形成一条中间实（清晰）两头虚（模糊）的线条，如图 3-69 所示。

喷笔距离画面由近及远喷绘点和线的效果，遵循近实远虚、近大远小的规律。线无论长短、宽窄、虚实，都要求中间实、两边虚，中间重、两边轻，过渡自然，不要出现断点。

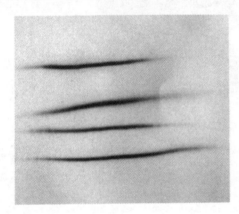

图 3-69 线条的喷绘

笔记

练习时可以任意使用直线、曲线，尽量自由发挥，注意线的自然、飘逸、均匀过渡。练习喷绘线的目的是要最终形成图案，由点到线，由线到面，由面到体，点、线、面不分家，人们所能看到的图案都是由点、线、面组成的。

3. 典型图形喷绘

(1) 毛发喷绘

毛发喷绘是以后经常用到的技法，因为要想绘制好动物的毛发、人的头发等，都需要遵循一定的规律。毛发喷绘对线的质量要求很高，且毛发有一定的走向，并不是平行的，而是错落有序交叉在一起的。毛发喷绘的规律是第一根与第二根交叉层叠，不要平行地喷绘，而是一层一层地喷绘，这样显得毛发有厚重感，如图 3-70 所示。

(2) 光线的喷绘

光线的绘制最主要的是控制出油量和距离。

光是没有清晰边缘的，其边缘是模糊的，有方向性，这就是光线的绘制效果。光顺着一个方向照射出去，要求喷笔离开画面一定的距离，先给气，再给油。在出油量和气压不变的情况下，主要由距离的远近决定光线的效果，相对合适的距离可以喷绘出很形象的光

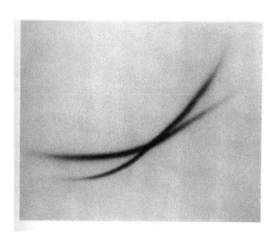 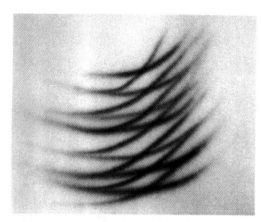

图 3-70 毛发喷绘

线效果,这个距离相对于喷绘线条要远很多。

(3)颜色渐变的喷绘

颜色的渐变效果也是喷笔绘画的一大特色,因为用普通的画笔很难表现均匀的色彩渐变效果。渐变效果的绘制是这样的,以一条线段或一个方向作为基点,保持出油量不变,向一个方向均匀喷绘,注意每喷绘一笔要与前一笔喷绘的画面衔接融洽,后一笔要比前一笔喷绘时距离画面远一些,这样就造成画面内距离画面近的地方颜色较重、色彩浓艳,距离画面远的地方颜色越来越淡。

(4)简单图案喷绘

线形喷绘练习比较熟练后,即可喷绘一些简单的图案(见图 3-71)。反复的图案喷绘练习是真正汽车彩绘的基础。

4. 错误部分的处理

在彩绘绘制中可能会有画错的部分,这是不可避免的。有些绘画方法如果出现画错的情况,还可以直接进行修改;但在彩绘中则不这么简单,因为彩绘的画面是不能出现笔痕的,而且喷笔喷绘出的颜料是散射和雾状的,修改中一不小心就会影响周围部分的画面效果,所以需要用模板遮挡好周围没有绘错的部分后再用喷笔修改。修改时若要重新喷涂颜色,应先用白色或其他覆盖力较强的颜色把画错的地方覆盖掉(一般是用白色覆盖),这是很关键的一步。然后在白色的基底上喷涂其他需要的颜色,这样色彩才能不变。

二、制作模板

1. 制图

(1)确定图稿

车身彩绘所体现的是客户个性化的需求,那么彩绘的设计内容就离不开客户的参与,客户的意见直接决定了彩绘的画面内容。在彩绘前期的设计中要时常与客户沟通,只有这样彩绘工作才能顺利实施。

① 收集图片。设计师会根据客户的要求进行图片素材的收集和整理,比如客户喜欢

图 3-71 喷绘练习常用的图案

什么类型的图案,或想在彩绘中体现什么内涵,还有客户的性别、属相、年龄、爱好、习惯等都应作为选定图片的参考依据。收集图片的途径有很多,如互联网、图书、杂志等,但以方便、效率高的为先。可收集图片的种类有很多,如国画、油画、雕塑、工艺美术、书法、素描、水粉画、漫画、壁画等,如图 3-72 所示。

② 选图。设计师与客户沟通具体要求和设计思路后,在已收集的图片中选择 1~2 种合适的图案进行下一步设计。

(a) 雕塑图片

(b) 素描图片

(c) 水粉画图片

图 3-72　部分彩绘图片类型

(2) 设计

选定图案后,设计师开始具体的设计。把选好的图案用计算机设计软件设计好,调节成适当的尺寸,打印出来贴在车体上,调整好位置。设计过程中设计师可根据实际情况再加入些其他的设计素材以丰富画面内容,使之更加完美,这就需要设计师发挥自己的创造思维了。

Photoshop 是常用的图片编辑软件,功能非常强大,但我们只使用其中部分功能来完成设计任务。

下面以将熊猫图案喷绘于汽车的发动机罩上为例,如图 3-73 所示,介绍用 Photoshop 设计图案的过程。

图 3-73　图案与汽车

① 启动 Photoshop 软件,执行"文件"→"打开"命令,或按"Ctrl+O"快捷键,打开事先用数字照相机拍摄好的汽车照片,如图 3-74 所示。

图 3-74　打开汽车照片

② 执行"文件"→"打开"命令,或按"Ctrl+O"快捷键,打开事先选好的图案图片,如图 3-75 所示。

③ 单击选中图案图片,单击工具面板中的"移动工具"按钮,如图 3-76 所示。

④ 在图案图片上按住鼠标左键不放,把图案图片拖到照片中发动机罩的位置,如图 3-77 所示。

⑤ 打开"编辑"下拉菜单,执行"编辑"→"变换"→"斜切"命令,如图 3-78 所示。

⑥ 用鼠标拖曳图片的 4 个角,将图片调整到合适的位置和尺寸,与发动机罩重合,如图 3-79 所示。此过程中最好同时配合使用"编辑"下拉菜单中的"自由变换"功能对图片进行调整。

图 3-75　打开图案图片

图 3-76　"移动工具"按钮

图 3-77　将图案图片拖至汽车图片中

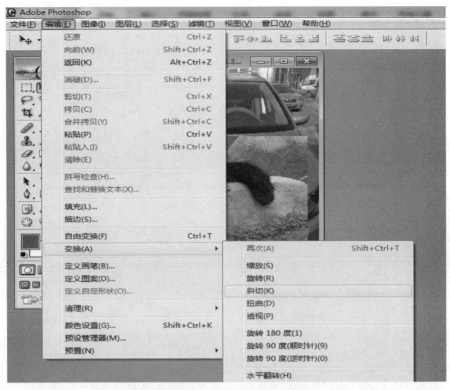

图 3-78 "斜切"命令

图 3-79 调整图案位置和尺寸

⑦ 单击工具面板中的"矩形选框工具",在弹出的对话框中单击"应用"按钮,如图 3-80 所示,完成变换。

图 3-80　应用变换对话框

⑧ 打开"图层"下拉菜单,执行"添加图层蒙版"→"显示全部"命令,如图 3-81 所示。

图 3-81　"添加图层蒙版"命令

⑨ 单击工具面板中的"橡皮擦工具",调整"橡皮擦工具"的参数大小,主直径为 150 像素左右,不透明度为 50%,如图 3-82 所示。

图 3-82 "橡皮擦工具"参数设置

⑩ 用"橡皮擦工具"擦除图片多余部分,使之与发动机罩大小相符,最终效果如图 3-83 所示。

图 3-83 最终效果

（3）打印图稿

把设计好的效果图打印两份，一份是绘画时参考的效果图，用 A4 纸打印；另一份是制作模板用的图样，要与实际彩绘画面大小一致。

对于制作模板用的图样可先在设计软件里设置成绘画时的实际尺寸，再用软件分割成多个 A4 纸大小的图打印出来，然后拼合成一张大图，这是一种经济、便利的打印方法；也可以去专业喷绘的地方喷绘出一张大图，只要事先设定好尺寸即可。例如，发动机罩的实际尺寸是宽 135cm、长 110cm，那么要打印的图像也应是同等的尺寸。

① 启动 Photoshop 软件，执行"文件"→"新建"命令，或按"Ctrl＋N"快捷键，打开"新建"对话框。"预设大小"选择"自定"，"宽度"设为 135cm，"高度"设为 110cm，"分辨率"设为 100px/cm，如图 3-84 所示。

图 3-84　新建文件参数设置

② 单击"好"按钮，新建一个图层，如图 3-85 所示。

③ 执行"文件"→"打开"命令，弹出"打开"对话框，打开图片。将图片的"图像大小"参数设置成与新建图层的相同（或相近）。单击工具面板上的"移动工具"按钮，在图案上按住鼠标左键不放，将其拖曳到前面新建的图层上，如图 3-86 所示。

④ 打开"编辑"下拉菜单，执行"编辑"→"变换"命令，或按"Ctrl＋T"快捷键。按住鼠标左键拖曳图片 4 个角，调整图片到合适的位置和大小，效果如图 3-87 所示。

图 3-85　新建图层

图 3-86　将图片移到新建图层

图 3-87 调整后的图像

⑤ 单击"图层"下拉菜单中的"合并可见图层"按钮。利用工具面板中的"裁切工具"(见图 3-88),将完整图案裁下,即可得到图 3-89 所示的整个图案。

图 3-88 "裁切工具"按钮

图 3-89 裁切后的图案

⑥ 执行"视图"→"标尺"命令，或按"Ctrl+R"快捷键，如图 3-90 所示。

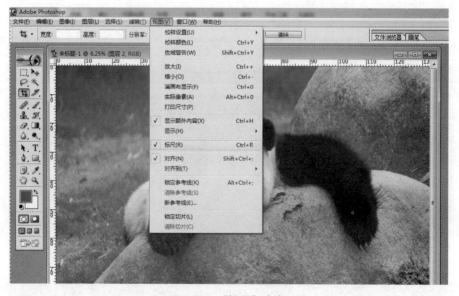

图 3-90 "标尺"命令

⑦ 单击工具面板上的"移动工具"按钮，按住鼠标左键拖曳标尺虚线条向画面移动，图片中出现辅助线，如图 3-91 所示。

图 3-91 图片中的辅助线

⑧ 用辅助线把图片分割成多个 A4 纸尺寸（21cm×29.7cm）的方格，分割的尺寸要略小于 A4 纸尺寸，这样图像才能完整打印出来，如图 3-92 所示。

图 3-92 分割图片

⑨ 执行"文件"→"新建"命令，弹出"新建"对话框，在"预设大小"下拉列表中选择"A4"，并设置图像大小和分辨率。设置好的 A4 尺寸图层如图 3-93 所示。

图 3-93 新建 A4 尺寸图层

⑩ 单击工具面板上的"矩形选框工具",框选每个分割方格内的图像。单击"移动工具"按钮,将框选好的第一个分割图像拖曳到 A4 纸大小的新建图层中,如图 3-94 所示。执行"文件"→"打印"命令,或按"Alt+Ctrl+P"快捷键进行打印,如图 3-95 所示。把其余分割好的图像均用这种方式拖曳至一个新的 A4 图层中,并打印出来。

图 3-94 新建的分割图片

图 3-95　打印分割图片

2. 模板的制作

（1）制作硬模板

① 在图样和卡纸（模板纸）之间放上复写纸，图样在上，卡纸在下。

② 在图样上用铅笔（或圆珠笔）描绘图案的形体轮廓线和结构线，如图 3-96 所示。

 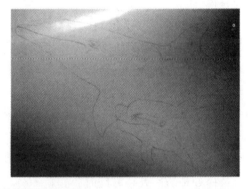

图 3-96　描绘图案轮廓线和结构线

③ 用刻纸刀沿着留在卡纸上的痕迹把需要刻绘的形体轮廓线刻开，如图 3-97 所示。刻绘时需要注意的是形体轮廓线要清晰、明确、有条理，用刻刀时要有力度，边缘要刻整

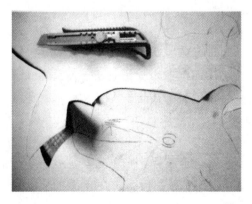 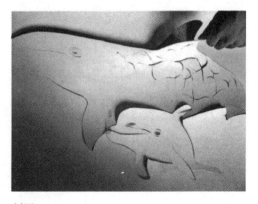

图 3-97　刻图

齐。形体轮廓线不要都刻断，以免卡纸散乱，刻开的地方可以用胶带粘贴好。

(2) 制作软模板

① 在图样的背面涂上炭精粉，然后用棉花或纸巾把炭精粉揉入纸内，目的是把多余的炭精粉擦掉以免弄脏车体表面。

② 把涂有炭精粉的图样固定在车体需要绘制彩绘的地方。

③ 用铅笔（或圆珠笔）描绘形体轮廓，这样就会把形体轮廓线印到车体上。

三、车体表面处理

1. 打磨

用 P1500～P2000 水磨砂纸均匀打磨车体表面，打磨时尽可能地让水流动，冲洗车体表面，使砂纸与车体表面之间没有砂粒残留，以免在车体上出现划痕。手工打磨应将砂纸（布）包在打磨垫块上，往复推动垫块，但不要用力过大，也不能只用一两个手指压着砂纸打磨，以免影响打磨的均匀度和平整度。整体打磨两遍即可。

2. 找平

① 检查车体表面的平整度。在光照下，侧面无明显凹凸和划痕、无粗糙感、表面光滑为合格。

② 如有因碰撞产生的凹陷或划痕，就要刮原子灰（腻子）找平。在有划痕的地方用 P800～P1500 水磨砂纸打磨，先用粗砂纸后用细砂纸，把表面清理干净；然后刮原子灰，待原子灰干后再次进行打磨，仍是先用粗砂纸后用细砂纸，打磨到车体表面平整，手触摸无凹凸感即可。

③ 打磨后用干净的除尘布和气枪清除表面的灰尘，以便于下一步工序的进行。

3. 遮盖

把不需要绘制彩绘的部分用遮盖纸（或报纸）遮挡起来，如玻璃窗、车灯、把手等部位。这样处理的好处是彩绘时的颜料不会喷到上面，起到保护作用。遮盖时要使遮盖纸边缘对齐，不要留有空隙，以免颜料喷入。遮盖纸贴好后就可以开始绘制了。

四、绘制

下面以写实火焰为例详细叙述绘制彩绘的方法。写实火焰彩绘底色以深色为宜，因为深颜色可以更好地对比出火焰的明亮效果。

1. 图案喷绘

① 利用火焰模板喷绘出各种火焰的纹理，第一遍的火焰纹理用白色或白色加一点点黄色颜料即可，如图 3-98 所示。火焰的形状特征是下面宽上面窄，火焰的燃烧方向是由下向上燃烧的。火焰的纹理要求自然流畅，纹理效果一般是随机绘制出来的，并没有太固定的造型。

② 将喷笔内装入品红色或红色颜料，均匀喷涂于车体表面，使白色的火焰纹理变成红色，如图 3-99 所示。因为只有白色可以很容易地被喷涂成其他颜色，而且，白色越白，红色就越红。

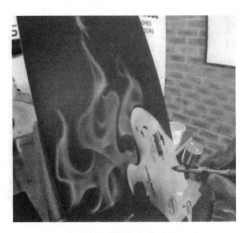
图 3-98　喷涂火焰纹理

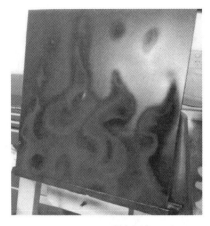
图 3-99　喷涂红色

③ 在红色的基础上进行第二次火焰纹理的绘制。同样的原理，这一次使用黄色颜料均匀喷涂于红色的火焰纹理之上，使其转变成黄色的一层火焰，如图 3-100 所示。这层黄色的火焰是在红色火焰图层之上，这样火焰就有了层次感。图层越多，火焰的层次感和空间感就越强。

④ 在喷笔中装入白色漆，开始第三层火焰纹理的绘制。这次绘制要保持一定的透明度，不要将上一层的火焰完全覆盖住，将火焰喷成亮黄色，如图 3-101 所示。

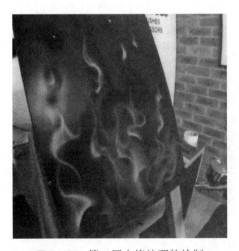
图 3-100　第二层火焰纹理的绘制

图 3-101　第三层火焰纹理的绘制

⑤ 在喷笔中装入黄色漆，开始第四次火焰纹理的绘制。这一层火焰纹理不需要过多，只是一小层而已，让人感觉漂浮在上面。写实火焰彩绘最终效果：前面是一层层黄色的火焰，后面渗透着红色，充分体现动感和空间感，如图 3-102 所示。

⑥ 在喷笔中装入白色漆，开始第五次火焰纹理的绘制。这一层只需要点缀，只是在弯曲高光的地方喷涂。

⑦ 修饰。喷笔内分别装入品红色与亮黄色颜料喷涂画面，要一层一层地修饰。红色重点喷涂后面的红色火焰部位，黄色喷涂前面几层火焰的位置。整体用红色与黄色再轻轻

地喷涂一层，一定要小心喷涂，这样亮黄色会变成金黄色，增加色彩感。

2. 喷涂清漆

喷涂清漆可以对彩绘起到保护作用，提高光泽度，同时使画面颜色更加亮丽。

3. 抛光

汽车彩绘是对汽车外观的进一步美化，必须满足光亮、平滑、艳丽的要求，达到镜面效果。汽车表面经喷涂后，可能会出现颗粒、砂纸痕、橘皮纹等表面微小缺陷，这些小缺陷必须经抛光处理。

图 3-102　第四层火焰纹理的绘制

第五节　车身的装饰

汽车车身装饰的内容十分丰富，分布在汽车车身的每个角落。有改变车身外部形态的装饰，如车身大包围装饰、各种车身贴饰［见图3-103(a)］等；有改变汽车行驶安全性的装饰，如导流板和扰流板装饰、犀牛皮装饰、防擦条装饰［见图3-103(b)］；有改变汽车乘坐舒适性的装饰，如门窗上的晴雨挡装饰［见图3-103(c)］、静电带装饰等。

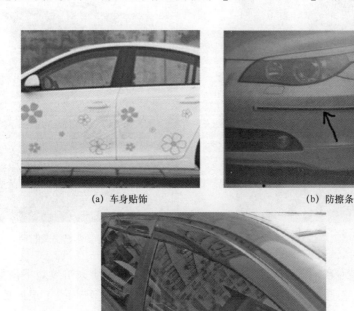

(a) 车身贴饰　　　　　　　　　　(b) 防擦条

(c) 晴雨挡

图 3-103　车身装饰

相关知识

一、车身大包围装饰

汽车车身大包围是指车身下部宽大的裙边装饰,如图3-104所示。汽车加装大包围给人以雍容气派、热情奔放之感,另外,还可以减少车身周围的气流对于运动中的车身稳定性的影响。

图3-104　汽车车身大包围

1. 汽车车身大包围的组成

汽车车身大包围由前包围、后包围和侧包围组成。前、后包围有全包围式和半包围式两种。全包围式是将原来的保险杠蒙皮拆除,然后加上新的大包围组件,或者是将大包围组件覆盖在原保险杠蒙皮表面;半包围是在原来保险杠蒙皮的下部附加一套装饰件,可以不用拆除原车的保险杠蒙皮;侧包围是在车身侧面下部加装包围组件,主要是在车门槛位置进行装饰。汽车的大包围可以在前后保险杠蒙皮、发动机罩、门槛、行李箱等多处进行装饰。

2. 汽车车身大包围的设计原则

① 安全性原则。汽车安装大包围后决不能影响整车性能和行车安全,设计中要考虑路面状况以及原车的减振性能。

② 标准性原则。设计的大包围组件要符合国家有关规定。

③ 协调性原则。各包围件的造型和颜色要与车身相协调。

④ 整体性原则。要将汽车的前、后、左、右各包围件作为一个整体进行设计。

⑤ 观赏性原则。设计的大包围组件要美观大方,符合消费者审美需求。

3. 车身大包围装饰的注意事项

① 汽车是否加装大包围,要根据使用的实际情况来决定,只有在较为良好的道路上行驶的车辆才能加装大包围。

② 尽可能不要选用那种需要拆掉原车保险杠才能安装的大包围,因为玻璃钢的抗撞击能力比较差。选用将原保险杠包裹在其中的大包围就不会影响车辆的牢固性。如果一定要拆掉保险杠安装包围,可设法将原保险杠中的缓冲区移植到玻璃钢包围中,以起到适当的保护作用。

图3-105　车尾安装的扰流板

二、汽车导流板与扰流板装饰

汽车导流板是轿车前端保险杠下方抛物形连接板。扰流板是轿车行李箱盖上后端形似鸭尾状的构件,如图3-105所示。

1. 导流板与扰流板的作用

① 改善车型外观。扰流板优美的造型能使车身的流线型更加突出,使车身外部看起来

更为美观。

② 提高汽车行驶稳定性。高速行驶的汽车车轮与地面的附着力会随着车速的提高而逐渐降低，从而导致车轮发飘，使汽车行驶稳定性下降。在汽车车身的前端、后端安装导流板与扰流板，可显著改善车辆的空气动力学性能，从而保证汽车的安全行驶。

2. 导流与扰流的原理

法国物理学家贝努里曾证明了空气动力学的一条理论，即压力与空气流动的速度成反比。也就是说，空气流速越大，压力越小；空气流速越小，压力也就越大，如图3-106所示。例如，飞机的机翼上部呈正抛物线形，气流较快；下部平滑，气流较慢，形成机翼下的压力大于机翼上的压力的现象，从而使飞机产生了升力。如果轿车外形与机翼横截面形状相似，在高速行驶中由于车身上下的气流压力不同，下面大、上面小，这种压力差必然会产生一种上升力，当车速越大压力差就越大，上升力也就越大。这种上升力也是空气阻力的一种，汽车工程界称为诱导阻力，这一阻力约占整车空气阻力的7%。虽然这一比例较小，但危害却很大。其他空气阻力只是消耗轿车的动力，诱导阻力不但消耗动力，而且还会产生承托力，从而危害轿车的行驶安全。因为当轿车达到一定的速度时，升力就会克服重力而将汽车向上托起，减少了车轮与地面的附着力，使汽车发飘，造成行驶稳定性变差。

图3-106 车身的空气阻力

为了减少轿车在高速行驶时产生的升力，汽车设计师除了在轿车外形方面做了专门的设计，包括将车身整体向前下方倾斜，以便在前轮上产生向下的压力，并将车尾改为短平状，减少从车顶向后部作用的负气压而防止后轮飘浮外，还在轿车前端的保险杠下方安装向下倾斜的连接板。连接板与车身前裙板连成一体，中间开有合适的进风口以加大气流速度，减小车底气压，这种连接板就是导流板。在轿车行李箱盖上后端安装类似鸭尾状的突出物，将从车顶冲下来的气流阻滞后形成向下的作用力，这种突出物就是扰流板。导流板可限制空气流过下部车身（使汽车下面的湍流处于最小，并且使空气的流动阻力降低），而且使前部的车轮不致抬起。边裙引导气流离开后轮，这样可减少气流扰动和气流阻力。扰流板改变了车身后端气流的方向，减小了气流的阻力并可阻止后部车轮抬起。还有一种扰流板是设计师受到飞机机翼的启发而设计的，就是在轿车的尾端安装一个与水平方向呈一定角度的平行板。这个平行板的横截面与机翼的横截面相同，只是反过来安装，平滑面在上，抛物面在下。这样，车辆在行驶中会产生与升力同样性质的作用力，只是方向相反。汽车可利用这个向下的力来抵消车身上的升力,从而保障了行车的安全。这种扰流板一般安装在车速比较高的跑车上。目前,不少轿车也都装有导流板和扰流板,以提高轿车的行驶性能。

三、车身贴饰

车身贴饰的种类繁多,分布在车身的每个角落,大体可分为车身美观贴饰和车身保护贴饰两大类。此外,按照粘贴的位置不同,贴饰可以分为汽车腰线、车窗贴饰、发动机罩贴饰、车尾贴饰等几类;按照内容不同,贴饰可以分为警示文字、卡通人物、汽车厂牌、几何图形等几类;按产地的不同,贴饰可分为进口贴饰和国产贴饰两大类。

1. 车身美观贴饰

车身美观贴饰是贴在车身外表上的各种图案装饰。这种装饰不仅能突出车身轮廓线,还能协调车身色彩,使车身更加多彩艳丽,同时给人以丰富的联想和舒适的心理感受。

国外的车身贴饰最早出现在赛车上,因为赛车运动需要赞助商的支持,所以,车身上五颜六色的赞助商标识就成为一种"极速广告"。其内容无外乎是改装厂牌、配件商标、机油广告等。这一形式得到车迷的喜爱,所以,车身贴饰很快就出现在其他车上,且由单纯的商标发展到花纹、彩条等多种图案,如图3-107所示。质量好的贴饰几乎可以达到与车身面漆同等寿命,一些国际贴饰品牌的质量保障都可以达到8~10年。

图 3-107 车身贴饰

2. 车身保护贴饰

(1) 车身局部保护贴饰

车身局部保护贴饰是指在车身容易受到磨损的部位粘贴透明的保护膜。例如,门把手圆弧内侧位置的涂膜,开关车门时容易被手指划伤;还有车后门口的下部,乘车人上下车时总是容易划伤该部位的车身涂层。

(2) 车身保护膜

汽车车身保护贴饰使用的保护膜,能充分贴合车身漆面及内饰各种基材表面,具有柔韧性、耐久性、抗化学腐蚀性等诸多优点。保护膜在使用时便于施工,可有效保证施工过程中,面对曲折车身表面时也能够进行准确、无缝隙、无气泡贴覆,充分保护车辆的原漆。

车身保护膜类型多种多样:有表面光亮的,也有表面带纹理的;有无色透明的,这种膜在市场比较流行,被形象地比喻为"隐形车衣";有带颜色但是无光泽的,粘贴后有亚光效果;有带颜色且有光泽的,粘贴后可达到原车新涂膜的效果;有炫彩效果的,可粘贴到车轮轮毂或者仪表板等内饰件表面,彰显车主的品位与个性,如图3-108所示。

图 3-108 仪表板贴饰

一般的原厂车漆颜色单调，可选颜色较少，如图3-109所示。而使用车身贴膜可以给车身更换自己喜爱的颜色，创造个性化汽车，如图3-110所示。另外，贴膜颜色可以任意搭配组合，还可以在贴膜上打印个性化图案，以充分满足车主需求。

图3-109　原车涂膜

图3-110　粘贴车身保护膜后

（3）车身改色贴膜法规约束

车身改色贴膜后，需要到车辆管理所进行变更行驶证的登记，完成年检。有些地区已明确规定：办理变更车身颜色、更换车身或车架的，车主不用事先向车辆管理所申请，可以在变更后直接办理登记。另外，规定更改内容超过30％时需到车辆管理所备案，更改内容在30％以下无须备案。

技能实例

一、汽车车身大包围的制作

1. 制作汽车车身大包围的材料

① 塑料。用塑料制作的大包围套件的质量相对较高，是各名牌汽车改装厂制作大包围的主要材料，但塑料对成型所需的模具和生产设备要求较高，所以产品售价也较高。

② 玻璃钢。用玻璃钢制作的大包围套件，虽然在细腻程度等方面不如塑料件，但因其制作方便，且对模具和生产设备要求不高，所以多数生产商首选玻璃钢作为制作大包围的材料。

2. 制作工艺

现以玻璃钢材料为例介绍制作工艺。

① 做胎具。大包围雏形的设计，被称为做胎具，即先用玻璃钢做成预想的产品形状。胎具做成后，就可以在试模上用玻璃纤维套出模具，经过打磨修整后的模具便可用于生产了。设计模具时要充分考虑到产品的结构特性，为了方便脱模，模具一般设计成两块或多块的组合。在模具内表面喷涂一层脱模剂，它能起到方便脱模的作用。

② 喷涂胶衣。在模具内表面喷涂一层胶衣，它是产品的表面，也是玻璃钢最重要的材料，同时还可以起到方便脱模的作用，而且它的颜色也决定了产品胚件的颜色。

③ 铺玻璃纤维。等胶衣干透后，先将调节好的不饱和树脂涂在胶衣上。然后，把预

先裁好的玻璃纤维铺在主模上，此时，产品的造型就已基本形成。玻璃纤维一般要贴上 3~5 层，确保大包围都有足够的强度。等树脂完全固化干透，即可脱模。

④ 打磨修整。脱模后由于板件表面平整度和光滑度不好，所以需要进行打磨处理，有时还需要在不平整的部位刮涂原子灰进行填充，如图 3-111 所示。板件经过打磨处理以后，表面光滑平整，此时可以喷上面漆。

⑤ 喷涂面漆。大包围产品表面的颜色是制作完成后喷涂的面漆颜色。大包围安装到车身以后，要根据车身颜色和客户要求对大包围喷涂面漆。制作安装完成的大包围如图 3-112 所示。

图 3-111　打磨修整板件

图 3-112　安装并制作完成的大包围

二、车身贴饰的粘贴

1. 粘贴条件

① 温度要求。粘贴彩条贴膜只能在温度为 10~30℃ 的条件下进行。温度过高会导致贴膜变大，湿溶液迅速蒸发；温度过低会影响贴膜的柔性，从而影响其附着效果。

② 车身清洁。使用水和中性清洗剂将车身表面彻底清洗干净。为了使彩条能牢固地附着在车身上，车身表面必须没有灰尘、蜡质、油类和其他污物。必要时，还应事先对粘贴部位进行抛光处理。

③ 拆卸影响粘贴的车身附件。车门把手、边灯、车牌等车身附件会影响粘贴，应该在贴饰粘贴前将其取下，并保存好。

2. 美观贴饰的粘贴

① 测量所需贴膜的长度，将贴膜拉直，在比所需长度长 30~60mm 处剪断（这一长度可根据个人的操作习惯而定）。

② 将贴膜的背纸撕去，并将前面部分贴到要贴的位置。

③ 抓住贴膜松弛的一端，避免手指弄脏贴膜的胶质面，因为皮肤上的油脂会影响其附着性能；小心地拉紧贴膜，但注意不要拉长。如果在粘贴时，贴膜被拉长了，以后就会起皱。

④ 利用车身的轮廓线作为对齐的参考线，仔细检查贴膜是否对齐。

⑤ 彩条对齐后，小心地将贴膜粘贴到车身表面。一个长条要一次完成粘贴，不能分段粘贴，以保证直线的平直度。

⑥ 再次检查彩条对齐情况，如果彩条不够平直，要立即小心地把贴膜撕开，再重新

粘贴一次。

⑦ 用橡皮滚子或柔软的棉布压擦贴膜。

⑧ 贴膜末端可使用小刀切割，注意操作时动作要轻，切勿划破车身表面涂层。

3. 车身保护膜的粘贴

① 将中性清洗剂与清水按 1∶40 体积比混合，这种溶液使得贴膜在永久黏附之前可以更容易正确定位。将溶液倒入塑料桶或喷雾罐中。

② 按板件大小裁剪车身保护膜，测量时应适当加长一些（一般长 5cm 左右即可），以防出错。

③ 将保护膜的背纸慢慢地撕去，小心不要弄脏带安装胶的附着表面。

④ 用清洗剂溶液将贴膜的附着表面彻底弄湿，这将使它暂时失去附着力，并在车身粘贴位置上也喷涂一些。

⑤ 将保护膜定位在车身上；定位好之后，将其与车身结合处的清洗剂溶液挤出来，使其牢牢地贴在车身表面上。为避免贴膜起皱，挤压时不要太快，不要过于用力，所用的压力只要能将水和空气挤出去即可。

⑥ 对于产生褶皱的部位，可以用热风枪加热定型，使之与车身完美贴合。

⑦ 用橡皮滚子或柔软的棉布压擦贴膜，使其粘贴更牢固。

⑧ 贴膜末端可使用小刀切割，注意操作时动作要轻，切勿划破车身表面涂层和其他车身表面，如图 3-113 所示。

⑨ 保护膜的边缘部位要长于车身板件边缘 2~3mm，并向内粘贴牢固。

⑩ 粘贴时按车身板件分块操作，最后将整车有涂膜的表面全部粘贴上保护膜，如图 3-114 所示。

图 3-113 按车身形状裁切

图 3-114 按车身板件分块操作

第四章 汽车内饰美容与装饰

　　汽车与人类的关系越来越密切,人类对汽车的依赖也越来越高。汽车驾驶室是驾驶员工作和休息的场所,随着生活质量的不断提高,人们对汽车驾驶室装饰的品位、所用材质的档次和质量以及对空间尺寸和乘坐舒适性的要求也越来越高。轿车驾驶室如图4-1所示。

图 4-1　轿车驾驶室

第一节　汽车内饰的美容养护

　　汽车内饰材料绝大部分采用的是化工制品,平时狭小的车内空间会被这些化工材料挥发的化学成分所充斥。更可怕的是,高温下甲醛、苯等有毒挥发气体的挥发速度将比常温条件下快几十倍。有的人刚一坐进汽车,就会觉得车内有股怪味,要是车内开着空调、门窗紧闭,时间久了甚至会使人感到头晕、恶心。

相关知识

一、汽车驾驶室的污染

车内空气污染主要有有毒气体和可吸入颗粒物两类。

1. 有毒气体

车内的有毒气体属于挥发性的有机溶剂（VOC），如甲醛、苯等。内饰件在生产过程中要使用一些挥发性的有机溶剂，在成品中会有一定量的残留，所以在使用过程中会不断地挥发，如转向盘、换挡把手、座椅扶手、中央控制台、仪表板、地毯、座椅、硬质及软质门饰、配线、车窗密封件等。这些部位是有毒气体的主要源头，有时在车上闻到的"新车气息"很多就是从这些部位散发出来的，这些气味会引发一些急性或慢性的病症。

挥发的甲醛、苯等有毒气体在狭小的空间内会严重影响空气质量。随着温度的升高，尤其是到了夏季，有毒气体挥发速度加快，对健康危害更加严重。同时，车内的食品、饮料等腐败变质也会产生危害健康的物质。

2. 可吸入颗粒物

针对车内环境污染，上海市室内环境净化协会曾经公布的一份研究结果显示，八成以上的抽检轿车车内可吸入颗粒物超标。可吸入颗粒物大多来自车外污染源，如烟囱、车辆尾气等，少数来自地毯、长绒毛饰品等。可吸入颗粒物的直径小于 $10\mu m$，这些颗粒物会侵害人体的呼吸系统，从而诱发哮喘病、肺病等。

二、内饰杀菌消毒方法

在这里我们将简单地介绍目前市面上常见的几种汽车驾驶室杀菌消毒方法。驾驶室杀菌消毒方式多种多样，但按原理不同大体可分为物理法和化学法两种。从发展趋势看，由于人们对环保越来越重视，故更倾向于采用物理法和离子杀毒，化学试剂法则由于对汽车部件的损害和容易产生新的有害气体而逐渐被淘汰。

1. 化学法杀菌消毒

（1）化学试剂法

化学试剂法消毒主要指用一些消毒剂对汽车进行喷洒和擦拭，通过化学反应的方式达到除去病菌的目的。这种杀毒方法的优点就是杀毒迅速彻底，施工简单易行；缺点也相当明显，即对汽车内饰件有一定程度的损害。目前，市场上常用的消毒液及使用方法如下。

① 过氧乙酸。用0.5%的过氧乙酸溶液喷洒于汽车外表面和内部空间进行消毒，但消毒后要通风半小时以上。由于过氧乙酸具有腐蚀性和漂白性，所以车内的一些物品最好先行取出，消毒后要对汽车的金属部件进行擦拭。

② 84消毒液。通常这种消毒剂含氯量为5%，使用时必须加200倍的水进行稀释，如果不按比例稀释会有一定腐蚀性。84消毒液不具挥发性，对肝炎等病毒可通过浸泡起效，但对空中飘浮的飞沫没有什么作用。

③ 来苏水。来苏水溶于水，可杀灭细菌繁殖体和某些亲脂病毒，用1%～3%的溶液对汽车内饰进行擦拭或喷洒。需要注意的是，若将来苏水与肥皂和洗衣粉一起使用，将减

弱其杀菌力。

④ 甲醛消除灵。这是一种较新的车内杀毒产品，主要是通过经特殊处理的红色颗粒来吸附和消除车内的甲醛等有害气体。其优点是使用简单，但缺点在于化学消毒可能会对身体产生危害。

(2) 臭氧消毒

臭氧消毒方式主要是采用一个能迅速产生大量臭氧的汽车专用消毒机进行消毒。臭氧是一种广泛性的、高效的快速杀菌剂，它可以杀灭多种病菌、病毒及微生物，通过氧化反应除去车内的有毒气体。臭氧机制造出来的大量臭氧可以在较短的时间内破坏细菌、病毒和其他微生物的结构，使之失去生存能力。臭氧的杀菌作用起效非常快，当其浓度超过一定数值后，甚至可以瞬间完成消毒杀菌。与化学试剂消毒不同，臭氧杀菌消毒一般不残存有害物质，不会对汽车造成第二次污染。因为，臭氧杀菌消毒后很快就分解成氧气，对人体有益无害，缺点是杀毒成本过高。

(3) 离子杀毒

这也是比较常见的一种车内空气清新方法，主要是通过车载氧吧释放离子达到车内空气清新的目的。事实上，离子杀毒不能算严格意义上的空气杀毒方法，而只能是一种空气清新和净化方式。其优点是使用简单，基本不用车主动手；缺点比较明显，即空气净化过程缓慢，杀毒不彻底。

(4) 光触媒

光触媒的工作原理是利用二氧化钛这种催化剂，在光的作用下产生正、负电子，其中正电子与空气中的水分子结合产生具有氧化分解能力的氢氧自由基，而负电子则与空气中的氧结合成活性氧，二者均具有强大的杀毒、杀菌能力，对汽车车厢内常见的甲醛、氨、苯等有机化合物具有分解作用，同时还可以清除车厢内的浮游细菌。

2. 物理法杀菌消毒

(1) 高温蒸汽法

用高温蒸汽给汽车消毒，相当于给汽车做"桑拿"，利用蒸汽的高温对车内部进行杀菌消毒。这种方法无毒无害，但实行条件较高。蒸汽消毒的一般过程：技师在专业的汽车蒸汽消毒机内加入水、清洁剂、芳香剂，接通电源加热至130℃，利用喷出的高温蒸汽对汽车内饰进行消毒。

这种方法对蒸汽机的品质和技术人员操作水平要求都十分高，所以车主要尽量选择规模大、有口碑的汽车专业保养机构。有的机构在蒸汽消毒的同时还附带红外线、负离子的消毒，不仅能有效地清除车内的烟味、油味、霉味等各种异味，还杜绝了细菌、螨虫的滋生和某些皮革因表面的保护层遭受酸性物质的破坏而出现的褪色、发黄等现象。

但是高温和湿气容易引起电器、仪表及塑料件老化，因此不建议经常使用。

(2) 竹炭吸附法

竹炭同活性炭一样具有发达的空隙结构、很大的比表面积和超强的吸附能力。竹炭每克比表面积高达 $500\sim700\,m^2$，具有极强的吸附能力，对苯、甲醛、丙酮、氨、一氧化碳、二氧化碳都有吸附和分解作用，属纯天然绿色环保产品。竹炭专用于除臭、杀菌、防霉、吸潮、防虫、防蛀、净化空气等，是纯天然吸味除臭剂。

三、清洁保养用品和设备

1. 清洁保养用品

由于内饰材料种类不同,使用的清洁保养用品也不同,选择和使用时一定要根据其使用说明辨别清楚。现在很多专业的汽车清洗剂生产厂家,都会根据车上零件材质的不同而开发专门的清洁产品。这些清洁保养产品操作简便,清洗效果好,并且安全环保没有污染。

(1) 化纤织物内饰清洁剂

这类清洁剂是去除汽车地毯和内饰物品上各种污垢的干洗剂,主要用于汽车丝绒制品和地毯的干洗,也适用于汽车塑料顶棚、仪表板、塑料门内饰、座椅、行李箱的清洁除污。

合格的内饰品清洁剂应该具有以下品质。

① 有效去除各种轻度污垢和油脂。

② 具有污染物屏蔽功效,有效防止被清洗纤维短期内再度遭受污染。

③ 呈中性,不含强酸碱类物质,不会损伤各种材质的物品,对人体健康无害,对环境无污染。

④ 使用较为简单,直接喷洒在被清洁的物品上,稍等片刻,用清洁软布擦干净即可,无须用水冲洗。对于顽固性的污垢,可以借助刷子刷洗。

⑤ 防止静电的产生。

(2) 皮革清洁剂

皮革清洁剂专门用来清除皮革饰件上的污染物,同时对皮革本身没有损坏。

(3) 真皮护理剂

真皮护理剂根据真皮毛孔的特性,通过特有的渗透功能,用天然的营养精华对真皮进行清洁、滋润,使之更加柔和、更富弹性,延长使用寿命。优良的真皮护理剂应具有如下品质。

① 富含天然动植物滋补营养成分,具有卓越的渗透和滋润作用,使皮具保持柔软的质感和自然的皮质色泽,对真皮有着深层、持久的保护作用。

② 其内有效成分可阻挡紫外线辐射、抗静电、防水,且有效防止真皮老化、龟裂和失色。

③ 内含杀菌防霉活性成分和疏水剂,可以阻止真皮受潮、霉变。

市场上常见的是普通树脂类光亮剂。这种光亮剂仅能在真皮表面形成一层无法持久存在的光亮膜,并不能对真皮产生深层护理作用。很多真皮护理剂还含有有机溶剂,会引起真皮加速失色、老化。所以,选用真皮护理剂时要仔细分辨产品的优劣。

(4) 仪表板护理剂

仪表板护理剂俗称仪表板上光蜡,主要的作用是对仪表板进行有效的清洁、美容,阻止紫外线的侵蚀,抗静电,防止板材失色、龟裂和老化。仪表板护理剂也可用于工程塑料件、木制件、橡胶密封条和皮革制品的清洁。

优良的仪表板护理剂应具有如下品质。

① 良好的清洁、美容、抵御紫外线侵蚀、抗静电等功能。

② 不含有机溶剂。仪表板护理剂应采用纯天然制剂，从而避免给人体健康带来威胁，也不会损伤修饰的物品或污染车内环境。劣质或不合格的仪表板护理剂含大量的有机溶剂，异味浓重，令人窒息，且久不干燥，容易吸附尘土，对车内环境造成严重污染，对人体健康存在潜在的威胁。

③ 仪表板护理剂有气雾罐包装形式和塑料罐包装形式两种。气雾罐包装形式的仪表板护理剂使用时均匀摇晃罐身，直立喷射到被清洗的表面，稍等片刻后，用干净的软布轻轻擦拭，即可使仪表板洁净和光亮。使用塑料罐包装形式的仪表板护理剂时应用干净的软布蘸着护理剂在被清洗表面轻轻涂饰，稍等片刻后，被涂饰的表面就会光洁如新。

（5）除臭消毒剂

除臭消毒剂用于清除驾驶室内的异味，杀灭有害细菌。除臭消毒剂在使用时可以单独喷洒，也可以加到蒸汽机中使用。

2. 工具和设备

（1）汽车内饰清洁专用吸尘器

吸尘器是清洁汽车内饰必不可少的设备，它可以通过更换不同的吸尘端头将隐蔽处的杂物、灰尘清除干净。同时它还自带加湿功能。

（2）蒸汽机

蒸汽机（见图4-2）通过将机器里的水加热，产生高温蒸汽，将顽固污渍溶解清除，起到杀菌消毒的效果。蒸汽熨斗（见图4-3）是蒸汽机的附件，可以用来熨平内饰部件，对应不同材质的内饰有不同的调节挡位，使用时要注意其加热的温度，不要将内饰件损坏。

图4-2 蒸汽机

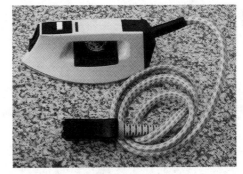

图4-3 蒸汽熨斗

蒸汽机的使用方法如下所述。

① 将除臭消毒剂与水按一定比例混合后加入蒸汽机中。加注完成后一定要将加注盖拧紧，防止压力升高后蒸汽喷出伤人。

② 调整温度和喷雾压力。打开加热开关加热，设定好喷雾压力，如图4-4所示。蒸汽机加热15min左右，就可以使用了。

③ 使用蒸汽机时一定要注意以下几点。

a. 蒸汽不要喷到电子元件上，否则很容易将电子元件损坏；高温蒸汽不得对着他人。

b. 尽量不要用高温蒸汽清洁皮革制品。

c. 使用完以后，要将蒸汽机里的残余液体排干净，防止机体被腐蚀。

（3）臭氧消毒机

臭氧消毒机（见图4-5）能迅速产生大量臭氧，对车厢进行杀毒。臭氧消毒机使用方法简单，杀菌彻底。

图4-4 设定压力

图4-5 臭氧消毒机

技能实例

一、汽车内饰的清洁护理

1. 内饰的检查

① 检查转向盘外表是否有损坏和脏污，转向盘上的缓冲垫和副驾驶员一侧仪表板内安全气囊模块的表面上不能粘贴放置物品，如饮料托架、电话支座等。这两处只允许用干燥的或水浸湿的抹布清洁。

② 检查仪表板蒙皮是否有裂纹、破损等损伤。

③ 检查座椅和头枕表面有无撕裂、破损等损伤，安装是否牢固。

④ 检查安全带。安全带限位器滑槽内应保持清洁，否则限位器将不能正常工作。

⑤ 车顶内饰主要为汽车顶衬等部分，多为皮革或合成纤维制品。在蒙皮与车体之间附有隔热层，该隔热层不仅有助于调节温度，而且还可降低车内噪声，隔热层填充材料越多，开车时车内人员所能听到的噪声也就越小。汽车顶衬的边缘最容易脏污。

⑥ 检查地板下面是否有潮湿现象，如图4-6所示。确保脚垫在车辆行驶期间被固定并且不妨碍驾驶员操控踏板。只允许使用能保证踏板区域通畅无阻且防滑的脚垫。如果不能通畅无阻地操控踏板，则有发生事故的危险。

⑦ 车门内饰板是经常被磨损的地方，容易损坏，并且在它的上面还有很多控制装置，如玻璃升降开关、外后视镜调节开关、门锁拉手等。要仔细检查，为清洗做好准备。

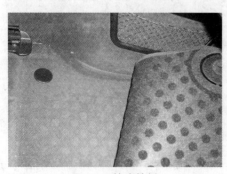

图4-6 检查地板

2. 清除灰尘和杂物

① 将车内的脚垫等无关的杂物取出，倒掉烟灰缸内的烟灰和烟蒂，如图4-7所示。尽量清除车内的垃圾。车门保持开启状态。

② 打开空调吹风机到最大挡,并拨弄空调出风口风向调节钮。清除空调系统内部的灰尘,同时借助空调吹风机清除车厢内的灰尘。仪表板上凹凸不平的地方需用自己设计的专用工具清洁。可以用各种不同厚度的木片或尺子,把其头部修理成斜三角形、矩形或正三角形等不同样式,然后包在干净的抹布里面进行清洁。

③ 取出脚垫,并将脚垫清洗干净,如图4-8所示。

④ 用吸尘器清除座椅下部等边角处的灰尘和杂物,座椅要配合着前后调节,靠背放平,尽量将夹缝清洁干净,如图4-9所示。

图4-7 清理烟灰缸

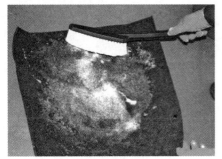

图4-8 清洁脚垫

图4-9 用吸尘器清洁灰尘和杂物

3. 清除顽固污渍

在车门上方的顶棚处和车门扶手部位,由于经常被触碰,污渍最多、最难清洗,应用以下方法清洗。

① 用蒸汽辅助清洗,还能将顶棚内的有害细菌消灭。

② 边清洗边擦拭,逐步将污渍清除,如图4-10所示。

注意:在清洗安全带时,要使用内饰清洁剂或温水清洗并自然干燥,不能使用人工加热(如烘烤等)方式,这样会影响安全带的安全性能和使用寿命。

4. 整理定型

对于不平整的部位可以用蒸汽熨斗熨平。使用蒸汽熨斗时要根据内饰的材料选择相应挡位,以免造成不必要的损坏,如图4-11所示。

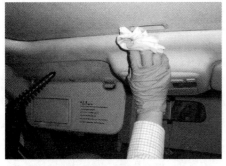

图4-10 清洗顶棚

图4-11 熨平褶皱

5. 保养护理

取护理剂喷涂于柔软毛巾或无纺布上,再将柔软毛巾或无纺布上的护理剂均匀涂于需要保养的内饰件表面,用另一条柔软毛巾(或无纺布)擦干。或者直接将护理剂均匀地喷涂于内饰件表面(见图4-12),再用柔软的毛巾擦匀、擦干。需要保养的部位都要擦拭到,保养后的部件光亮如新,如图4-13所示。

图4-12 喷涂护理剂

图4-13 保养护理效果

二、内饰消毒

1. 高温蒸汽消毒

使用高温蒸汽对座椅底部、顶棚等部位杀菌消毒,最好不要关闭车门,喷蒸汽量也要把握好,达到目的即可。对于真皮座椅等贵重材料部位,消毒时要加倍小心,不要让蒸汽凝结的水在这些表面停留时间过长而渗入内部,影响它们的使用性能和质量。

2. 臭氧消毒

使用臭氧消毒时,将臭氧机放在车厢内,接通电源,关闭门窗。开机释放臭氧到足够灭菌消毒的浓度和时间即可,如图4-14所示。

笔记

图4-14 臭氧消毒

第二节 汽车内饰的装饰

汽车内饰装饰内容五花八门,涉及内饰的各个方面,内饰经过装饰会改变汽车的风格,提升车辆的档次。同时,化纤、皮革、塑料及橡胶制品等材料的汽车内部饰件,在使用过程中会受到各种不同程度的损伤。塑料件和橡胶制品在风吹日晒的情况下会因氧化龟裂而失去光泽,皮革件易出现老化、磨损、褪色,纤维制品易受到尘埃、脏物污染并出现氧化褪色。内饰件的磨损和老化,不但影响汽车驾驶室的整体美观,缩短其使用寿命,还会给行车安全带来隐患。在布置车内饰品的时候,应遵循以下4个原则。

① 安全性原则。安全性永远都是第一位的。车内饰品绝不能有碍行车安全，如车内顶部吊物不宜过长、过大、过重（见图4-15），后风窗玻璃上的饰物不要影响倒车视线等。

② 实用性原则。在选择一些能充分体现个性的、精巧美观的饰品时，尽可能地根据车内空间的大小选用实用的饰物，而且一定要保证品质，如茶杯架、香水瓶、储物盒等。

③ 舒适性原则。饰品应干净、卫生、摆放有序，给人一种轻松、舒适的感觉。车内饰品的色彩和质感要符合车主的审美，香水气味要清新、不宜太浓等。

图 4-15　过长的饰物

④ 协调性原则。饰品的颜色必须和汽车的颜色相协调，不可盲目追求高品位、高价位的东西，以免弄巧成拙。

相关知识

一、汽车内饰材料的使用要求

1. 轿车内饰件材料的选用原则

内饰件的材料在选用时，除了要求具有良好的装饰性能外，还应重点考虑材料的其他一些性能。例如，要求所选材料应有足够的抗撕裂强度、耐磨性能良好；另外还需有一定的透气性和吸湿性；要有较强的抗腐蚀性和阻燃性，色泽耐久并易于清洁；在使用过程中还应具有防止积带电荷的特性，以防止静电的产生等。此外，随着人们健康意识的日益加强，选用材料的环保性也已成为衡量汽车内部构件质量的一项重要指标。

2. 内饰材料的发展方向

以前轿车内饰件多用金属、木材和纤维纺织品等材料制作，外观和质感都不甚理想，而且随着环境保护意识日趋浓厚，寻找一些可以回收利用、材质安全性能高、加工方便的材料来代替传统的材料，已经成为各国汽车制造业研究与开发的内容。目前，许多轿车的内饰件已经逐步使用PP（聚丙烯）材料制作。这是一种工程热塑材料，它集结了韧性好、强度大、隔热好、质地轻、耐腐蚀、富有弹性、手感好、成本低等一系列优点，更重要的是，PP材料是一种可以循环回收再用的塑料，对环境保护大有裨益，因此受到人们的欢迎。

为了使轿车更加舒适和美观，汽车内饰的制作材料的品质不断提升。例如，中高级轿车大多采用手感柔和、色调高雅的皮革、呢绒、丝绸等天然材料做座椅面料，也有采用其手感与天然材料相似的细合成纤维丝无纺布的，普通轿车多数采用化纤纺织品。一些高级轿车还用贵重的胡桃木、花梨木等材料制成装饰板，嵌在仪表板总成和车门内板上，将车厢内部点缀得别有一番情调。

二、汽车内饰材质的种类

1. 皮革材料

目前,市场上流行的皮革制品有真皮和人造皮革两大类。人造皮革是由纺织布或无纺布作底基,用聚氨酯涂覆并采用特殊发泡处理制成的。有的人造皮革表面手感酷似真皮,但透气性、耐磨性、耐寒性都不如真皮。

皮革分为头层皮革和二层皮革,其中头层皮革又分为粒面皮革、修面皮革、压花皮革和特殊效应皮革。二层皮革强度、弹性和透气性都不如头层皮革。汽车座椅必须选用头层皮革。市面上出售的一种复合皮革是在二层皮革的表面附上一层胶膜,看上去很像头层皮革。

皮革材料在使用过程中可能出现的问题如下。

① 松面。将皮革制品向内弯曲90°,粒面上如出现较大的褶皱且展平后不易消失时,即为业内人士所称的皮革管皱,管皱是最严重的松面现象。

② 裂浆、露底、掉浆。一只手将革面按住,另一只手拉开基面,用小刀或钥匙柄从里向外顶革面,并来回划动,若粒面上出现裂纹,即为裂浆,而仅呈现底色的现象称为露底,涂层从革面上脱落则称为掉浆。造成裂浆、露底、掉浆的主要原因:涂层的延伸性与皮革的延伸性不一致、涂层材料使用不当、涂面配方不合理或涂层过厚等。

③ 掉色。掉色是指涂层经干擦或湿擦后产生掉色现象。产生掉色的主要原因:涂饰剂中含有的颜料过多或颜料颗粒较粗,涂饰剂中有酸性粒子元,涂饰剂用量过大。涂层耐干擦而不耐湿擦的主要原因是涂层防水性能不佳。

④ 油霜、盐霜。在革面上形成的粉状油脂渗出物叫作油霜。尤其在天气较冷的情况下,更容易形成油霜,且擦去后不久仍会出现。这是由于制作皮革的原料中含有的高熔点硬脂酸等酯类物质没有被除净,或聚氨酯中含有较多的该种物质。在皮革的干燥或放置过程中有时会在粒面上出现一层灰色霜状物,叫作盐霜,这是由于皮革经中和加工后未经充分水洗,皮革中还含有的大量可溶性盐渗出所致。鉴别油霜与盐霜的方法:取蒸汽熨斗熨烫皮革,油霜可被皮革吸收而盐霜不能。

⑤ 革面发黏。用手触摸革面时有黏手的感觉,或将革面相对叠在一起,在分开时发出黏结声,则可认为是涂层发黏。出现这种情况主要是由于软性树脂用量过大。涂层发黏的皮革较易吸附灰尘。

⑥ 僵硬无弹性。皮革变硬的原因:一是使用时间太长,皮革内油脂渗出太多或皮革自然老化;二是水浸或洗涤不当,晾干后变硬;三是上光打蜡或上浆上色的产品选用不当或涂层太厚;四是粒面吸收性太强或粒面磨损,以前翻新时吸收浆料太多。

此外,皮革在使用过程中还会造成脏污、损伤等,尤其当皮革粒面层磨伤后,各种污物就会渗入到皮革之内,难以除去。划伤、撕伤、崩裂等是皮革面使用过程中常见的损伤。

2. 橡塑材料

橡塑是橡胶和塑料的统称,它们最本质的区别在于塑料发生的是塑性变形,而橡胶是弹性变形。换句话说,塑料变形后不容易恢复原状态,而橡胶相对来说就容易得多。塑料的弹性是很小的,绝大多数塑料成型过程完毕,产品制作过程也随之完成,而橡胶成型过程完毕后还需要进行硫化。汽车内饰件大量使用橡塑材料，采用 PP 材料制造仪表板总成外壳已成主流。

橡塑成品在使用过程中，随时间的推移会出现龟裂或硬化、橡塑物性退化等现象，统称为老化现象。引起老化的原因有外部因素和内部因素两种，外部因素有氧气、氧化物、臭氧、热、光、放射线、机械性疲劳、加工过程的缺失等，内部因素有橡塑的种类、成型方式、助剂、加工过程等。

3. 纤维材料

纤维材料有天然纤维和化学纤维两种。天然纤维材料是指以棉、麻、毛为原料加工制成的成品材料，其特性是安全环保、舒适性高，但是容易脏污，保养护理比较麻烦。化学纤维材料是用天然的或人工合成的高分子物质为原料，经过化学或物理方法加工而成的制品的统称。根据所用高分子化合物来源不同，化学纤维材料可分为人造纤维和合成纤维两种。在汽车内饰中纤维材料也被大量使用，如顶棚、地板、座椅等。

4. 合金材料

在汽车装饰部件上使用的合金，绝大多数都是镀到基材（多为塑料）上去的，主要是为了增加抗磨性、美观性，并满足车主不同喜好等要求。内饰中使用镀铬饰件最多，主要用在变速杆手柄、转向盘、车门内衬板和仪表板等处，如图 4-16 所示。镀铬饰件是通过电镀工艺将铬覆盖在饰件表面的。

图 4-16 镀铬内饰

5. 木质和仿木质材料

木质或者仿木质材料也是轿车内饰的主要材料之一，通常镶嵌在仪表板、中控板（副仪表板）、变速杆头、门扶手、转向盘等地方。桃木或仿桃木材料具有美观、高雅、豪华等特点，其独有的花纹图案可获得特殊的装饰效果。因此，一些高中档轿车用桃木作内饰材料，配上真皮面料座椅、丝绒面料内饰等，相辅相成，尽显优雅与华贵。中低档轿车在车内配置仿桃木材料后，也可提高档次，如图 4-17 所示。

图 4-17 华丽的桃木内饰

一般所说的木质内饰是指核桃木内饰，当然也有用樱桃木、胡桃木、花梨木、鸟眼枫木和橡木制作的内饰。在挑选木质材料时要求其表面基本没有结点，纹理拼接效果接近。

加工内饰板时要靠近原木根部的切片，还要在众多的原料切片中选出纹理接近的材料进行衔接，其工作量之大、难度之高可想而知。

仿木质材料早在 20 世纪 70 年代就已经出现，这是一种塑料制品，由 ABS（丙烯腈－丁二烯－苯乙烯树脂）、PVC（聚氯乙烯）、PS（聚苯乙烯）等材料制造。现代的贴膜技术可令仿制品做得很逼真，纹路、光泽与真的木质材料极为相似。甚至行家也只能靠油漆辨别真伪，因为只有木制品才需要多层油漆来防潮和防紫外线照射。另外，成批生产的塑料仿木质内饰的纹路图案可能是件件都一样，而天然的木质内饰的纹路图案却是独一无二的。目前，有一些塑料制品需要喷涂专用清漆等涂层材料以抗老化，这缩小了仿木质内饰件与木质内饰件的质量差距。还有一种制造方法，就是在塑料基体上粘贴一层极薄的木质镶饰，使其看上去与木质内饰件完全一样，通常也被称为木质装饰件。

技能实例

一、内饰件的拆装

1. 杂物箱的拆装

（1）拆卸

① 拆下侧面盖板。

② 打开杂物箱盖，松开紧固螺栓，如图 4-18 所示。

③ 断开线束插头，取下杂物箱，拆卸其他附件。

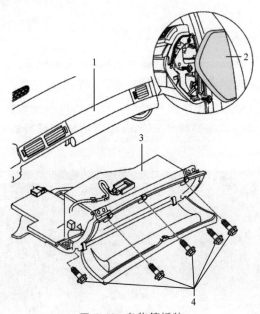

图 4-18　杂物箱拆装
1—仪表板；2—侧面盖板；3—杂物箱；4—螺栓

（2）安装

① 安装按照拆卸的相反顺序进行。

② 注意线束插头的连接，紧固螺栓数量较多不能遗漏。

2. 遮阳板的拆装

（1）拆卸

① 将遮阳板从内侧的固定钩中脱开。

② 旋转遮阳板到遮阳位置。

③ 撬开螺栓帽，卸下螺栓，取下遮阳板，如图 4-19 所示。

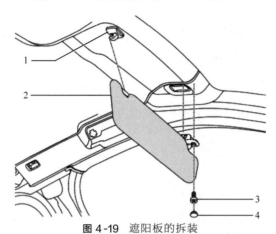

图 4-19　遮阳板的拆装

1—固定钩；2—遮阳板；3—固定螺栓；4—螺栓帽

（2）安装

安装按照拆卸的相反顺序进行。

3. A 柱盖板的拆装

（1）拆卸

① 卸下车顶扶手处的固定螺栓。

② 撬开夹子，取下盖板，如图 4-20 所示。注意不要损坏盖板和车身。

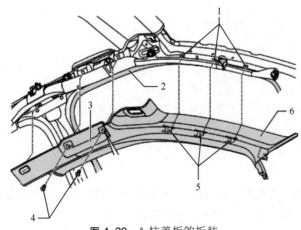

图 4-20　A 柱盖板的拆装

1—固定架；2—密封条；3—车顶扶手；4—固定螺栓；5—夹子；6—A 柱内盖板

（2）安装

安装按照拆卸的相反顺序进行。其他立柱护板可以参照 A 柱盖板的拆装方法操作。

4. 座椅的拆装

（1）前座椅的拆装

① 将前排座椅向后推到底。

② 拆下导轨盖板，露出固定螺栓。

③ 卸下固定螺栓，断开线束插头，取下座椅，如图 4-21 所示。

④ 安装按照拆卸的相反顺序进行。

（2）后座椅的拆装

① 将座椅按图中 A 方向抬起，再按 B 方向向前拉，如图 4-22 所示。

② 断开线束插头，取下座椅。

③ 安装按照拆卸的相反顺序进行。

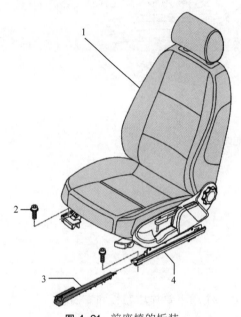

图 4-21　前座椅的拆装

1—座椅；2—固定螺栓；3—导轨盖板；4—导轨

图 4-22　后座椅的拆装

（3）后座椅靠背的拆装

① 卸下座椅头枕。

② 将后排座椅靠背向上从支架的钢丝夹中取出，如图 4-23 所示。

③ 安装按照拆卸的相反顺序进行。

5. 车门内饰板的拆装

（1）拆卸

车门内饰板的结构，如图 4-24 所示，拆卸流程如下：

① 取下车门装饰条和扶手盖板，露出内部的螺栓。

② 卸下所有的紧固螺栓。

③ 向外拉内饰板，使其与车门分离。

④ 向上抬内饰板，取下车门内操作装置的拉索，断开线束插头连接。

⑤ 取下车门饰板，拆卸其他附件。

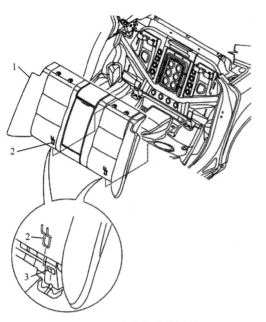

图 4-23 后座椅靠背的拆装
1—靠背；2—钢丝夹；3—支架

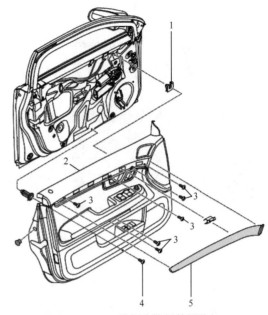

图 4-24 前门内饰板的拆装
1—卡扣螺母；2—车门饰板；3—螺钉；
4—膨胀螺母；5—装饰条

（2）安装

安装按照拆卸的相反顺序进行。

6. 车顶内饰板的拆装

（1）拆卸

车顶内饰板的结构，如图 4-25 所示，拆卸流程如下：

① 拆下左右遮阳板、车顶扶手、车身立柱内饰板和天窗盖板框架等。

② 拆下车内照明灯、阅读灯等。

③ 卸下固定螺栓，拆下内饰板，使其与车顶分离。

④ 断开线束插头连接，取下车顶饰板，拆卸其他附件。

（2）安装

安装按照拆卸的相反顺序进行。

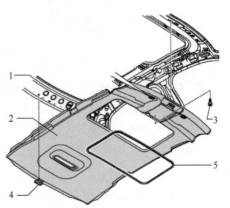

图 4-25 车顶内饰板的拆装
1—车顶；2—车顶饰板；3—固定螺栓；
4—卡子；5—天窗盖板框架

二、内饰的装饰

1. 座椅的装饰

（1）座椅套

安装座椅套时不用对座椅进行任何改动，直接加装在座椅的外面就可以，就像座椅的外衣一样。加装座椅套主要是为了改变座椅的风格、保护座椅、提高舒适性,如图4-26所示。

（2）坐垫

汽车坐垫方便实用,夏季可以解暑降温,冬季可以防寒保暖,只需要简单的粘扣或挂钩就可以安装和拆卸,使用起来十分方便。好的汽车坐垫具有良好的透气能力,有利于消汗降温、透气保暖、干燥防潮,有一定的保健按摩功能,可以改善乘车人身体局部新陈代谢、促进血液循环、消除紧张疲劳,还会减少静电的产生。

图4-26 布艺座椅套

汽车坐垫按使用季节的不同分为冬季坐垫、夏季坐垫和通用坐垫三种,按制造材料的不同可以分为毛坐垫（羊毛居多）、天然织物坐垫、混纺坐垫、竹制坐垫、石制坐垫等几种。

① 夏季坐垫。夏季坐垫大都采用凉爽透气的材料制成,如棉毛混纺坐垫、亚麻坐垫、草编坐垫、蚕丝坐垫、冰丝坐垫、竹制坐垫、石制坐垫等,如图4-27所示。

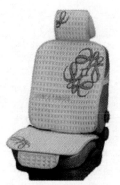

图4-27 夏季坐垫

② 冬季坐垫。冬季坐垫一般采用保暖性好的材料制成,如毛坐垫。毛坐垫装饰效果高贵典雅,还可以有效防止车厢内静电的产生,如图4-28所示。

（3）儿童座椅

一些汽车生产商为了解决儿童（身高低于150cm）乘车安全性问题,在成人座椅上设置了可以临时挂接儿童座椅的连接机构（LATCH接口和ISOFIX接口）。此类型的儿童座椅由饰面和软垫构成的靠背、坐垫、头枕、扶手等相互连接在一起,然后用挂钩等连接在成人座椅上,如图4-29所示。

2. 转向盘装饰

（1）转向盘套

汽车转向盘套类型繁多,主要作用为保暖

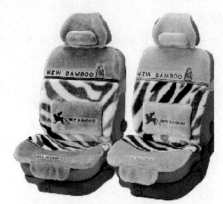

图4-28 冬季坐垫

和避免转向盘过度磨损，如图 4-30 所示。

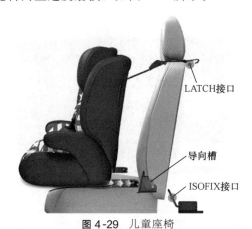

图 4-29　儿童座椅　　　　　　图 4-30　转向盘套

（2）转向盘亮片

转向盘亮片装饰步骤如下。

① 按转向盘外观选择合适的装饰亮片。

② 清理安装处表面。将安装处表面清理干净，去除油污等，清理完成并确保安装处干燥后再进行下一步操作。

③ 试安装。将装饰亮片安装到位，查看各处是否贴合并做适当调整，用裁纸刀轻轻刮去多余处。

④ 涂胶。将专用胶水均匀涂于粘接表面（亮片粘接表面和欲安装亮片的转向盘安装表面都需要涂上胶水），在通风处放置 15min。

⑤ 安装固定。15min 后，胶水表面基本干燥（未干燥可以适当延长时间），将亮片安装到位，并做固定，固定后 1h 可达到最大粘接强度。安装固定之前必须保证胶水基本干燥，否则影响安装效果。切勿将胶水涂到油漆表面。转向盘和亮片上胶水要涂匀，尽量涂薄一点。

安装完成后可明显改变转向盘的风格，如图 4-31 所示。

（a）装饰前　　　　　　　　　　（b）装饰后

图 4-31　转向盘亮片装饰前后

3. 脚垫装饰

（1）脚垫的类型

脚垫类型多种多样，主要有防水、防尘的塑料或橡胶脚垫（见图 4-32），保暖的纤维、麻毛脚垫，四季都能通用的丝圈脚垫（见图 4-33）。有些脚垫是按车型地板形状开模制作的，也有些脚垫是在安装前按需要形状裁切的。

图 4-32　塑料脚垫

图 4-33　丝圈脚垫

（2）脚垫的安装

选用与驾驶室地板结构一致的脚垫，并放置到位，安装牢靠，以免脚垫妨碍驾驶员操纵踏板。

对于需要裁切的整张脚垫，在裁切时可以先用纸板做出模型，然后按纸板模型在脚垫上划线裁切，这样能够保证位置合适，安装牢靠，不浪费材料。

4. 汽车香薰

汽车香薰利用天然植物精油（香薰精油）挥发后缓慢扩散于车内，以达到净化车内环境、杀菌除味和提神醒脑的效果。香薰精油被设计成不同的颜色和味道，如黄色为柠檬香、草绿色为青苹果香、粉红色为草莓香、嫩绿色为松木香、紫色为葡萄香、乳白色为茉莉香、淡蓝或淡绿色为薄荷香、橘红色为樱桃香等。

（1）天然植物精油的类型

常用的精油主要有气雾型、液体型和固体型 3 种。

① 气雾型车用精油主要由香精、溶剂和喷射剂组成，可分为干雾型、湿雾型等多种。这种精油里的除臭剂可以覆盖车内某些异味，如行李箱味、烟草味、鱼腥味和小动物体味等。气雾型车用精油在使用时直接喷洒在车内即可，注意不能喷洒过量。

② 液体型车用精油是由香精与挥发性溶剂混合而成的，盛放在密封的容器中，该种类型精油是主流产品。将液体型车用精油与水按一定比例调配后，放入车载香薰机中使用。

③ 固体型车用精油是将香精与一些材料混合，然后加压成型制成。还有一些利用芳香材料制成的车内用品，比如香味织物制成的香花，用香味陶瓷制成的艺术品等。使用时

要注意这些产品的摆放位置,不能影响行车安全,并应将其安装牢固。

（2）汽车香薰机的使用

车载香薰机是一台小型的加湿器,能够充分雾化香薰精油,同时还能给车内空气加湿。使用时,首先在香薰机的储液箱内加入 3/4 的水,再按比例（每 100mL 水加 15 滴精油）加入精油,如图 4-34 所示。

将香薰机的电源插入汽车点烟器上即可使用,如图 4-35 所示。使用后要及时把插头拔出。

图 4-34　按比例加入水和精油

图 4-35　香薰机消毒

三、真皮内饰损伤的修复

1. 工具和材料

① 皮革修复剂。皮革修复剂是一种白色膏状混合物,通过用 300℃ 左右的热风加热可快速固化。固化物透明、韧性好、强度高,对真皮、人造革、乙烯材料的黏附性好。

② 纹理压片。将皮革表面压出与其他部位相似的纹理。

③ 内饰改色涂料。将其喷涂于内饰表面,可使皮革还原到最新状态。内饰改色涂料是一类超级柔性的水基涂料,安全环保,可用于真皮、人造革、塑料、乙烯材料以及绒布、地毯等材料,有很好的黏附力,持久耐用。其颜色大多与汽车原厂内饰配套,也可以根据配方调配出需要的任意颜色。

2. 修复步骤

① 将破损部位的毛边修剪整齐,做出斜坡状的茬口。

② 使用专用的清洁剂彻底清洗表面,并晾干。

③ 用塑料、皮革预处理剂清洗化学污物。

④ 用 400～600 号水磨砂纸打磨破损处的边缘,再次用皮革处理剂清洗,晾干。

⑤ 填充一薄层皮革修复剂,用热风枪加热到 300℃ 左右,至修复剂由白色变为透明为止。逐层填补,直到将破损部位填平。

⑥ 用纹理压片压制出与皮革相似的纹理。

⑦ 用内饰改色涂料上色即可。

修复后的效果，如图 4-36 所示。

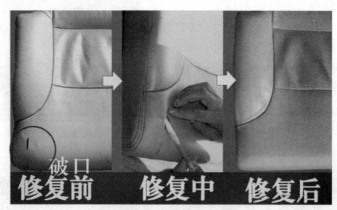

图 4-36　真皮座椅损伤修复

四、内饰改色

转向盘、车门内饰板等处被磨损而掉色是避免不了的，香水等化学用品滴漏到仪表板等部位也有可能对其造成腐蚀掉色。内饰掉色会显得车子很旧，黯淡无光。解决这些问题就要用到内饰的翻新和改色工艺。

1. 拆卸零件

将需要翻新改色的内饰件拆卸下来，如车门内饰板、仪表板、A柱内饰板、B柱内饰板、C柱内饰板、变速杆下装饰板、转向盘下装饰板、扶手箱等，如图 4-37 所示。注意不要损坏板件上的卡子等安装部位。

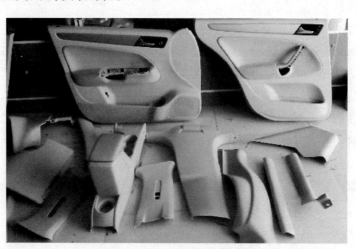

图 4-37　拆卸需要改色的内饰件

2. 重新上色

① 将拆卸下来的内饰板件进行清洁，并进行打磨处理。

② 按要求喷涂内饰改色涂料，并进行干燥，如图4-38所示。

3. 安装复原

将改色后的内饰板件重新安装，如图4-39所示。

图4-38　喷涂上色

图4-39　安装复原

第五章

汽车玻璃美容与装饰

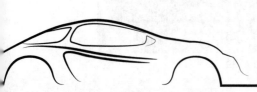

汽车玻璃犹如一辆汽车的窗口，同时在汽车的整体安全上也扮演了一个重要角色。随着汽车玻璃技术的不断发展，汽车玻璃的科技含量越来越高，功能也在不断完善。在汽车上与其他大的养护项目相比，汽车玻璃的保养的确是一个小细节，车主往往对"眼前"的风窗玻璃视而不见或重视不够。然而，汽车玻璃是关系到行车安全的重要因素之一。

第一节 汽车玻璃的美容养护

 笔记

明亮、坚固的车窗能够给车主带来安全的行车保障、一片清晰的视野、一个舒畅的驾车心情。冬天汽车风窗玻璃上很容易结冰霜，夏天汽车风窗玻璃上经常会有很多虫胶，春夏秋冬无数的灰尘也会给驾驶员造成很多的麻烦，所以，汽车玻璃的正确和及时的保养必不可少。

相关知识

最早安装玻璃汽车的是美国福特出产的 T 型车，当时是用平板玻璃装在车厢的前端，使驾车者免除风吹雨打之苦。后来，玻璃业逐步涉足汽车工业，创造了多种安全玻璃，比如夹层玻璃、钢化玻璃和区域钢化玻璃等品种，极大地改善了汽车玻璃的性能。现代轿车外形的发展与玻璃工艺的发展息息相关，人们总是从汽车安全和外观的角度去研究和开发汽车玻璃，不断推出新的品种。

一、玻璃的组成和种类

1. 玻璃的组成

玻璃是以石英砂、纯碱、长石和石灰石等为主要原料，经熔融、成型、冷却固化而成的非结晶无机材料。它具有一般材料难以具备的透明性,具有优良的机械力学性能和热工性质,而且正不断向多功能方向发展。玻璃的深加工制品具有控制光线、调节温度、防止噪声和提高艺术装饰等功能。

① 主要原料。是指往玻璃中引入各种氧化物的原料,如石英砂、石灰石、长石、纯碱等。按所引入的氧化物的性质,又分为酸性氧化物原料、碱性氧化性原料、碱土金属和二价金属氧化物原料、多价氧化物原料等几类。按所引入的氧化物在玻璃结构中的作用,又分为玻璃形成氧化物原料、中间体氧化物原料、网络外体氧化物原料三类。

② 辅助原料。是使玻璃获得一些必要的性质和加速熔制过程的原料。它们的用量少,但作用大,根据作用的不同,分为澄清剂、脱色剂、着色剂、乳浊剂、氧化剂、还原剂、助熔剂等几类。

2. 玻璃种类

(1) 平板玻璃

平板玻璃是指未经其他加工的平板状玻璃制品,也称白片玻璃或净片玻璃。按生产方法不同,可分为普通平板玻璃和浮法玻璃两种。平板玻璃按其用途可分为窗玻璃和装饰玻璃两种。平板玻璃根据其外观质量进行分等定级,普通平板玻璃分为优等品、一等品和二等品三个等级。浮法玻璃分为优等品、一级品和合格品三个等级。同时,玻璃的弯曲度不得超过 0.3%。

平板玻璃的用途有两个方面:3~5mm 的平板玻璃一般是直接用于门窗的采光,8~12mm 的平板玻璃可用于隔断;另外的一个重要用途是作为钢化、夹层、镀膜、中空等玻璃的原片。

(2) 安全玻璃

安全玻璃是指与普通玻璃相比,力学强度高、抗冲击能力强的玻璃。其主要品种有钢化玻璃、夹层玻璃、钛化玻璃和夹丝玻璃四类。

① 钢化玻璃又称强化玻璃,是用物理的或化学的方法,在玻璃表面上形成一个压应力层,玻璃本身具有较高的抗压强度,不会造成破坏。当玻璃受到外力作用时,这个压应力层可将部分压应力抵消,避免玻璃的碎裂,从而达到提高玻璃强度的目的。钢化玻璃的弹性比普通玻璃大得多,一块 1200mm×350mm×6mm 的钢化玻璃,受力后可产生达 100 mm 的弯曲挠度,当外力撤除后,仍能恢复原状。而普通玻璃弯曲变形只能有几毫米。钢化玻璃热稳定性好,在受急冷急热时不易发生炸裂,最大安全工作温度为 288℃,能承受 204℃的温差变化。使用时应注意的是钢化玻璃不能切割、磨削,边角不能碰击挤压,需按现成的尺寸规格选用或提出具体设计图纸进行加工定制。

② 夹层玻璃。夹层玻璃是在两片或多片玻璃原片之间,用 PVB(聚乙烯醇缩丁醛)树脂胶片,经过加热、加压黏合而成的平面或曲面的复合玻璃制品,如图 5-1 所示。PVB 膜片具有较大的韧性,在承受撞击时会拱起,从而吸收一部分撞击能量,具有一定缓冲作用。由于膜片的黏合作用,一旦破碎,内外两层玻璃的碎片仍能黏结在 PVB 膜片上,碎片也不会飞扬伤人。汽车

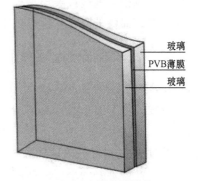

图 5-1 夹层玻璃结构

后风窗玻璃常用的电热玻璃、天线夹层玻璃等都是夹层玻璃。还有遮阳夹层玻璃，是在前风窗玻璃上方夹上一层彩色膜片，由深至浅，在某种程度上起遮阳作用。

③ 钛化玻璃。钛化玻璃也称永不碎铁甲箔膜玻璃。是将钛金箔膜紧贴在任意一种玻璃基材之上，使之结合成一体的新型玻璃。钛化玻璃具有高抗碎能力、高防热及防紫外线等功能。不同的基材玻璃与不同的钛金箔膜，可组合成不同色泽、不同性能、不同规格的钛化玻璃。钛化玻璃常见的颜色有无色透明、茶色、茶色反光、铜色反光等几类。

④ 夹丝玻璃。夹丝玻璃也称防碎玻璃或钢丝玻璃。在玻璃熔融状态下将经预热处理的钢丝或钢丝网压入玻璃中间，经退火、切割而成。夹丝玻璃的特点是安全性和防火性好。夹丝玻璃多用于建筑上，汽车上很少用到。

（3）环保玻璃

环保玻璃是指能够间接节能的玻璃，包括吸热玻璃和热反射玻璃。有许多轿车风窗玻璃通过镀膜、采用反射涂层工艺或改善玻璃的成分，只让太阳可见光进入车厢内，挡住紫外线和红外线，在很大程度上减轻了乘员受到的炎热之苦。这种称为"绿色玻璃"的现代轿车玻璃已经广泛使用。

① 吸热玻璃。吸热玻璃是能吸收大量红外线和一定量紫外线的辐射能，并保持较高可见光透射比，还起到防眩作用的平板玻璃。如6mm厚的透明玻璃，在太阳光照下总透过热量为84%，而同样条件下吸热玻璃的总透过热量为60%。吸热玻璃的颜色和厚度不同，对太阳辐射热的吸收程度也不同。生产吸热玻璃的方法有两种：一是在普通钠钙硅酸盐玻璃的原料中加入一定量的有吸热性能的着色剂；另一种是在平板玻璃表面喷镀一层或多层金属或金属氧化物薄膜。吸热玻璃有灰色、茶色、蓝色、绿色、古铜色、青铜色、粉红色和金黄色等几种颜色。常用的有前三种颜色的吸热玻璃，厚度有 2mm、3mm、5mm、6mm 四种。吸热玻璃已广泛用作汽车、轮船风窗玻璃等，起到隔热、防眩、采光及装饰等作用。

笔记

② 热反射玻璃。热反射玻璃是有较高的热反射能力而又保持良好透光性的平板玻璃，它是采用热解法、真空蒸镀法、阴极溅射法等制成，在玻璃表面涂以金、银、铜、铝、铬、镍和铁等金属或金属氧化物薄膜，或采用电浮法等离子交换方法，以金属离子置换玻璃表层原有离子而形成热反射膜。热反射玻璃也称镜面玻璃，有金色、茶色、灰色、紫色、褐色、青铜色和浅蓝等各色。热反射玻璃的热反射率高，如 6mm 厚玻璃的总反射热仅 16%，同样条件下，吸热玻璃的总反射热为 40%，而热反射玻璃则可高达 61%，因而常用它制成中空玻璃或夹层玻璃，以增加其绝热性能。镀金属膜的热反射玻璃还有单向透像的作用，即白天能在室内看到室外景物，而室外看不到室内的景象。

二、汽车玻璃使用标准

1. 汽车玻璃的生产流程

一般的汽车玻璃采用硅玻璃，其中主要成分氧化硅含量超过 70%，其余由氧化钠、氧化钙、氧化镁等组成，通过浮法工艺制成。在制作过程中，材料加热到 1500℃时熔化，溶液通过 1300℃左右的精炼区时浇注到悬浮槽（液态锡）上，冷却到 600℃左右，在此阶段形成质量特别好的平行的两面平面体（上面是溶液平面，下面是液态锡上平面），再通过冷却区域后形成玻璃并切割成规定的尺寸。然后玻璃再加工成钢化玻璃，优等品钢化玻璃用于汽车。汽车上使用的各种类型的成品玻璃,都是在钢化玻璃的基础上进一步加工制作而成的。

2. 前后风窗玻璃

汽车玻璃以前风窗玻璃(也叫挡风玻璃)为主,一般都做成整体一幅式的大曲面形,上下左右都有一定的弧度。这种曲面玻璃不论从加工过程还是从装嵌的配合来看,都是一种技术要求十分高的产品,因为它涉及车型、强度、隔热、装配等诸多问题。

轿车挡风玻璃采用曲面玻璃。首先从空气动力学的角度出发,因为现代轿车的正常速度大都超过100km/h,迎面气流流过曲面玻璃能减少涡流和紊流,从而减少空气阻力。加上窗框边缘与车身表面平滑过渡,玻璃与车身浑然一体,既从视觉上感到整体的协调和美观,又可以降低整车的风阻系数。

另外,曲面玻璃具有较高的强度,可以采用较薄的玻璃,对轿车轻量化有一定的意义。

3. 国家标准对汽车玻璃的使用要求

① 外观要求。加工完毕的成品汽车玻璃从外观上看应没有明显的气泡和划痕。

② 夹层玻璃、区域钢化玻璃、钢化玻璃、中空安全玻璃可以应用在汽车的除前风窗玻璃以外的其它位置上。

③ 区域钢化玻璃作为前风窗玻璃时,适用于不以载人为目的的载货汽车,不适用于以载人为目的的轿车及客车等。

④ 钢化玻璃作为前风窗玻璃时,适用于设计速度低于40km/h的机动车。

⑤ 前风窗玻璃透光度不得低于70%。

⑥ 轿车的曲面风窗玻璃要做到弯曲拐角处的平整度较高,不能出现光学上的畸变,从驾驶座上的任何角度观看外面的物体均不变形、不眩目。

4. 汽车玻璃标志

汽车玻璃标志包括汽车玻璃认证及生产标志和玻璃产品基本情况标志两部分内容,一般将这些标志印在玻璃左下角的内侧,如图5-2所示。

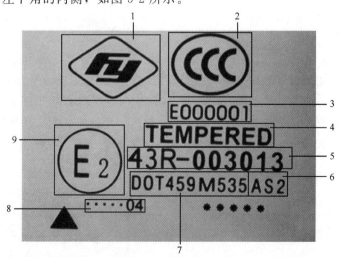

图5-2 汽车玻璃标志

1—玻璃制造商标志;2—中国3C认证合格标志;3—玻璃制造商3C安全认证代码;4—玻璃结构标志;5—欧盟ECE认证代码;6—玻璃性能标志;7—美国交通部安全认证代码;8—玻璃生产日期标志;9—欧盟ECE成员国代码

(1) 汽车玻璃认证及生产标志

国产汽车玻璃标志可分为类国家安全认证标志、国外认证标志、汽车生产厂标志、玻璃生产企业标志等。

① 国家安全认证标志。是指汽车用安全玻璃属国家强制认证产品，所以汽车每块玻璃都应有国家安全认证标志，也就是俗称的3C标志，是汽车玻璃上最常见也是最重要标志。代码中"E"代表安全玻璃认证，后边的6位数字是生产厂家代码，见表5-1。同一品牌不同生产地具有不同的代码。

表 5-1 国内部分汽车玻璃生产厂家国家安全认证代码

代号	生产商	代号	生产商
E000001	福耀玻璃工业集团股份有限公司	E000015	烟台意华汽车玻璃有限公司
E000002	上海耀皮康桥汽车玻璃有限公司	E000016	洛玻集团洛阳加工玻璃有限公司
E000003	浙江昌盛玻璃有限公司	E000017	荥阳北邙安全玻璃有限公司
E000004	常州工业技术玻璃有限公司	E000018	宁波江花玻璃科技有限公司
E000005	河南省荥阳北邙汽车玻璃总厂	E000022	黑龙江佳星玻璃股份有限公司
E000006	无锡市新惠玻璃制品有限责任公司	E000023	保定三元特种玻璃有限公司
E000007	广东伦教汽车玻璃有限公司	E000024	柳州艾特吉安全玻璃股份有限公司
E000008	日本旭硝子在韩国成立的汽车安全玻璃合作公司	E000026	焦作市巡返特种玻璃厂
E000009	桂林皮尔金顿安全玻璃有限公司	E000027	长春皮尔金顿安全玻璃有限公司
E000011	旭硝子汽车玻璃(中国)有限公司	E000030	上海川沙玻璃制品有限公司
E000012	天津三联工业技术玻璃有限责任公司	E000032	秦皇岛市北戴河渤海安全玻璃有限公司
E000013	杭州安全玻璃有限公司	E000036	萍乡市赣安工业技术玻璃有限公司

笔记

② 国外认证标志。如欧盟（ECE）认证标志、美国交通部安全认证（DOT）标志等，表示该产品也经过这些国外认证机构认证许可，并可以向国外出口。标志中的"E"代表欧盟标准（ECE），表示许可出口到相应国家（当然有的也仅是代表其生产水准），数字是欧盟成员国代码，见表5-2。后面的字母和数字代表玻璃的认证代码。标志中"DOT"代表美国交通部认证标准，后面的数字是生产厂家代码，见表5-3。

表 5-2 部分 ECE 标志成员国代码

代号	国家	代号	国家
E1	德国	E6	比利时
E2	法国	E7	匈牙利
E3	意大利	E8	捷克
E4	荷兰	E9	西班牙
E5	瑞典	E11	英国

续表

代号	国家	代号	国家
E12	奥地利	E26	斯洛文尼亚
E13	卢森堡	E27	斯洛伐克
E14	瑞士	E28	白俄罗斯
E16	挪威	E29	爱沙尼亚
E17	芬兰	E31	波黑
E18	丹麦	E37	土耳其
E19	罗马尼亚	E43	日本
E20	波兰	E45	澳大利亚
E21	葡萄牙	E46	乌克兰
E22	俄罗斯	E53	泰国
E23	希腊	E54	韩国
E25	克罗地亚		

表5-3 部分美国DOT认证厂商代码

DOT代号	生产商	DOT代号	生产商
DOT18	PPG工业	DOT614	长春PILKINGTON安全玻璃
DOT20	旭硝子有限公司(日本东京)	DOT625	武汉耀华皮尔金顿安全玻璃有限公司
DOT37	圣戈班(意大利)有限公司	DOT628	河北通用玻璃有限公司
DOT43	PPG工业公司玻璃(法国)	DOT637	东莞KONGWAN汽车玻璃有限公司
DOT47	皮尔金顿公司(芬兰)	DOT640	洛阳玻璃股份有限公司
DOT328	皮尔金顿玻璃(津巴布韦)有限公司	DOT657	扬州唐成安全玻璃
DOT459	福耀玻璃(长春)有限公司	DOT721	常州洪协安全玻璃有限公司
DOT473	桂林PILKINGTON安全玻璃有限公司	DOT742	交城玻璃工业公司有限公司(山西交城)
DOT477	秦皇岛海燕安全玻璃有限公司	DOT747	福耀上海有限公司(上海)
DOT478	常州工业技术玻璃厂	DOT772	圣戈班(上海)有限公司
DOT481	上海FUHUA玻璃有限公司	DOT814	福耀玻璃(重庆)有限公司
DOT586	厦门XINQYUN汽车玻璃有限公司		

③ 汽车生产企业标志。是指玻璃生产企业会应汽车生产企业要求在玻璃上印制该汽车生产厂家标志，如商标公司名称等。

④ 玻璃生产企业标志。玻璃生产企业会在自己生产的玻璃上印制商标或公司简称，如"FY"就是福耀汽车玻璃的简称。

(2) 玻璃产品基本情况标志

① 玻璃类型标志。前挡风玻璃上的"//"代表的是玻璃类型；"一"代表增韧挡风玻

璃；"二"代表常规挡风玻璃；"三"代表夹层玻璃；"四"代表玻璃、塑料；"五"代表其他，玻璃的透光率低于 70%；该项没有的情况下，说明挡风玻璃的透光率不小于 70%。

② 玻璃结构标志。夹层玻璃用"LAMINATED"表示，钢化玻璃用"TEMPERED"表示。

③ 玻璃性能标志。例如"AS＊"代表的是玻璃的透光率。其中，"AS1"代表的是这块玻璃的透光度不小于 70%，可用于前风窗玻璃；"AS2"代表透光度小于 70% 的玻璃，它可用于除前风窗玻璃外的其他部位。

④ 生产日期标志。其中的数字代表生产年份，从 0 到 9，十年一循环。例如 2 代表 1992 年、2002 年、2012 年、……，具体的年份要根据车辆生产年份确定，一般玻璃的生产日期应该在车辆生产日期前的 6 个月之内。月份则要根据数字是在黑点前还是黑点后来决定。点在数字前，表示玻璃是上半年生产的，具体月份用 7 减去点的个数。点在数字后，表示玻璃是下半年生产的，具体月份用 13 减去点的个数。不同的厂家可能会有不同的标注方法，此处只列举这种最常见的生产日期表示方法。

通过读取图 5-2 所示的玻璃标志，利用玻璃标志的相关知识，可以知道这块玻璃是由福耀集团（长春）有限公司生产的，经过了中国、美国和法国质量认证，是能用在车身除前风窗以外部位的钢化玻璃，生产日期是 2004 年（或 2014 年，具体根据车辆生产日期确定）2 月份。

三、汽车玻璃的类型

现代汽车上使用的玻璃种类繁多，按不同的分类标准可进行如下分类。

1. 按安装方式分类

按玻璃的安装方式分类，汽车玻璃可以分为固定式玻璃和移动式玻璃两类。

（1）固定式玻璃

分为橡胶密封条固定和黏结剂固定两种，轿车的前后风窗玻璃为典型的固定式车窗玻璃。现代汽车上采用胶粘法固定较多，通过粘接提高了车辆的扭转刚性，如图 5-3 所示。对于粘接式固定的玻璃，其外围边缘表面会用专用涂料（用氧化物着色剂，如氧化铬、氧化钴和氧化镍，使涂料呈黑色）涂装形成不透明框，即所谓"黑边框"。"黑边框"能保证玻璃的粘接强度，增加玻璃整体美观性，还能保护黏结剂，避免其在阳光下曝晒可能引起的老化。

图 5-3 黏结式汽车前风窗玻璃

密封条法在旧式汽车上使用较为普遍，在新型汽车上也有使用。密封条下部错位相对开有两道沟槽，用来装夹玻璃和窗框钢板的压焊法兰，上部沟槽能使密封条变形，便于密封条拆卸和安装，如图5-4所示。

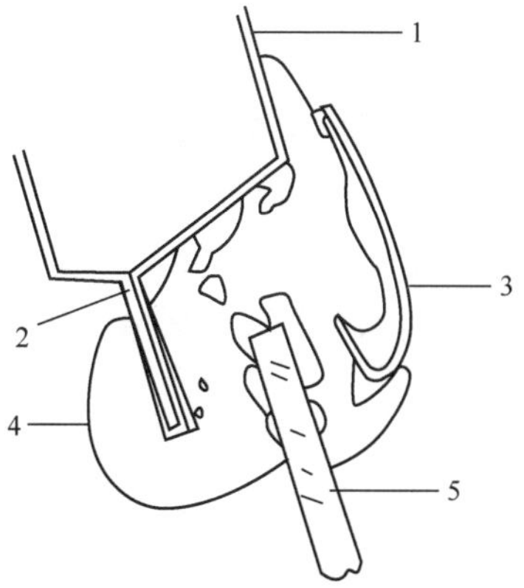

（2）移动式车窗玻璃

包括前后车门上的玻璃、客车的侧面玻璃以及带天窗车型的天窗玻璃三种。移动方式有上下移动式、前后平推式、旋转式等多种类型，便于通风换气。

2. 按加工工艺分类

汽车玻璃按照加工工艺分成夹层玻璃、中空玻璃、包边玻璃、天线玻璃、憎水玻璃、加热玻璃、隐私玻璃等几种。

图 5-4　密封条的装配
1—车顶盖板；2—压焊法兰；
3—外装饰条；4—密封条；5—玻璃

（1）汽车夹层玻璃

是在夹层安全玻璃的基础上，按汽车的尺寸和其他要求制成的供汽车使用的玻璃。夹层玻璃安全性能最高，常用在汽车前风窗位置，如图5-5所示。

图 5-5　汽车夹层玻璃

① 防弹玻璃。由三层玻璃与PVB胶片组合所生产的夹层玻璃，可以成功地抵御子弹及子弹击碎的玻璃碎片的穿透，称为防弹玻璃。

② 隔音玻璃。是一种能对声音起到一定屏蔽作用的玻璃，通常为双层或多层复合结构的夹层玻璃。夹层玻璃中间的膜层对声音传播起到弱化作用，这种膜层可以有效阻挡和吸收一定频率的噪声。

（2）中空玻璃

是由两片或多片浮法玻璃组合而成，玻璃片之间夹有充填了干燥剂的铝合金隔框，用丁基密封胶黏结密封后，再用聚硫密封胶或结构胶黏剂密封。高档豪华大客车前风窗玻璃多为中空玻璃。

（3）包边玻璃

包边玻璃是汽车安全玻璃的总成化产品，除了前门玻璃和后门玻璃以外，其它的汽车玻璃产品按照整车设计的需要，都可以加工成为带包边的产品。包边后的玻璃有更好的密封性，外观良好，且可以降低风噪。汽车玻璃包边常用的材料为聚氨酯、热塑性弹性体、三元乙丙橡胶、聚氯乙烯等。

(4) 天线玻璃

玻璃上增加一定形状的导体，起到接收天线的作用。天线通常被安装在前风窗玻璃、后风窗玻璃或者侧窗玻璃上，如图5-6所示。天线玻璃的天线一般只安装在玻璃不影响视线的部分。

天线的类型有内嵌天线、印刷天线和透明导电膜天线等几种。内嵌天线玻璃是在风窗玻璃中内嵌密封式天线，天线被放置在内层玻璃和PVB膜之间。印刷天线玻璃是将金属涂料印刷到玻璃（一般是后风窗）的内表面上，然后在玻璃成型炉中经650～700℃的高温烧结后，金属涂料就可以完全烧结在玻璃表面。而透明导电膜天线可以做到完全透明，位于挡风玻璃的内外玻璃板之间，这种薄膜既可以用于遮挡阳光，也可以作为天线使用。但是这种工艺的成本相对较高，应用较少。

图5-6 天线玻璃

(5) 憎水玻璃

汽车在雨天行驶时，雨水会沾附在玻璃上而影响驾驶员的视线。虽然雨刮可以刮去前风窗玻璃上的雨水，但刮刷范围有限，且门玻璃和后风窗玻璃等无法清洁。使用憎水汽车玻璃，在下雨时雨水会迅速从上方滑出。同时，在风力的作用下，表面的水滴更容易被吹散，而不易沾附在玻璃上，从而使视野更加清晰。憎水玻璃生产方法有以下两种。

① 在玻璃表面涂覆低表面能物质，使玻璃表面具有较低的表面自由能。水滴落到玻璃上时，水滴和玻璃无法亲和，从而具有"憎水"的效果。

② 使玻璃表面具有纳米级的微观凸凹表面。水滴落到玻璃上时，水滴与玻璃的接触角更大，因而表现出非常好的"憎水"效果。

(6) 加热玻璃

这种玻璃将细小的电热丝安装在夹层玻璃中的膜片上，通过电阻器与电路连接，如图5-7所示。加热玻璃多用在汽车后风窗位置，从外观上看加热玻璃的加热线分布在玻璃的表面。

加热玻璃有夹丝加热和印刷材料加热两种不同的加热方式。加热丝具有一定的加热范围，热功率可达到$3\sim5W/cm^2$，起到防霜、防雾化、防结冰的作用。

(7) 隐私玻璃

是指玻璃两侧附有特殊涂层，使玻璃变为暗色的玻璃，在提高车内隐私性的同时，更避免了阳光的照射，能让车内乘客拥有一个更安全、更舒适的车内环境。隐私玻璃多用在汽车后排侧窗部位，如图 5-8 所示。

图 5-7　加热玻璃

图 5-8　汽车后侧隐私玻璃

另外，汽车玻璃按照其在车身上的位置不同，可分为前风窗玻璃、后风窗玻璃、前门玻璃、后门玻璃、三角玻璃、天窗玻璃、车内倒视镜玻璃、车外倒视镜玻璃等几种。

四、汽车玻璃的污染

汽车玻璃表面的污染按损伤程度可以分为污垢和霉变两类。

1. 玻璃表面的污垢

玻璃表面的污垢属于一般性污染，与车身表面的污染过程相同，主要是由尘土和泥水引起的。泥沙和油污溅洒到玻璃表面上，再黏附另一些尘土和污物，就会使玻璃表面变得越来越脏。

污垢包括外部沉积物、附着物、水渍等。由于这些污染源有自己不同的性质，因此清除它们的难易程度也不同。

2. 玻璃上的霉变

发霉后的玻璃制品表面会失去光泽，透明度降低，呈现彩虹、白斑或贴片现象（不易分离）等。

（1）玻璃霉变的过程

最初，水或潮气吸附在玻璃表面。随后，水或潮气向玻璃内扩散，表面层中的可溶性硅酸盐被水解和破坏，首先是硅酸钠和硅酸钾等被水解和破坏，形成的苛性钠（氢氧化钠）分离出二氧化碳和硅；分离出来的二氧化碳和硅生成硅氧凝胶，在玻璃表面形成保护性薄膜，它阻止了污物进一步侵蚀。

水解形成的苛性钠与空气中的二氧化碳作用生成碳酸钠，聚集在玻璃表面，构成表面膜中的可溶性盐。由于它的强吸湿性，吸收水分而潮解，最后形成碱液小滴。当周围的温度、湿度改变时，这些小滴的浓度也随之变化。如果浓缩的碱液小滴和玻璃长期接触，凝胶状硅氧薄膜可在其中部分地被溶解，从而使玻璃表面发生严重的局部侵蚀，形成斑点。

(2) 玻璃霉变的原因

玻璃霉变通常发生在浮法玻璃的空气面（上面），这是因为浮法玻璃下表面与锡液接触，表面渗入一层薄锡，对玻璃起了保护作用。玻璃霉变与玻璃本身的表面特性有关，同时也与浮法玻璃包装前采取的防霉处理措施、包装密封程度、储运条件有密切关系。当浮法玻璃成型、退火后，一般均采取在线包装，此时玻璃的温度为 50～100℃。包装好的玻璃须经库存、运输后才会被安装在汽车上，时间有时很长。如果遇到高温、高湿季节，储运方式又不当，很可能成箱玻璃都会出现发霉现象。

(3) 霉变程度的检查

采用目测法，在集中的强光下，将霉变的玻璃放置在反射光和透射光中观察玻璃表面有无斑点和雾状物。若有斑点和雾状物而且用布或水擦不掉，表示玻璃已经发霉。如果在集中的强光下，肉眼能观察到少数斑点和薄雾状物，属轻微发霉。如果在集中的强光下，肉眼能观察到很多斑点和轻雾状物，属中等发霉。如果在没有集中光束的照射下，肉眼能观察到一些斑点和雾状物，属严重发霉。

五、汽车玻璃的清洁装置

风窗玻璃的清洁装置主要由喷水装置和刮水装置组成，还包括仪表板上对着风窗玻璃的吹风口，以及后窗玻璃的加热除霜装置。有些车型还有后窗玻璃的喷水和刮水装置。

1. 风窗玻璃的清洁装置

(1) 喷水装置

喷水装置由玻璃清洗液储液壶、水泵、喷水嘴、输水管和控制开关组成。

① 储液壶一般是 1.5～2L 的塑料罐。

② 水泵是一种微型电动离心泵，通过它将储液壶中的玻璃清洗液输送至喷水嘴。

③ 在喷水嘴的挤压作用下，将清洗液分成细小的射流喷向风窗玻璃，配合刮水器起到清洁风窗玻璃的作用。

(2) 刮水装置

刮水装置由电动机（减速器、连杆机构与电动机制成一体）、刮水器和控制开关组成。

① 电动机是整个刮水装置的核心，质量要求相当高。它采用直流永磁电动机，一般与蜗轮蜗杆机械部分做成一体。蜗轮蜗杆机构的作用是减速增扭，其输出轴带动连杆机构，通过连杆机构把连续的旋转运动转变为左右摆动的运动。

② 刮水器的胶条是直接清除玻璃上雨水和污垢的工具。胶条通过弹簧条压向玻璃表面，它的唇口必须与玻璃表面完全贴合，方能达到所要求的性能。

③ 刮水器开关多数在转向盘下部，按提示操作可以控制喷水器和刮水器工作。刮水

器通常可分为快挡、慢挡和间歇控制挡。其中，间歇控制挡一般是利用电动机的回位开关触点与电阻、电容的充放电功能使刮水器按照一定周期刮扫，即每动作一次停止2~12s，以减小对驾驶员的干扰。有些车辆的刮水装置还装有电子调速器，该调速器附带感应功能，能根据雨量的大小自动调节刮水器摆臂的摆动速度，雨大刮水臂转得快，雨小刮水臂转得慢，雨停刮水臂也停。通常，驾驶员关闭刮水器时，无法将其停在适当的位置，从而阻碍驾驶员的视线。为解决这一问题，刮水器设有一个回位开关。该开关控制刮水器电动机，当刮水臂停在风窗玻璃下的适当位置时，电动机才会停止运转。

（3）仪表板上对着玻璃的空调出风口用于给风窗玻璃除霜、除雾。在夏季的雨天或汽车内外温差较大时，尤其是北方地区到了秋季以后，汽车玻璃的内表面很容易产生雾气，妨碍驾驶员视线，严重影响行车安全。在驾驶室内温度高的情况下，可以用冷风除雾；在驾驶室内温度低的情况下，可以打开暖风，雾气和霜就会消失了。

2. 后窗玻璃的清洁装置

① 加热除霜。后窗玻璃加热除霜装置由加热线和控制开关组成。加热线是镍铬合金材料制成的除雾线，当打开加热开关时，玻璃会慢慢加热，使水珠蒸发，不影响后视视线。

② 许多轿车还装置了后窗玻璃刮水器和喷水器，以保证驾驶人雨天能看清车后的景象。

技能实例

一、汽车玻璃的清洁

1. 玻璃清洗液

玻璃清洗液可以使用在玻璃表面及镀铬件的表面，迅速清洁其上的污渍。如果身边没有专用的玻璃清洗液，也可以自己动手配制。将清水与家用洗洁精或婴儿沐浴露按100∶1的比例混合，即可制作完成。自制的玻璃清洗液不但能清洁玻璃，还能起到一定的防雾效果；缺点是保养功能持续时间较短，一般几天后就需要再清洗一次。要想达到良好的清洁效果，还是要使用专业的玻璃清洗液。

2. 玻璃清洁保养

（1）车窗玻璃的清洁保养

① 将车窗玻璃清洗干净，并刮去水分，将玻璃擦干，如图5-9所示。玻璃内部也要清洁干净。

② 在车窗玻璃内部均匀地喷涂玻璃保护剂，并用毛巾擦拭均匀，使玻璃清澈透明，如图5-10所示。

（2）风窗玻璃的清洁保养

① 将风窗玻璃刮水器抬起，彻底清洁玻璃，如图5-11所示。

② 如果还有不能清洗掉的顽固污渍，可以使用火山泥或者专用的清洁剂进行清理，如图5-12所示。但是一定不要使用尖锐的工具或材料清除顽固污渍，以免造成玻璃划痕。

图 5-9　清洁车窗玻璃外部

图 5-10　保养车窗玻璃

图 5-11　清洁风窗玻璃

图 5-12　清除顽固污渍

③ 风窗玻璃清洁并擦干后，在玻璃内部喷涂保护剂并擦干，对风窗玻璃进行保养，如图 5-13 所示。

二、汽车玻璃清洁装置的维护

1. 喷水器检查

① 喷水位置检查。检查喷水位置是否符合要求，如果喷水位置有偏差，则在刮水的时候会有影响。可以用调整针调整喷嘴的喷水位置，调整针的直径不得大于 1mm，否则容易损坏喷嘴。

图 5-13　保养风窗玻璃内部

② 喷水形状检查。每个喷水器有两个喷水嘴，能喷出两道水流。水流要直线喷出且均匀，稍呈雾状，如图 5-14 所示。喷水效果不好，有时是因为喷嘴被灰尘堵塞。冬天喷嘴内可能会结冰而无法进行调整，必须先使喷嘴中的冰融化后再进行调整。

2. 刮水器维护

（1）刮水器检查

检查时先喷出一些清洗液，然后启动刮水器，观察它的动作是否流畅，是否有较大的噪声，如有，则表示刮水器过分压向玻璃，必须做出适当的调校。刮水器常见问题如下。

图 5-14　检查喷水形状

① 刮水状态不好。如刮水后产生带状条痕、雾状条痕、细水现象等。

② 异响。有"咔嗒"声或刺耳的噪声，这通常是由于胶条磨损老化，臂杆及支架损坏所导致的。在无润滑的情况下，刮水器刮扫干净玻璃时也会有摩擦声。

③ 刮水器扬升现象。这种现象尤其容易出现在长尺寸的刮水器上。当汽车高速行驶时，因刮水器受风力作用而上扬，导致部分玻璃未被刮扫到。

④ 刮水器胶条老化或损坏。发现此种问题以后要及时更换胶条，否则会对玻璃造成损坏。

（2）刮水器胶条的更换

损坏的刮水器胶条要及时更换，更换的步骤如下。

① 将刮水器升起，并将刮水器头部翻转，使刮水器胶条向上。

② 向下压刮水器胶条支架，支架就会与操纵臂前端的挂钩分离，如图 5-15 所示。

③ 取下旧的胶条，并更换新的刮水器胶条，如图 5-16 所示。然后将更换了新胶条的支架安装到操纵臂上，并检查刮水器的工作情况，如果需要可做适当调整。

图 5-15　拆卸刮水器胶条支架

图 5-16　更换刮水器胶条

第二节 汽车玻璃损伤修复

在高速行车时,很多人都有过风窗玻璃被石子或其他硬物弹裂的经历。遇到这种情况时,如果为了一个小裂痕就换掉整块玻璃,实在是不值得。如果置之不理,风压又会让裂缝越扩越大,不仅影响美观,而且会对安全造成威胁。这时,做汽车玻璃修补是较理想的解决办法,它针对玻璃裂缝或小伤口进行处理,操作时间短,不会影响日常用车。

相关知识

玻璃的特性是硬度高、透明度高。但是玻璃材质也非常脆,当受到外力撞击时容易受损伤,受损后维修难度大。玻璃损伤的类型有划痕损伤和裂纹损伤两大类。

一、汽车玻璃划痕损伤

汽车玻璃的划痕损伤是指玻璃受到硬物摩擦,在表面产生很浅的印痕。划痕损伤多见于风窗玻璃上,多数是由刮水器造成的,如在未喷玻璃清洗液的情况下刮水器刮脏污的风窗玻璃,很容易产生划痕。玻璃划痕不但影响美观,更主要的是影响驾驶员视线,给行车安全带来隐患。

1. 划痕的类型

玻璃划痕按程度的不同可以分为轻度划痕、中度划痕和重度划痕三种。

① 轻度划痕。轻度划痕能够观察到,但是用手指肚或指甲在划痕上划过时,感觉不出来,划痕深度在 $100\mu m$ 以内。此种划痕可以通过抛光去除,修复后的玻璃基本无变形,不影响行车安全。

② 中度划痕。中度划痕能够较容易观察到,手指肚划过感觉不出来,但是指甲划过能感觉得到,划痕深度为 $100\sim150\mu m$。处理此种划痕先用细研磨片磨掉,再通过抛光把玻璃抛亮。修复后的玻璃会有很轻微的变形,对行车安全影响不严重。

③ 重度划痕。重度划痕能够明显观察到,手指肚和指甲在划痕上划过时能明显感觉得到,划痕深度为 $150\mu m$ 以上,如图 5-17 所示。处理此种划痕时,先用粗研磨片磨掉缺陷,再用细研磨片消除粗研磨片的打磨痕迹,最后通过抛光把玻璃抛亮。修复后的玻璃会有轻微的变形,即透过玻璃看直的物体会有些弯曲。所以,汽车风窗玻璃在驾驶视线范围内的严重划痕不能研磨修复。

图 5-17 风窗玻璃的重度划痕

2. 划痕的位置

汽车玻璃不同于其他车身零件,它在起到密封车内空间作用的同时,还要有良好的透视性能。一般把玻璃中间 3/4 的区域称为主视区，这部分区域是主要的观察区。尤其是风窗玻璃的主视区内，不能有影响驾驶员视线的因素。如果超过中度的划痕在主视区内，则尽可能不要进行修复，应直接更换玻璃。

二、汽车玻璃裂纹损伤

1. 裂纹产生的原因

汽车玻璃的裂纹损伤是指玻璃由于受到外力作用，从外表到内部产生分裂，严重的会从外表面到内表面完全裂开。并且，裂纹会随着继续受力而逐渐扩大，甚至造成整块玻璃完全断开。玻璃裂纹损伤会严重影响美观，并且给行车安全带来更多的隐患。

2. 裂纹的类型

一般汽车玻璃的裂纹会出现 3 种形状，分别是线形裂纹、圆形裂纹和星形裂纹。更多的时候是多种损伤同时出现的复合形式，修复难度加大，修复后的效果也不会让人满意。

① 线形裂纹损伤多见于黏结安装的汽车风窗玻璃。在使用中，受到剧烈振动后局部受力不均，玻璃表面温度变化过大，重新安装的玻璃位置不佳等都会产生线形裂纹。线形裂纹出现后，若不及时处理会不断变大，最后造成整块玻璃报废，如图 5-18 所示。

② 圆形裂纹损伤是指由于玻璃表面受到外物撞击，造成表面缺损，从而形成的边缘比较规则的圆形凹陷，如图 5-19 所示。

③ 星形裂纹损伤是指玻璃受到外物撞击后，形成以撞击点为中心向四周发散的裂纹，如图 5-20 所示。

图 5-18　线形裂纹

图 5-19　圆形裂纹

图 5-20　星形裂纹

技能实例

一、汽车玻璃划痕损伤的修复

修复玻璃划痕损伤时，先使用研磨片将划痕研磨掉，再使用抛光剂将玻璃抛亮。划痕损伤的修复方法也适用于霉变损伤。

1. 准备

① 先将要修复的玻璃周围用胶带围住，以免玻璃抛光时弄脏汽车与周围环境。

② 要认真清洗玻璃需要抛光的表面,不能有任何灰尘或沙粒等附着。

③ 在玻璃抛光前,先用记号笔在玻璃背后圈出要修复的部位,避免扩大维修区域。

④ 玻璃研磨片一般是直径为 50.8mm(2in)的砂纸,如图 5-21 所示。切削能力不同,研磨后留下的痕迹也不同。研磨痕迹粗的研磨片切削能力强,适用于重度划痕的研磨。研磨痕迹细的研磨片切削能力弱,适用于中度划痕的研磨。选择使用研磨片时,可以通过研磨片背面的标号大小区分,标号用"P∗∗∗"来表示,P 后面的数字越大则研磨片研磨痕迹越细,数字越小则研磨片研磨痕迹越粗。有些产品通过不同的颜色来区分研磨片研磨的粗细。

图 5-21 研磨片

⑤ 玻璃划痕抛光剂内部含有能够去除研磨痕迹的磨料,能够提高玻璃研磨后的光泽,需要配合研磨机和羊毛抛光轮使用。

⑥ 研磨机转速为 800～3000r/min,功率为 300W 以上,前端配直径为 50.8mm(2英寸)、采用自粘扣设计的圆形研磨垫,便于安装研磨片。

2. 划痕处理

① 对于重度划痕,先用粗研磨片研磨,研磨机转速控制在 1500r/min 以内。

② 研磨时使用中等压力,研磨片与玻璃表面应持平。

③ 使用粗磨片将划痕基本磨平后,按次序逐步更换更细的研磨片,适当扩大研磨范围,以去除前次的磨片痕迹。同时,研磨机的转速也要同步提高。

④ 当用最细的研磨片研磨完成后,划痕已经完全去除,此时研磨表面光泽度不高。

3. 抛光

① 将研磨机的前端更换为羊毛抛光轮。在玻璃研磨部位放抛光剂,并涂抹均匀。

② 使抛光轮与被抛光玻璃平行,启动研磨机,并慢慢移动。抛光处形成白色浆料,如图 5-22 所示继续抛去浆料至出现玻璃应有的光泽。

图 5-22 划痕抛光

③ 如光泽欠佳，则再重复抛光。

4. 修复注意事项

① 根据划痕的程度、位置和长度判断是否能够修复。如果划痕在主视区，并且较深、较长，修复时要慎重。

② 划痕抛光前要彻底清洁玻璃表面，包括周边的饰条，不能有硬颗粒物。

③ 划痕抛光的范围不要过大，以能够将划痕处理掉为准。

二、汽车玻璃裂纹损伤的修复

玻璃裂纹损伤的修复方法主要是在裂缝中填补玻璃修补剂，消除缝隙。玻璃修补剂是一种透明度很高的液态胶质，靠紫外线加热可迅速凝固，强度可达到原玻璃的90%以上，并且能保证玻璃的透光性良好。

1. 钻孔止裂

汽车玻璃产生线性裂纹，可以在裂纹端点钻孔，以防止裂纹继续扩大。其他形式的裂纹则不能用钻孔的方式来止裂。钻孔时用直径4～6mm的专用空芯圆形钻头，从外向内打孔。

汽车上有些玻璃采用的是夹层玻璃，如大部分轿车的风窗玻璃和后窗玻璃，可能只裂了一层，则只能钻有裂纹的玻璃。如果两层都裂了，则分别从两面向中间夹层打孔。钻孔后还需要对裂纹和钻出的孔进行修复。

2. 修复裂纹

（1）准备

① 将玻璃表面清洁干净，尤其是有裂纹的部位。清洁干净以后，玻璃表面要保持干燥。

② 保护好仪表板等内饰，防止在施工时玻璃修补剂滴落到内饰表面而造成损伤。

③ 准备好玻璃裂纹修补用的材料和设备，如玻璃修补剂、抛光剂、紫外线灯、支架、加液器、玻璃片、刀片等。

（2）注胶

① 将玻璃裂纹修补支架固定在需要修补的裂纹处，调整好位置和高度，确保安装牢固，如图5-23所示。

图5-23 安装支架

② 在支架上安装加液器，保证加液器的加液口与裂纹对正。

③ 用加液器将玻璃裂纹内的空气抽掉。

④ 在加液口填以玻璃修补剂（液态胶质）。经过反复几次抽压后，修补的空间至少会有 90% 填满了修补剂。此后裂纹逐渐变小，直至消失，如图 5-24 所示。

图 5-24　填补裂纹

（3）修整

① 用紫外线灯在修补后的玻璃的上下左右处各照射 2min，让修补剂凝固，如图 5-25 所示。注意，紫外线对人体有伤害，在使用时要注意做好防护，切记不可直接照射人体。

② 修补剂固化后，裂纹的中心点还会有一个小缺口，这时再滴入浓度较高的修补剂，盖上玻璃片，同样用紫外线灯照射烘干。

③ 用刀片将表面多余的玻璃修补剂刮除（见图 5-26），涂上玻璃专用抛光剂，用布磨光即可。注意，用刀片刮平时，使用的刮刀刃口要光滑，不能将玻璃表面划伤。

图 5-25　紫外线灯烘烤

图 5-26　刮除多余的修补剂

3. 裂纹修复的注意事项

① 裂纹修复后，无论是在外观还是强度上都不能完全恢复到玻璃的原始状态。线形裂纹修复后只会留下一条隐隐约约的线，而且只有在某个反光的角度，才看得到修补的痕迹，平时看到的仍然是一块"天衣无缝"的好玻璃。通常一个圆形裂纹，在修补完成以后只会剩下一个小小的圆形痕迹，如图 5-27 所示。星形裂纹修补后会留下蛛丝状的痕迹。

② 对于玻璃已经裂穿的损伤，要及时修复，防止裂纹继续扩大。

③ 一般风窗玻璃上小于 3cm 的破损点，可由中级专业人员修补。

④ 风窗玻璃的裂纹大于 3cm，裂纹形状较复杂，或者所处的部位玻璃弧度较大，都应该由高级专业人员修补。

⑤ 不是玻璃上的任何破损都可以进行修补的，一旦玻璃已经断裂分离，或是破成碎片，都是不可修复的，如图 5-28 所示。而且若裂痕太大，修补费用也许会与换块新玻璃不相上下，何况还会留下疤痕。因此，汽车玻璃的修补，只有在破损不大的情况下采用，方可省时省钱。

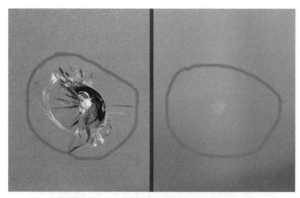

图 5-27 玻璃圆形裂纹修补前后

图 5-28 破损严重的汽车玻璃

4. 缺陷的排除

对于圆形裂纹，玻璃修补剂固化后，表面可能会产生气泡、凹坑和水纹等缺陷。

① 修补剂固化后产生的气泡，主要是由于裂纹内部空气没有完全抽净形成的。为了防止气泡的产生，注胶口要完全覆盖裂纹处，保证彻底抽净裂纹中的空气。

② 修补剂固化后可能产生凹坑，此时可以在裂纹处覆盖一块透明的薄塑料片，在塑料片和凹坑之间填补修补剂，能够将凹坑填平。

③ 修补剂固化后产生的水纹，是表面处理得不平滑造成的。使用锋利的刀片刮平，再进行抛光处理。注意，使用的刀片刃口要光滑，以免将玻璃表面划伤。

第三节 汽车玻璃贴膜工艺

汽车玻璃洁净明亮，透光性好，能保证驾驶员有良好的视野，保证行车安全，但是太阳光中的有害射线也会照射进来。红外线热能高，会提高驾驶室的温度，增加空调的使用频率；紫外线具有破坏性，皮肤长期受紫外线侵害，会加速老化，严重的可引发皮肤癌和眼部疾病，同时，紫外线还可能灼伤汽车内饰，使一些皮件老化。很多车辆采用窗帘来挡光和保护隐私,但是这严重影响视线,如图 5-29 所示。给汽车玻璃粘贴上汽车玻璃膜,这些问题就能迎刃而解了。

图 5-29 影响视线的窗帘

相关知识

一、太阳光

1. 太阳光谱

汽车内温度的升高和内饰受到紫外线的损伤都是由太阳光引起的,太阳光中不单只有可见光,还有我们看不到的紫外线和红外线。太阳光是复色光,复色光经过色散系统分光后按波长依次排列的图案就是太阳光谱,如图 5-30 所示。

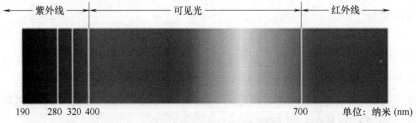

图 5-30 太阳光谱中的紫外线、可见光、红外线

① 可见光(VL),波长为 400～700nm。可见光是我们所需要的,并且可见光带有的热能很少,也不像紫外线那样有伤害性。

② 红外线(IR),波长大于 700nm。红外线能辐射大量的热能,使被照射环境的温度升高。

③ 紫外线(UV),波长小于 400nm。紫外线是有危害的射线,按照波长范围的不同可将其分为 3 种。

• UV-A,波长为 320～400nm,能够到达地面,照射时间过长会导致真皮细胞变质,激活黑色素细胞,使皮肤老化,出现"老年斑"等色斑现象。

• UV-B,波长为 280～320nm,部分能够到达地面,损害人类皮肤细胞中的 DNA,是皮肤癌发病的主要原因之一。

• UV-C,波长为 190～280nm,基本不能到达地面,危害性最大,严重的可以导致生物死亡。

2. 相关专业术语

① 可见光透射比（也称透光度）。该参数是透过玻璃的可见光通量与太阳光的入射可见光通量之比。这项性能指标是衡量膜透光性能的重要指标，因为它直接影响驾驶员的视野清晰度。《机动车运行安全技术条件》（GB 7258—2017）已明确规定风窗玻璃可见光透射比不得低于 70%。

② 可见光反射率。该参数表示玻璃反射的可见光通量与太阳光的入射可见光通量之比。

③ 紫外线阻隔率。该参数表示玻璃阻隔的紫外线通量与太阳光的入射紫外线通量之比。

④ 红外线阻隔率。该参数表示玻璃阻隔的红外线通量与入射的红外线通量之比。

⑤ 太阳能阻隔率。该参数表示玻璃阻隔的太阳能通量与入射的太阳能通量之比。它是衡量膜隔热性能的一个重要参数，要注意它和红外线阻隔率的区别。在整个太阳光谱中，红外线的能量只占 53%。由于入射的红外线通量小于入射的太阳能通量，所以对于同一种产品，红外线阻隔率要高于太阳能阻隔率，也就是说高的红外线阻隔率并不一定意味着高的隔热性。

二、汽车玻璃膜

1. 汽车玻璃膜的种类

（1）控光膜

在汽车装饰美容中心我们经常能看到太阳膜、防光膜、隔热膜等，其实这些都是对控光膜的不同的表述。控光膜有以下特性。

① 厚度为 $20\sim50\mu m$，能控制光线通过玻璃的量。

② 合格的控光膜可以挡住 90% 以上的紫外线和红外线。

③ 具有单向透视功能，还能控制扰人的强光，减少眩光，使人的眼睛更舒适。

（2）安全膜

20 世纪 90 年代中期出现了把控光膜和一层抗冲击的薄膜结合到一起的新产品，这种膜既有控光膜的隔热、防紫外线的作用，又提高了玻璃抗破碎能力，这就是安全膜。安全膜的厚度如果在 $150\mu m$ 以上，就能把玻璃的抗冲击能力成百倍地提高。我们经常听到的防爆膜实际上说的就是安全膜里最高端的产品。

2007 年年末，中国标准化协会在《中国标准化》期刊上正式公布了《玻璃安全膜技术规范》（CAS 140—2007）。《玻璃安全膜技术规范》建立了"玻璃安全防护"的基本概念，针对实际生活中玻璃最常发生危害的 3 种情形，将玻璃安全防护分为 3 个等级，不同等级的安全膜分别对应一种危害情形。3 个玻璃安全防护等级和对应实际情形分别介绍如下。

① A 级安全膜，防意外事故级。抗冲击指标 50J。检测指标为 1.0kg 实心钢球，5m 自由落体，不得贯穿 3mm 钢化玻璃；或者 260g 实心钢球，5m 自由落体，80% 的概率下不得砸裂 3.0~4.0mm 钢化玻璃。在老式建筑物中最常见的 3mm 厚度的平板玻璃上安装 A 级安全膜后，可以防范意外事故，包括人奔跑时撞到大面积玻璃上不会因玻璃破碎而

划伤；车辆在碰撞、刮擦甚至倾覆时，玻璃安全膜强力支承车窗玻璃，保持车窗刚度，降低因车窗变形而挤伤乘车人的概率。该级别的安全膜能使 3mm 厚度的平板玻璃达到和超过 12mm 夹层玻璃的安全水平。

② B 级安全膜，防盗级。抗冲击指标 200～300J。检测指标为 2.3kg 实心钢球，12m 高度处自由落体，不得贯穿厚度为 5mm 的平板玻璃；或者 260g 实心钢球，12m 高度处自由落体，60% 的概率下不得砸裂玻璃。在新住宅、商业建筑物和部分车辆中最常见的 5mm 厚度的平板玻璃上安装 B 级安全膜后，能够达到防盗的效果，在多次强力砸击下保持玻璃完整和刚性。这个标准参照了国际上的防盗标准，它的依据是一个健壮的人双手拿着一个重器反复砸玻璃 5 次，看玻璃能否被砸坏。玻璃贴膜后要求砖石、金属器械抛掷物不能贯穿玻璃，保证室内人员在遭受非法骚扰和攻击时安然无恙。该级别的安全膜能使 5mm 厚度的平板玻璃达到和超过 18mm 厚度的夹层玻璃的安全水平。

③ C 级安全膜，防弹级。抗冲击指标 500J，6mm 厚度的平板玻璃能有效抵御 64 式手枪在距离 3m 处的射击。在越野车和特殊建筑物中较常见的 6mm 厚度的平板玻璃上安装 C 级安全膜后，能够达到防 64 式手枪近距离（3～10m）射击的防护效果。该级别的安全膜能使 6mm 厚度的平板玻璃达到 22mm 厚度的防弹玻璃的安全水平。

2. 汽车玻璃膜的制造工艺

玻璃膜的基础是聚酯薄膜，它是以纤维级的聚酯切片为主要原料，采用先进的配方，经过干燥、熔融、挤出、铸片和拉伸，然后利用深层染色技术，将染料注入聚酯薄膜基片中而成的高档薄膜。还可以利用真空镀铝、磁控溅射技术生产出全金属化膜。聚酯薄膜被染成各种颜色，可以减少眩目强光和阻止褪色；透明或染色的聚酯薄膜被注入紫外线吸收剂，增加膜阻隔紫外线的特性；防划伤涂层和保护膜也加入膜的结构中；最后经过裁割、分卷、包装制成成品玻璃膜。玻璃膜制造流程如图 5-31 所示。

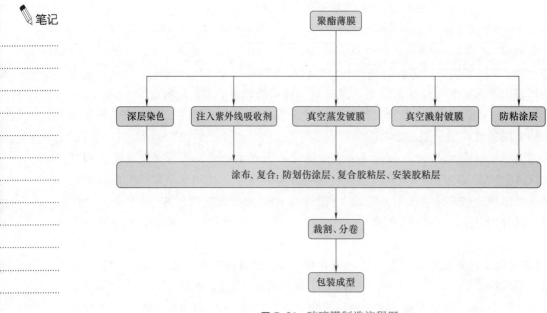

图 5-31　玻璃膜制造流程图

3. 汽车玻璃膜的结构

（1）低成本玻璃膜的结构

对于低成本染色膜和低成本金属膜等质量较差的玻璃膜来说，膜和安装胶里基本没有紫外线吸收剂等用以防护紫外线的物质，并且褪色很快，抗刮伤性能也不好。低成本玻璃膜的结构如图5-32所示。

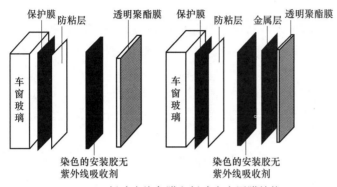

图5-32 低成本染色膜和低成本金属膜结构

（2）高质量玻璃膜的结构

对于高质量的玻璃膜来说，在膜上和安装胶中都采用了紫外线吸收防护技术，严格控制紫外线的通过率，并且防刮伤性能良好，经久耐用，正常使用可以保证5～8年内不会出现质量问题。高质量玻璃膜的基本结构，如图5-33所示。

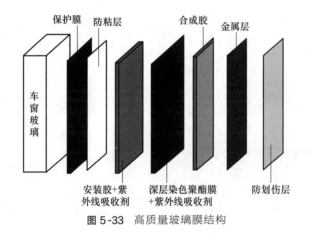

图5-33 高质量玻璃膜结构

4. 汽车玻璃膜的特性

（1）阻隔特性

热传导有3种形式：辐射、传导、对流。汽车玻璃膜主要是利用辐射和对流的形式来隔热，防的主要是太阳的辐射热，还能够阻隔紫外线以防止内饰老化损伤。

（2）防眩目特性

汽车玻璃膜能控制透过光线的强度，防止扰人的强光照射眼睛。尤其是在下午正对太阳行驶的时候，汽车膜防眩目的作用就更明显了。

（3）单向透视特性

有些汽车玻璃膜在制造的时候采用特殊的工艺，使膜具有了单向透视的功能。这种汽车玻璃膜粘贴到车窗上后,在车外看不到车内的事物,但是在车内能够清楚地看到车外的景物。需要注意的是,玻璃膜的单向透视性有随光改向性,就是单向透视总会透向光线强的一面。也就是说,只有车内的光线比车外弱的时候,才不能看清车内情况;相反,如果车内的光线比车外强,则在车内会看不清车外情况。所以在夜间开车的时候一定不要打开车内的灯光,这样会对行车安全造成严重影响。

(4) 安全特性

汽车玻璃膜在玻璃破碎的情况下,能够保证玻璃碎片不脱落、飞溅,防止伤人。同时,玻璃膜中的高端产品安全膜,还具有很好的安全防护性能。

(5) 收缩特性

汽车膜的基片是由通过拉伸成型的长链高聚物复合而成的,在成型过程中,长链高分子会沿拉伸方向定向排列。一旦再次受热,长链高分子就会收缩回复到未拉伸的状态,这就是汽车膜加热成型的原理。

① 收缩方向。汽车膜的纵向也叫机器边方向,即膜的卷起方向,是主要的拉伸方向。一般来说,膜的收缩只能沿着这个方向。任何与机器边方向垂直的褶皱都可以很好地收缩。因此,一定要区分汽车膜的机器边方向和幅宽方向,正确地铺放和裁切玻璃膜,为进一步加热成型做好准备。正确地排布方向,才能使玻璃膜热成型,如图5-34所示。

② 幅宽方向。幅宽方向就是与机器边方向垂直的横向,在该方向上玻璃膜基本不能拉伸。而沿机器边方向排列的褶皱一旦受热,只会进一步拉伸变形,变得更加严重。错误的玻璃膜排布方向会导致玻璃膜不收缩,如图5-35所示。

图 5-34　正确排布

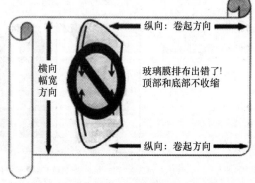

图 5-35　错误排布

5. 汽车玻璃膜质量的鉴别

(1) 假冒伪劣产品的危害

劣质玻璃膜往往不经过环保检测,安全方面缺乏保障。在玻璃膜产品的生产过程中,要用到甲醛和苯等基本溶剂。正牌产品在制造过程中虽然使用了这些溶剂,但是收尾的时候会把它们重新提取出来。而假冒伪劣产品则没有这个生产工艺,成品膜上会有大量溶剂残留。将这种玻璃膜贴到汽车玻璃上会直接对人体造成伤害。

阳光中真正有危害性的光线是紫外线,而不是红外线。红外线热能高,紫外线就不同了,它是对人体有危害的射线,照射的时间长了,被照射的部位会感觉到疼痛,甚至脱皮和生斑。劣质玻璃膜产品往往只是把红外线挡住,而不阻隔紫外线。这种玻璃膜贴到玻璃上以后，隔热效果很好，但是时间一长，手、胳膊、脸上的皮肤仍然会变黑，甚至会感觉到疼痛，以致脱皮。

再有，劣质的玻璃膜根本不具备安全性，贴上它以后甚至会增加玻璃破碎时的伤害。

（2）正品的鉴别方法

① 观察法。玻璃膜和其他产品一样，正品往往很细腻、光滑、质地均匀，手触摸质感很强。假货、劣品则黯淡、粗糙、没有光泽。正品透光度极高，甚至可以达到95%。

② 灯光检查法。检查时将膜粘贴到玻璃上，用高功率的浴霸灯来照射以检验不同档次玻璃膜的防眩目性、阻隔性和单向透视性。不同玻璃膜的阻隔性对比，如图5-36所示。

图5-36　不同汽车膜的隔热性对比

③ 检查安装胶层。可以通过检查安装胶层黏性、味道、是否掉色等来判断玻璃膜质量的优劣。

a. 检查安装胶的黏性。取一块5寸相片大小的样品，把衬膜撕开，用手指贴上去以后甩不下来，说明膜的黏胶性能好。

b. 判别安装胶的味道。撕开保护膜，高质量的玻璃膜安装胶没有刺鼻的异味，而劣质的玻璃膜，撕开保护膜以后会有刺鼻的味道。

c. 检查是否掉色。玻璃膜通常是采用本体渗染和溅射金属着色的方法令膜有颜色，通过本体渗染方法着色的膜称为自然色膜，通过溅射金属方法着色的膜称为金属膜，采用这两种方法着色的膜是不易褪色的，尤其是金属膜。但市场上很多低档劣质膜，大多采用黏胶着色的方法，即在黏胶中加入颜料，然后涂在无色透明膜上使膜有颜色，这种膜称为染色膜。这种膜靠颜色的深浅来隔热，隔热效果差，不耐晒，很易褪色，褪色后便无隔热功能。区分这些膜的不同着色方法，只需在膜的安装胶上喷些化油器清洗剂即可，此时低档劣质膜会褪色。

6. 汽车风窗玻璃膜的特殊要求

①《机动车运行安全技术条件》规定：汽车风窗玻璃的透光度应大于等于70%。所以，如果要在汽车风窗玻璃上贴膜，必须贴总透光率达到90%以上的膜，以保证玻璃透光度大于等于70%，达到安全的标准。

② 所有车窗玻璃不允许张贴镜面反光遮阳膜。无论是为了满足隔热、防紫外线等控光要求，还是要防范意外事故、抵御非法侵犯，都必须保证风窗玻璃具有足够的透光度。所贴膜应以视线清晰、不增加风窗玻璃的反光和不影响驾车安全为首要前提。汽车风窗玻

璃膜在达到国家规定透光性的前提下，还要保证良好的控光性和安全性，所以风窗玻璃膜绝对不能用其他膜代替。

技能实例

一、玻璃膜的下料工艺

1. 下料要点

① 测量玻璃尺寸时一定要在玻璃外表面测量。若要利用模板进行下料，也一定要在玻璃外侧制作模板。

② 在玻璃膜上测量尺寸，或者利用模板裁切玻璃膜时，一定要在有保护膜的一面测量。

2. 玻璃膜裁切工艺

① 裁切玻璃膜使用的刀具硬度要适中，刀尖部位要光滑无毛刺，保证能整齐裁切玻璃膜而不划伤玻璃。

② 裁膜时，刀具的工作部位集中在刀尖，一般可裁切3~4m的玻璃膜。超出这个距离就要折断旧的刀尖部位。

③ 裁膜时，刀具要尽可能放平，用力要适中，沿着裁切方向向后拉，而不是向前顶着推，如图5-37所示。采用这种裁切手法，能保证裁膜边缘整齐，并且不容易损伤玻璃。

④ 裁膜的起点一般选择在直线与圆弧交接的部位，裁切过程中尽可能不要停顿，最好一刀完成，尤其是圆弧部位，更不能断断续续地裁切，否则很容易形成锯齿状边缘，如图5-38所示。

裁膜工艺

笔记

图5-37　裁膜刀的角度

图5-38　圆弧部位的裁切

⑤ 给侧窗玻璃或以橡胶条固定的风窗玻璃裁膜时，一般以玻璃外表面与橡胶密封条的边缘为边界进行裁切，如图5-39所示。

⑥ 黏结式的风窗玻璃外缘一圈有黑色釉点，这时最好以釉点的内缘为边界进行裁切，如图5-40所示。无论为哪种玻璃裁膜，为了获得最佳外观效果，在裁膜时可以采用一个人在车内用荧光灯向外照射的方法，来保证裁膜的准确性。

⑦ 学生在进行裁膜练习时，可以先用报纸代替玻璃膜。先在报纸上利用模板画出图

形,再按要求裁切,反复练习即可逐步掌握裁膜的基本要领。

图 5-39 侧窗玻璃裁膜

图 5-40 有釉点玻璃的裁膜

二、玻璃膜的热成型与排水工艺

1. 玻璃膜热成型工艺

(1) 热风枪的使用

① 热风枪上有加热开关,并分加热挡位,用来调节加热速度。

② 有些热风枪上还有一个温度调节旋钮,可以设定和调节烘烤温度的高低,如图 5-41 所示。在烤膜时,一般把温度调节到 200℃ 左右即可,出风口处的即时温度可通过显示屏显示,便于操作者及时调整,如图 5-42 所示。

图 5-41 调节温度旋钮

图 5-42 温度显示

③ 在使用热风枪加热时,注意出风口不要与被加热表面垂直,防止热风回流而造成热风枪损坏。在烤膜时,热风枪与被加热表面的角度一般都保持在 45°左右,并且要不断移动热风枪,当膜有收缩现象时马上将热风枪移开。

④ 热风枪出风口与被加热表面不要距离太近,以免损坏设备和玻璃膜,甚至造成汽车玻璃的损坏。

(2) 烤膜工艺

① 需要热定型的膜在裁切时一定要竖裁(也就是说玻璃的横向与膜的卷曲方向一致)。

② 定型时将玻璃膜的保护膜朝外，铺于曲面玻璃的外侧，在玻璃膜和玻璃之间洒上安装液，用刮板将形成的褶皱调整成竖向的。注意，裁膜方向与褶皱调整方向要正确，否则玻璃膜不会收缩。

③ 采用温度可调的热风枪对玻璃膜进行加热，一边加热一边用塑料刮板挤压玻璃上的气泡和水，使玻璃膜收缩变形，直至与玻璃的曲面完全贴合。加热要均匀，不要过分集中，否则可能会因为温度太高造成玻璃开裂，如图 5-43 所示。

图 5-43　湿烤热成型

2. 排水工艺

① 刮水。刮水的目的在于通过去除玻璃表面的污水，达到清洁玻璃的作用。刮水工具为带有软胶条的刮水板，它的胶条柔软、平整、光滑，可以贴合玻璃表面，以便清洁黑色釉点区域、去雾线及其他表面的凹凸区域，并且即使有杂质颗粒，也不会划伤玻璃表面，如图 5-44 所示。

② 挤水。挤水的目的在于通过去除玻璃膜下面的液体达到缩短干燥周期、提高黏结强度的效果。挤水工具应使用坚韧、锋利、有弹性的挤水板，它能最大限度地挤去安装液，提高工作效率，如图 5-45 所示。挤水过程中要注意对用力方向的把握。刮水板的用力方式为"拖"，挤水板的用力方式为"推"，刮水和挤水的次序和路径要重叠有序地进行。

图 5-44　刮水操作

图 5-45　挤水操作

第四节 汽车玻璃贴膜施工

汽车玻璃形状不规则,尤其是风窗玻璃和后窗都有较大的弧度,同时汽车玻璃的安装方式有可移动式的,也有固定式的,这样就给玻璃膜粘贴施工带来很大的难度。技术人员应在掌握玻璃膜基本施工工艺的基础上,进行汽车玻璃膜的粘贴操作。

相关知识

一、贴膜工具

贴膜施工时要用到很多工具,其中大部分是贴膜专用工具。在品牌膜的施工店里都会有各种各样的工具包,有的做成围裙式,有的用一个精致的手提箱装着。贴膜工具多达三十多件,能解决贴膜施工时遇到的各种问题。按工具的用途不同可分为保护工具、清洗工具、裁膜工具、热成型工具和排水工具这几类。

1. 保护工具

① 保护膜。保护膜用于防止内饰部件和车身被清洗液和安装液淋湿,或液体残留产生难以去除的污渍。

② 毛巾。毛巾可用于垫放工具,防止工具划伤仪表板、座椅等内饰并吸收流淌下来的清洗液和安装液。

2. 清洗工具

① 水壶。水壶用于盛放玻璃清洗液和安装液,使用时能产生一定的压力,将液体喷出,还可以调节喷雾形状。

② 铲刀。铲刀用于清除玻璃上的顽固污渍和残留的粘贴物,如图 5-46 所示。

图 5-46 铲刀

3. 裁膜工具

① 裁切剪刀。裁切剪刀用来裁剪玻璃膜、修饰形状、分离保护膜。玻璃膜的裁切是在车窗玻璃上直接进行的。为了精确地裁出玻璃膜,同时又不划伤玻璃,必须掌握正确的持刀方法。

② 测量尺。测量尺用来测量车窗和膜的尺寸,便于粗裁。

③ 裁膜工作台。裁膜工作台用来摆放玻璃膜和玻璃膜粗裁,要求其表面平滑且不能过硬。

4. 热成型工具

热风枪（见图 5-47）用于加热玻璃膜，使其收缩变形，达到与玻璃一致的形状。还可用热风枪将玻璃上有用的粘贴物加热，以便取下。

5. 排水工具

① 橡胶刮水铲。橡胶刮水铲用于刮平玻璃膜，可以在玻璃膜热成型时使用，也可以在贴膜时排水使用，如图 5-48 所示。

② 橡胶刮水板。橡胶刮水板用来排水，如图 5-49 所示。

图 5-47 热风枪

图 5-48 橡胶刮水铲

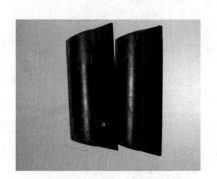

图 5-49 橡胶刮水板

③ 大号塑料挤水板。大号塑料挤水板用于挤平玻璃膜，在玻璃膜加热收缩后辅助成型，辅助玻璃膜排水、清洁玻璃，如图 5-50 所示。

④ 小号塑料挤水板。小号塑料挤水板在贴膜时辅助玻璃膜插入密封条内，以便彻底排水，如图 5-51 所示。

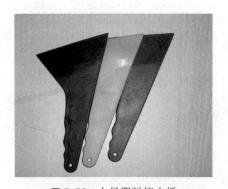

图 5-50 大号塑料挤水板

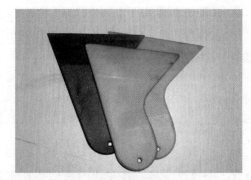

图 5-51 小号塑料挤水板

二、清洗液和安装液

清洗液和安装液用于玻璃的清洗和玻璃膜的安装，专用的清洗液和安装液能保证玻璃膜的安装质量。

1. 清洗液

现在市场上有很多贴膜中心使用其他的清洗用品替代玻璃膜清洗液，施工质量无法保证。图 5-52 所示为几种不同的清洗用品对玻璃膜黏结强度的影响。由图 5-52 可知，在选择产品时要慎重，否则对膜的安装将产生极大的影响。

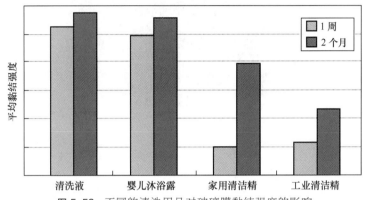

图 5-52　不同的清洗用品对玻璃膜黏结强度的影响

清洗液对于分解和去除玻璃表面及微孔中的油渍、污渍具有独特功效，能够去除玻璃上的油迹、蜡或其他比较难清洗的污渍，达到最佳清洁程度。清洁的玻璃表面能够极大地增强安装液的润滑效果。清洗液要按使用说明中规定的比例稀释后使用。

2. 安装液

安装液有助于玻璃膜的滑动定位，其成分类似于婴儿沐浴露，但是不含甘油、香精、色素及其他多余添加剂，因而不会影响安装胶的化学组成及玻璃膜中金属层的长期稳定性，使玻璃膜与玻璃达到最大黏结强度。安装液要按使用说明中规定的比例稀释后使用。

注意：旧清洗液和安装液的沉淀物和小颗粒会造成玻璃膜和玻璃之间的斑纹和畸变点，因此应每天清洗水壶并更换溶液。

技能实例

一、汽车侧窗玻璃贴膜

从玻璃膜的选择，到玻璃膜的粘贴，再到交车，构成了玻璃膜施工的整个工艺流程。具体的施工工艺会根据不同的玻璃膜产品而有所不同，但基本的工艺流程相似，如图 5-53 所示。

图 5-53　贴膜流程

1. 车辆内饰和外部的保护

汽车内饰的保护尤为重要。清洗玻璃的溶剂可能会弄脏内饰或渗进汽车的电控系统而导致开关失灵甚至局部短路，所以必须仔细做好车辆外露电控开关和音箱的保护。用较厚的毛巾遮盖在仪表板和后盖板上，车门内饰板、座椅、转向盘等也要做好适当防护，如图 5-54 所示。车身的外部也需要适当的防护，以免刮伤漆面。

图 5-54　仪表板保护

2. 粗裁膜

（1）测量车窗尺寸

侧窗玻璃膜顶部裁切尺寸要大于侧窗玻璃边缘尺寸 5cm，左右两边要大于侧窗玻璃边缘尺寸 1cm，底部在上膜时预留 1~2cm 的余量，如图 5-55 所示。有时为了工作方便也可以利用车窗形状的模板进行粗裁膜。

（2）下料

下料时一定要注意以下两点。

① 确定侧窗玻璃要定型烤膜时，裁膜一定要选择竖裁，即玻璃宽度的尺寸与膜的卷起方向一致。

图 5-55　测量车窗尺寸

② 在膜上施工时，一定要在有保护膜的一面进行，否则裁下来的玻璃膜形状会与玻璃形状相反。

3. 清洁玻璃密封条和玻璃外侧

（1）清洁玻璃密封条

侧窗玻璃密封条有两种类型：胶边和毛边。

① 胶边的两种清洁方法：用吹气风枪吹出藏于密封槽内的沙粒、杂物；或者向密封槽内喷洒适量的清水，用小号塑料刮水板直接清理内槽。注意，刮水板使用时要包覆一层擦蜡纸，擦拭时要按一个方向进行，不要来回擦拭，以免沙粒和污垢黏附于擦蜡纸后又被带回槽内，每刮一次都要变换擦蜡纸的清洁面。

② 毛边的两种清洁方法：用 2cm 宽的美纹纸贴住密封槽边上的内毡毛；或者将喷壶嘴调至最小出水量，喷洒少量清水在毡毛上，使毡毛稍微湿润，粘住毛体。

（2）清洁玻璃外侧

在玻璃外侧上喷洒清洗液，用手涂抹一遍，因为人手的敏感度最强，能感触到稍大的尘粒，遇到黏附较牢的污垢时可用铲刀清除，其他部位用擦蜡纸清理，如图 5-56 所示。

4. 裁剪玻璃膜

除个别车款，侧窗玻璃膜基本不需要加热预定型，可直接覆在玻璃外侧上压刮定型。

将玻璃膜平铺于玻璃外表面，保护膜朝外，注意玻璃膜边缘要平行于外部底边压条，并确保有足够余量（1~2cm）低于车内压条。换上崭新的刀片，在汽车膜两条边的夹角处将刀片的头部刺入，刀片顶端靠住窗框或胶条，利用窗框或胶条作引导进行切割，如图5-57所示。下部裁切完成后，将膜滑动到合适的位置，使用排水工具，在汽车膜上挤刮几下以固定住整个膜，小心地将膜从底部揭起，然后降下车窗玻璃，露出车窗玻璃顶部，沿玻璃的边缘进行顶边裁切。将修整完成后的玻璃膜转移到裁膜工作台上，进行最后的修边。

图 5-56　清洁玻璃外侧

图 5-57　修边

5. 清洁玻璃内侧

玻璃的内侧面为真正的贴膜面，清洁一定要彻底，应按下列要求反复清洁。

① 先对车厢内部空间喷洒细微的水雾，使空气中的尘埃沉聚下来，减少座椅和地板扬尘。

② 在玻璃上喷洒清洗液，然后用手涂抹，检查和剔除稍大的尘粒，对于黏附较牢的污垢和撕下的贴物残胶可用铲刀去除，用大号塑料挤水板自上而下、由中间向两边清除玻璃上的灰尘，每刮扫一次必须用干净的擦蜡纸去除挤水板上的污物。整块玻璃每刮扫一遍，要用清洗液喷洒一次，最后用橡胶刮水板刮除积水，确认玻璃已十分光滑干净后，才可进行贴膜。

6. 粘贴玻璃膜

（1）剥离保护膜

在玻璃内表面清洗完成后，将玻璃膜的保护膜撕开，将安装液喷洒于暴露的安装胶上。这样，安装胶会临时失去黏性，允许玻璃膜在干净的玻璃内表面平稳地滑动。喷完安装液以后，再将保护膜贴到玻璃膜上，防止沾染灰尘和杂物，如图5-58所示。

（2）玻璃膜的铺贴

侧窗玻璃有两种：防水玻璃（部分奔驰、宝马车型等使用）和不防水玻璃（多数普通车款使用）。上膜时，由于防水玻璃在喷水后水珠不会附着，水分流失快，故宜采用由下向上的贴法（优点是下端积聚水分较多，利于膜的移动）。不防水玻璃由于喷水后水珠附着，水分流失少，故通常采用由上向下的贴法（优点是能有效避免沙粒粘到膜上）。

一般上膜多数采用由上向下的贴法。首先在玻璃内表面喷洒安装液，撕掉保护膜，将膜整个揭起，尽量准确地安放在玻璃内侧并滑动到理想的位置，如图5-59所示。

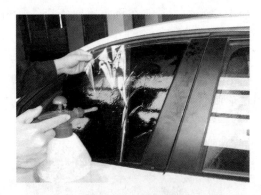

图5-58 剥离保护膜

图5-59 铺贴玻璃膜

（3）排水

在每片玻璃膜固定于它的最终位置后，应立即在玻璃膜表面再次喷洒安装液，润滑需排水的表面，同时，把保护膜粘贴到玻璃膜的背面。专用的排水工具可排除所有气泡和尽可能多的安装液，如图5-60所示。几天后残留的水分慢慢地透过玻璃膜而被排除。玻璃膜干燥的时间取决于气候、湿度、玻璃膜的结构和排水后残留水分的多少。

图5-60 排水

图5-61 修饰

7. 清洁和检查

当安装工作完成后，将所有车窗玻璃仔细地擦洗一遍，去除水迹和污迹，使汽车光洁一新，如图5-61所示。检查贴好的玻璃膜上有无气泡或微小的地毯纤维，使用专用排水工具沿某一边缘排除贴膜问题。

8. 交车

把汽车擦净后驶到室外，完成最后的视觉检查。在阳光下检查没有任何缺陷后，准备提交汽车给客户，并向客户解释质量保证程序以及基本的保养和维护说明。

贴膜完毕1～3天内不要摇下车窗，不要清洗内侧车窗，以保证达到令人满意的施工效果。

二、汽车风窗玻璃和后窗玻璃贴膜

1. 风窗玻璃和后窗玻璃的贴膜

风窗玻璃和后窗玻璃的贴膜基本流程与侧窗玻璃一样，只是几乎所有风窗玻璃和后窗玻璃都有不同程度的球形弯曲，这会妨碍玻璃膜在玻璃上铺平，使玻璃膜产生褶皱。早期，市场上用多片玻璃膜拼接来实现弯弧玻璃的贴膜，但接缝处会很难看。后改进为在电热丝处裁开，切口比前者隐蔽，但是操作时很容易把电热丝切断，使车子失去除霜、去雪的功能。

目前市场上流行的热成型方法可以保证玻璃膜整张粘贴。采用这种方法贴膜时的技术难点就是热成型，也就是需要将平面的玻璃膜通过加热定型的方法加工得与玻璃球面形状一致，才能进行整张粘贴。

对球面明显的汽车风窗玻璃、后窗玻璃膜热成型时，不仅要保证膜的质量，贴膜技师也要有较高的技术水平。有时还需要进行多次热成型，才能使膜与玻璃形状一致，如图5-62所示。

图 5-62　弧面很大的玻璃膜需进行多次热成型

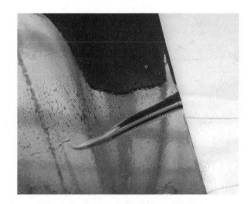

图 5-63　玻璃膜气笋缺陷

2. 黑色釉点区域的处理

风窗玻璃内侧的黑色陶瓷釉点区域施工难度大。在安装过程中，随着安装液的蒸发，会在黑色釉点区域出现白边，这是胶脱离了膜层而造成的。为了避免这种现象，可以先让膜干燥约一个小时，再用尼龙包裹大号塑料挤水板，最后再包上一层纸巾，均匀有力地挤压贴膜的黑色釉点区域。也可以用铲刀刮平，使用铲刀时要十分小心，防止刮坏其他部位。

三、贴膜缺陷处理

1. 气笋

气笋是指玻璃膜排水后仍然存在像竹笋尖端一样的气泡，不与玻璃贴合，如图5-63所示。

（1）形成原因

① 排水不彻底。

② 玻璃膜成型不好，成型时没有等待与车窗玻璃形状一致就急于粘贴。

(2) 解决方法

① 进行排水处理。

② 轻微加热，并用橡胶刮水板压实。

③ 在边缘部位进行固定，防止气笋重新出现。

2. 褶皱

褶皱是指玻璃膜打褶，内部黏结在一起，无论如何刮平都无法消除，如图 5-64 所示。

图 5-64 玻璃膜褶皱缺陷

图 5-65 玻璃膜边缘不齐缺陷

(1) 形成原因

① 热成型过度，玻璃膜被烤焦。

② 排水手法不正确，使玻璃膜打褶。

③ 剥离保护膜或铺贴玻璃膜时不小心，造成玻璃膜打褶。

(2) 解决方法

更换新膜，重新粘贴。

3. 边缘不齐

玻璃膜边缘与玻璃边缘距离不等，呈锯齿状或波浪状，如图 5-65 所示。

(1) 形成原因

① 裁膜时不细心，下刀不稳，下刀方向不对。

② 裁膜刀过钝，撕扯玻璃膜。

(2) 解决方法

① 进行精细修整。

② 修整后如果效果依然不好，或者边缘过大，则换新膜，重新粘贴。

③ 边缘留下 1~2 mm 的微间隙，只有这样才能既美观又防止卷边。

4. 划破玻璃膜

玻璃膜在排水时被划出孔洞，如图 5-66 所示。

(1) 形成原因

① 排水工具没有磨光、磨平，有尖锐突出部位。

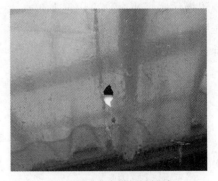

图 5-66 玻璃膜划破缺陷

② 玻璃没有清洗干净，有沙粒等杂物。
③ 排水时不细心，工具刮坏玻璃膜。
（2）解决方法
① 换新膜，重新粘贴。
② 排水工具要精心处理，刃口部位不能尖锐突出。
③ 排水时要顺着玻璃的弧度施工。

5. 夹入杂物

夹入杂物是指玻璃膜与玻璃之间有异物夹入，这种缺陷是贴膜时最普遍的。造成这种缺陷的原因多种多样，在整个贴膜过程中，任何一个环节没有注意都可能造成杂物夹入。夹入杂物常见的形成原因和解决方法归纳如下。

① 工作环境。许多贴膜场所没有密闭室，有些贴膜操作在路边进行，大小汽车呼啸而过激起许多灰尘，风速较大时也有灰尘。因此，若在没有密闭室的条件下贴膜，必须关闭所有车门后才能粘贴。玻璃洗好之后或拆开保护膜时不可让车外人员开关车门，有时用力关门会造成空气快速流动而带入大量灰尘或沙粒。贴膜要在室内进行，工作场所要进行除尘、防静电处理。有条件的最好建造专用的贴膜间，保证工作环境清洁。

② 施工人员。拆开玻璃膜透明部分的保护膜时会产生静电，如果贴膜时施工人员所穿的衣服是毛料，或是粘有棉絮灰尘的衣服，就不适合进行贴膜作业，因为衣服上的棉絮或毛料等杂质会被静电吸附到膜上。

③ 使用的清洗用品。70%以上的施工人员直接使用未经过滤或沉淀的自来水贴膜，这样做是不正确的。因为自来水管里有许多杂质或沙粒会影响水质，有时更换水管管路也会影响水质，因此，贴膜时所用的水一定要经过过滤或沉淀，保证清洗液洁净。

6. 视野不清

贴膜后车窗玻璃看上去雾蒙蒙的，这是膜在干燥过程中的一个正常现象，是由于安装液没有挥发完，对于磁控溅射膜以及安全防爆膜来说，这种现象更为突出。一般来说，这种现象会随着时间的推移慢慢减弱，最后完全消失。当然这一时间也要取决于膜的种类、环境的温度以及湿度，温暖干燥的气候以及太阳的直射都会加速膜的干燥。对于贴膜施工人员而言，要注意使用正确的排水方法，尽可能地排掉安装液，缩短干燥时间。

7. 玻璃破裂

贴膜几天后，汽车玻璃出现破裂现象，这是多种原因造成的，总结起来主要有以下几点。

首先，玻璃的自爆是难以避免的。有的人认为这是由于玻璃中存在硫化镍造成的，还有人认为玻璃在钢化过程中会产生微裂纹，当温度下降，玻璃内的热应力就会使微裂纹发展成为裂纹，最终破裂。

另外，极有可能是由于未使用专用不锈钢刀裁膜造成的。有人认为之所以使用不锈钢刀片，是因为它不会生锈，其实这并不是主要原因。一般的碳钢刀片会划伤玻璃，当温度下降，划伤的部位就会进一步引发玻璃的自爆。

最后，热风枪的不当使用也会造成玻璃的破裂。从热风枪中出来的空气最高温度可以达到 650℃，几乎等于玻璃钢化时的热处理温度。因此，当玻璃在该温度下过度加热，然后缓慢冷却，受热部位就会恢复到未钢化前的状态，从而削弱了玻璃强度。当温度变化引起热应力，最终就会造成玻璃的破裂。

总之，汽车钢化玻璃的自爆是由多种原因造成的。对于贴膜施工人员而言，一方面要使用专用不锈钢刀片，并掌握正确的用刀方法；另一方面，当使用热风枪时，应注意加热温度的控制，加热过的玻璃以不烫手为宜，干烤不失为一种安全且理想的加热方式。

✎ 笔记

第六章 汽车电子产品装饰

从生产线下来的"千篇一律"的汽车产品,很难满足车主们追求与众不同的心理需求。汽车电子产品是汽车美容的点睛之处,也是一种汽车生活文化的体现,它致力于把汽车营造成一个流动的生活空间。汽车电子产品装饰的内容十分丰富,涉及汽车装饰和美容的所有项目,分布在汽车的每一个角落。

第一节 汽车防盗报警装饰

为防止车辆被盗,许多汽车制造厂在车辆出厂前就为车辆装备了防盗装置,但是多数没有报警功能。对于一些出厂时没有安装防盗装置的汽车,车主会想尽办法防止车辆被盗。车辆普通防盗装置如图 6-1 所示。

图 6-1 车辆机械防盗装置

汽车防盗报警器就是安装在汽车内部的防盗装置，与汽车相关电路连接，可以锁止供油或点火系统的电路，是起到警示、防盗作用的装置。防盗报警器的功能主要有遥控开关汽车中控锁；车辆在启动之后踩制动踏板锁车门，钥匙转至 OFF 位置后，车门锁打开；车辆被盗抢时，车灯闪烁，发出报警声，以引起周围人或车主注意。

相关知识

一、汽车防盗装置的分类

目前市场上的汽车防盗装置可分为机械式、电子式和网络式三类。随着电子和网络技术的不断发展，新型的汽车防盗装置会被陆续开发出来。

1. 机械式防盗装置

机械式防盗装置是指采用金属材料制作的各种防盗锁具，包括转向柱锁、转向盘锁、踏板锁（离合器踏板锁、制动踏板锁）、变速杆锁、车轮锁等。通过这些防盗锁具锁住汽车的操纵部件，使盗窃者无法将汽车开走。该类防盗装置的特点是简便易行、价格便宜，缺点是不能报警。

① 转向柱锁。现在的轿车一般在出厂时都配置了转向柱锁。转向柱锁主要由锁杆、凸轮轴、锁止器挡块、开锁杠杆和开锁按钮等组成。当驾驶员从钥匙筒拔出钥匙后，转向柱便被锁住，使汽车无法驾驶。

② 转向盘锁。转向盘锁有两种结构，一种是直杆结构，由锁杆、锁栓和锁头组成，两个锁栓分别固定在转向盘的径向两相对端，锁杆的另一头插在车内任意地方加以固定，这样就可防止盗窃者转动转向盘，如图 6-2 所示；另一种转向盘锁结构形似拐杖，所以也称拐杖锁，该锁两端的手柄长度可进行调整，一端挂在转向盘上，另一端挂在离合器踏板上，装有自动变速器的汽车则挂在制动踏板上，一旦锁定，转向盘就不能转动，挡位也挂不上。

③ 踏板锁。踏板锁主要有制动踏板锁和离合器踏板锁两种。这种防盗锁锁在制动踏板或离合器踏板杆上，以使汽车无法挂挡或处于制动状态，这样，盗窃者就无法将汽车开走。

④ 变速杆锁。变速杆是汽车的主要操控部件，如果不能拨动变速杆，盗窃者也就无法盗走汽车，所以很多车辆采用锁定变速杆的方法来防盗，如图 6-3 所示。

图 6-2　机械式转向盘锁

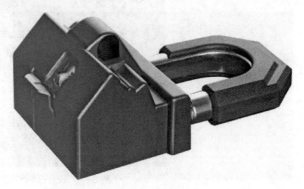

图 6-3　变速杆锁

⑤车轮锁及车轮防盗螺栓。车轮锁的防盗原理是将锁具锁在车轮上,从而使车轮无法转动以达到防盗目的。车轮防盗螺栓的结构是在螺栓顶端有一个可以横向移动的防尘盖,内部是一个锁芯,更换车轮时要打开锁芯,螺栓才能转动。或者将车轮螺栓制成内花牙,安装好以后其外部与轮毂表面平齐,只有用专用的适配接头才能将车轮螺栓卸下,如图6-4所示,以此来达到防止汽车轮胎被盗的目的。

图6-4 车轮防盗螺栓

2. 电子式防盗装置

电子式防盗装置也称微机防盗装置,主要有插片式、按键式和遥控式等几种。该类防盗装置通过电子设备来控制汽车的启动系统、点火系统等电路,当整个系统开启之后,如果有人非法移动汽车、开启车门、油箱门、发动机罩、行李箱盖,或接点火线路时,防盗装置会立刻发出警报,顿时灯光闪烁、警笛大作,同时切断启动电路、点火电路、喷油电路、供油电路,甚至自动变速器电路,使汽车处于完全瘫痪的状态。

该类防盗装置安装隐蔽,功能齐全,可实现无线遥控,操作简便,是中、高档轿车上广泛使用的防盗装置。

3. 网络式汽车防盗系统

网络防盗是指通过网络来实现汽车的开关门、启动、截停、定位,以及车辆根据车主的要求提供远程车况报告等功能。网络式汽车防盗系统主要有两种:一种是以全球卫星定位,通过全球移动通信系统(GSM)进行无线传输的全球定位系统(GPS),俗称"天网";另一种是以地面信标定位,通过有线和无线传输对汽车进行定位跟踪和防盗防劫的联网报警系统(CAS),俗称"地网"。网络防盗主要是突破了距离的限制。

GPS系统的全称为"全球卫星定位系统",主要靠锁定点火系统或启动系统达到防盗的目的。GPS应用于汽车反劫防盗服务得益于卫星监控中心对车辆的24小时不间断、高精度的监控服务。该系统由安装在指挥中心的中央控制系统、安装在车辆上的移动GPS终端以及GSM通信网络组成,接收全球定位卫星发出的定位信息,计算出移动目标的经度、纬度、速度、方向,并利用GSM网络的短信息平台作为通信媒介来实现定位信息的传输,具有传统的GPS通信方案无法比拟的优势。其缺点是价格昂贵,每月要交纳一定的服务费。

二、汽车电子防盗器

一般汽车电子防盗器都会有主机、遥控器、振动传感器、警示灯、报警扬声器、天线、熄火控制器和线束等几部分,如图6-5所示。电子防盗系统的工作电压为12V±3V,工作频率为400~450Hz。

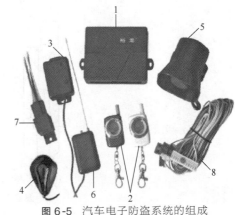

图6-5 汽车电子防盗系统的组成
1—主机;2—遥控器;3—振动传感器;
4—警示灯;5—报警扬声器;6—天线;
7—熄火控制器;8—线束

1. 主机

电子防盗器的主机是整个防盗系统的控制计算机,通过天线接收遥控器控制信号,实现警戒设定与解除、中控锁控制等一系列遥控功能。同时,主机还能接收振动传感器、边门、尾门、制动踏板等信号输入,通过报警器实现报警、中控锁自动化等功能,并通过熄火控制器实现在车辆警戒状态下发动机无法启动的功能,防止被盗。某品牌汽车电子防盗器主机接线图如图 6-6 所示。

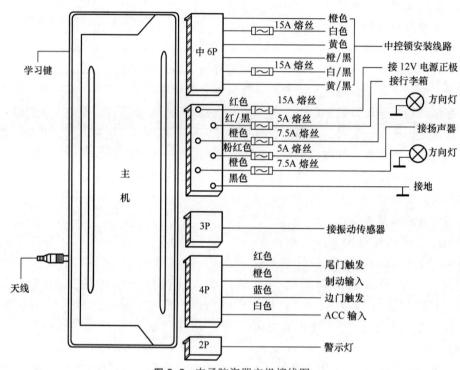

图 6-6 电子防盗器主机接线图

2. 遥控器

图 6-7 所示为某品牌汽车电子防盗器遥控器外观和按键,各按键说明如下。

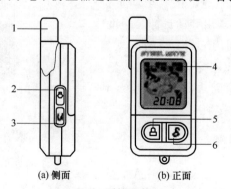

(a) 侧面　　(b) 正面

图 6-7 遥控器外观

1—天线;2—静音键;3—尾门键;4—显示屏;5—设定键;6—解除键

① 设定键。短按设定键,锁车门,并进入声光警戒状态;长按设定键 2s 以上,进入

声光寻车状态；汽车行驶中按设定键，会锁车门。

② 解除键。短按解除键，警戒解除，车门开锁；汽车行驶中按解除键，车门开锁。

③ 静音键。短按静音键，锁车门，并进入静音警戒状态；长按静音键 2s 以上，进入闪灯寻车状态；行车中按静音键 2s 以上，进入防抢状态。

④ 尾门键。长按尾门键 1s 以上，开启行李箱。

⑤ 同时按设定键和解除键 1s 以上，进入设置状态。

3. 振动传感器

振动传感器可感知车体振动情况，振动灵敏度可以通过灵敏度调整旋钮调节，顺时针旋转可提高灵敏度，如图 6-8 所示。出厂时灵敏度被调整在适中位置。

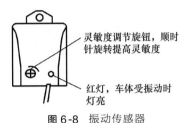

图 6-8 振动传感器

4. 警示灯

警示灯应安装在车内仪表板表面，要求能容易被车外行人看到，以达到警示的目的，如图 6-9 所示。

图 6-9 警示灯

图 6-10 打开调音盖

5. 报警扬声器

报警扬声器通过发出声音达到恐吓的目的，扬声器可以通过调整选择不同的声音或声音组合。

① 打开扬声器底部的调音盖，拧松调音盖固定螺栓并取出调音盖，如图 6-10 所示。

② 拨动任意声音开关，可以产生个性组合声音，如图 6-11 所示。

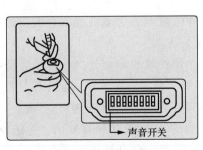

图 6-11 调整声音

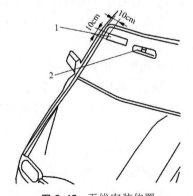

图 6-12 天线安装位置
1—可选安装位置；2—指定安装位置

③ 调音完毕，将调音盖紧贴防水胶圈并锁牢，防止扬声器进水。

6. 天线

天线可选择在指定位置（后视镜背面）安装，也可选择在可选位置（距玻璃边缘大于10cm处）安装，若风窗玻璃贴有玻璃膜，在可选位置安装时应按图6-12所示线框切除玻璃膜后再安装。

7. 熄火控制器

熄火控制器有油路熄火控制器和启动电路熄火控制器两种，它们的连接方法分别如下。

① 起动机断电电路如图6-13所示。将起动机控制线剪断，将熄火控制器串联接入线路中。在防盗器处于警戒状态时，熄火控制器会切断启动电路，使汽车无法启动。

② 油路熄火接线如图6-14所示。将油泵控制线剪断，将熄火控制器串联接入电路中，控制油泵工作，达到使车辆熄火的目的。

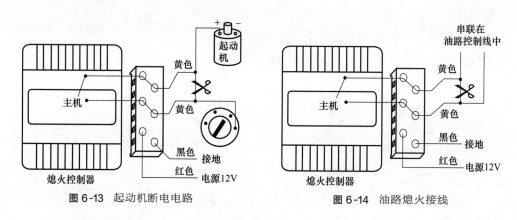

图6-13　起动机断电电路　　　　图6-14　油路熄火接线

三、汽车电子防盗器的安装工艺

1. 安装工具与工艺

（1）正确使用工具

① 正确拆装车辆饰板、车门及仪表板（需要时）。注意使用规格尺寸正确的工具，工具包括不同规格的十字螺钉旋具、剥线钳、内梅花扳手、内六角扳手、剪钳等。

② 注意要正确使用测电笔和万用表等仪器、仪表，万用表的挡位要设置正确。

（2）线束的连接

① 正确剥线。根据线径粗细不同，将接线端外缘皮剥去25mm左右，剥皮时注意不要划伤或剪断内部铜线，线皮剥好后铜线应保证完好无损。

② 正确接线。将露出的铜线绕束扭紧在一起，用绝缘胶布缠好。在搭接启动线或点火线时，剥线应长至30mm，线皮剥好后，先将铜线一分为二扭紧在一起。然后将两条线的一分为二的部分分别扭紧在一起，再将它们合二为一扭紧并用胶布缠好。

③ 正确缠线。使用的胶布要符合电工标准，注意其绝缘性和有效期。缠绕胶布时，要稍用点力将胶布稍稍拉长，然后缠绕。这样缠好的胶布会自然地绑紧在搭接好的导线上，胶布不易松开，安全、牢固性较好。

注意：缠绕常火线、启动线和ON线时，需按胶布的使用方法缠绕2次。缠时胶布要有外延，不得有铜线丝露出。断电继电器下的几条线，接好后不要用胶布大面积长长地将几条线缠绑在一起，否则不易散热、易出危险。

2. 防盗器与中控锁的接线

（1）中控锁触发方式判断

中控锁的触发方式有3种：负触发方式、正触发方式和正/负触发方式。

① 负触发方式的判断。用测试笔一端接地（搭铁），另一端触试中控锁的两条控制线，中控锁工作；用测试笔一端接电源，另一端触试中控锁的两条控制线，中控锁不工作。

② 正触发方式的判断。用测试笔一端接电源，另一端触试中控锁的两条控制线，中控锁工作；用测试笔一端接地（搭铁），另一端触试中控锁的两条控制线，中控锁不工作。

③ 正/负触发方式的判断。用测试笔一端接电源，另一端触试中控锁的两条控制线，中控锁工作；用测试笔一端接地（搭铁），另一端触试中控锁的两条控制线，中控锁也工作。

（2）中控锁与防盗器接线

中控锁与防盗器的接线原理图如图6-15所示。

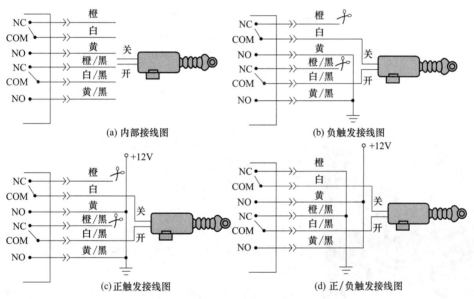

图6-15 中控锁与防盗器接线原理图

技能实例

一、汽车电子防盗器的加装

1. 安装前检查原车电路

① 检查中控锁电路。用原车钥匙（或中控锁开关）开启/关闭左前车门，观察所有车门是否在同一时间内开启/关闭。目的是防止原车各门锁电路或机械结构出现故障。

② 检查车门开关。分别打开各车门，检查所有车门检测开关是否接触正常，观察分别打开车门时车顶灯是否正常亮。目前大多车型顶灯带有延时熄灭功能，检查时须等顶灯

熄灭后,再依次打开其他车门。检查车门开关是否有损坏、漏电、接触不良等现象,防止装防盗器后出现误报警。

③ 检查启动电路。用车钥匙旋转到 ON 位置,观察仪表板内各指示灯点亮情况(如气囊、ABS、充电、发动机故障灯等),然后正常启动车辆,再观察各指示灯熄灭情况有无异常。避免车辆装防盗器后出现异常,使维修人员与车主发生纠纷。

④ 检查转向灯电路。钥匙转到 ON 位置,分别打开左、右转向灯开关,观察左、右转向灯闪光频率(速度)是否一样(打开紧急双闪灯开关也可对转向灯电路进行检查)。

2. 接线与安装

打开防盗器包装盒,确认组件是否齐全。拿出安装说明书,按车型进行接线。防盗器安装步骤如下所述。

① 行李箱接线。拆掉驾驶员侧 A 柱饰板,找到原车线组。防盗主机行李箱门触发线接原车行李箱照明灯线。如果行李箱有电动机,则将防盗器触发线接在行李箱开关与电动机之间,如图 6-16 所示。

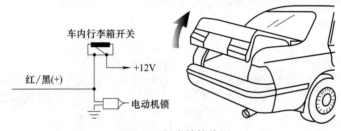

图 6-16 行李箱接线图

图 6-17 连接常火线

② 警示灯安装。将警示灯安装到仪表板上,要求车外行人容易看到,以达到警示的作用。

③ 电源接线。拆掉转向盘下方的塑料盖,找到原车线组,把防盗器主机的 12V 线接到原车线路常火线(原车线路常火线较粗)上,如图 6-17 所示。(常火线在钥匙开关处于 OFF 或者其他任何状态时,都有 12V 的电压。)

④ "ACC"接线。防盗器主机的 ACC 线接到原车的 ACC 线上,如图 6-18 所示。用测电笔测试某导线,钥匙开关开至 ACC 位置时测电笔会亮,钥匙开关开至 ON 位置时测电笔也亮,当启动起动机时测电笔会灭(无电),则此线为 ACC 线。用测电笔测试某导线,钥匙开关开至 ON 位置时,测电笔会亮,在启动起动机时测电笔也会亮(有电),则此线为 ON 线。

⑤ 中控锁接线。用测电笔测试原车中控锁的触发方式,然后将防盗器主机与原车中控锁线路连接。

⑥ 转向灯接线。判断转向灯线时,钥匙必须开至 ON 位置,开左、右转向灯时用测电笔分别测试此线,若测电笔均可亮,说明此线为转向灯线。把原车转向灯线接到防盗器主机两条方向灯线,不需要分左右,如图 6-19 所示。

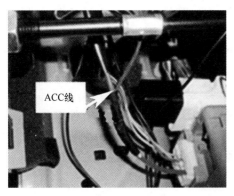

图 6-18 连接 ACC 线

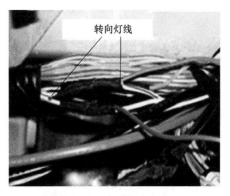

图 6-19 连接转向灯线

⑦ 边门接线。安装时根据车型在主机后面选择正确的触发方式,如图 6-20 所示。出厂时设置为边门负触发。注意,连接门开关检测线时一定要接顶灯控制总线(四门总线),不要接在左前门(主门)开关线上。因为主门开关线和其他门开关线之间加有二极管分离,相互不连通,防盗器接在左前门开关线上会出现开后门不报警的现象。

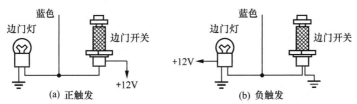

图 6-20 边门接线

⑧ 扬声器接线。在发动机舱内选好合适的位置安装扬声器,如图 6-21 所示。将扬声器的连接线通过原车的通线孔与驾驶室内主机相连。注意,安装时扬声器口应向下倾斜,以防止进水,要远离发动机排气管高温处,以免高温损坏。

⑨ 制动踏板接线。制动踏板接线连接在制动踏板开关与制动灯之间,如图 6-22 所示。

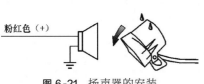

图 6-21 扬声器的安装

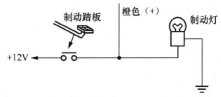

图 6-22 制动踏板接线

⑩ 振动传感器安装。振动传感器要安装于仪表板下方并紧贴车体金属结构部位,否则会影响感应灵敏度。

⑪ 熄火控制器的连接。剪断原车起动机控制线,将防盗器继电器串联接入电路。起动机控制线查找的方法:用测电笔一端接地(搭铁),另一端接线,钥匙开关开至 ON 位置,测电笔不亮,启动起动机时测电笔会亮,关闭起动机时测电笔会灭,则该线为起动机控制线。

⑫ 安装天线。主机天线位置与遥控距离有很大关系,一定要严格按说明书上的要求进行安装。

⑬ 接线完毕,选择合适的位置安装防盗主机。

⑭ 测试防盗器,如果没有问题则将拆卸下的饰板装回,最后整理设备。

3. 安装完成的功能测试

① 防盗器主机所有配线连接完成后,要先进行调试再装上装饰板。检查各配线插头是否与主机插座接触紧固,有无松动现象。将车钥匙旋到 ON 位置,踩制动踏板时,中控锁应自动上锁;车钥匙置于 OFF 位置时,中控锁应开启;依次打开各车门时,转向灯应双闪。

② 关好所有车门,用遥控器设定防盗 10s 后,振动车辆,防盗器应立刻发出报警声音。振动传感器的灵敏度大小,可根据安装车型做适量调整。

③ 全部功能测试完成后,应向用户讲解常用功能操作方法,包括遥控和接收的距离、遥控器的电池使用时间、紧急解除开关的功能使用。

二、汽车电子防盗器常见故障的排除

1. 报警声无法解除

(1) 故障现象

主机安装之后,扬声器一直鸣叫,无法用遥控器解除。

(2) 处理方法

① 检查接线是否有问题。

② 检查主机熔丝是否烧断。

③ 检查主机与遥控器号码是否吻合,使遥控器与主机重新配对。

2. 防盗器灵敏度过高

(1) 故障现象

设定防盗模式后,轻触车辆即报警,或者车辆暂停路旁时,当有重型车经过就会触发报警。

(2) 处理方法

① 检查振动传感器是否灵敏度过高,逆时针方向调整振动传感器灵敏度调节旋钮可降低灵敏度。

② 如果故障仍不能解决则需更换振动传感器。

3. 中控锁失控

(1) 故障现象

遥控器能设定防盗模式,但是中控锁没有反应。

(2) 处理方法

① 检查中控锁门锁配线是否被破坏而造成短路或断路,检查线路安装是否正确。

② 检查中控锁配线熔丝是否断开。

③ 检查中控锁的触发方式,重新按安装说明接线。

4. 防盗不报警

(1) 故障现象

解除防盗后,打开车门,转向灯不闪;或者设定防盗后,强行打开车门不报警。

（2）处理方法

① 检查防盗器车门检测线安装是否正确。

② 检查原车门感应开关是否断开或接触不良。

5. 报警扬声器不发声或发声不正常

（1）故障现象

防盗器装车后或使用过程中，报警扬声器无声或有时发声不正常。

（2）处理方法

① 检查是否开启静音防盗功能。

② 检查主机与扬声器之间连线是否接触不良，接线是否正确。

6. 报警扬声器失控

（1）故障现象

设定防盗之后，10s 之内扬声器立即大声鸣叫，解除之后再设定也是同样情形。

（2）处理方法

① 检查振动传感器灵敏度是否过高。

② 检查边门检测线与制动检测线连接是否正确。

7. 遥控距离短

（1）故障现象

遥控距离明显偏近或使用过程中遥控距离慢慢变短，无法遥控。

（2）处理方法

① 检查主机天线安装位置是否符合标准安装要求。

② 检查主机插座与天线插头是否有接触不良现象。

③ 车辆系统周围是否有高建筑物或无线电发射装置，因为高频电磁波对防盗系统使用距离有较大影响。

④ 检测电池电量是否充足。

笔记

第二节 汽车倒车辅助系统装饰

车辆上最基本的倒车辅助装置是车内或车外设置的反射镜面，但三面后视镜所提供的驾驶视野及信息难以满足驾驶员对于驾驶安全的需求。随着电子技术的不断发展，汽车倒车辅助系统逐渐被开发出来。例如，常见的倒车雷达（见图6-23）和倒车影像系统等，能以声音或者更为直观的影像告知驾驶员周围障碍物的情况，解除了驾驶员泊车、倒车和启动车辆时前后左右探视所引起的困扰，并帮助驾驶员扫除了视野死角、弥补视线模糊的缺陷，提高驾驶的安全性。

图 6-23　倒车雷达

相关知识

一、倒车辅助系统的发展

随着汽车电子技术的不断发展,倒车提示装置也由最简单的扬声器鸣叫提醒,发展到声音、图像同时提醒。现在,高清摄像头在倒车雷达中的应用使倒车变得更安全。

1. 声音提醒

"倒车请注意!"想必不少人还记得这种声音,这就是倒车雷达的第一代产品,现在只有小部分商用车还在使用。只要驾驶员挂上倒车挡,它就会响起,提醒周围的人注意。从某种意义上说,它对驾驶员并没有直接的帮助,不是真正的倒车雷达。

2. 声音提示

这是倒车雷达系统的真正开始。倒车时,如果车后 1.5~1.8m 处有障碍物,雷达就会开始工作。提示音频率越高,表示车辆离障碍物越近。但是没有语音提示,也没有距离显示,虽然司机知道有障碍物,但不能确定障碍物离车有多远,对驾驶员帮助有限。

3. 数码波段显示

第三代倒车雷达比第二代进步很多,可以显示车后障碍物离车体的距离。如果是物体,在 1.8m 的距离开始显示;如果是人,在 0.9m 左右的距离开始显示。

这一代产品有两种显示方式,数码显示产品显示距离数字,而波段显示产品由 3 种颜色来区别:绿色代表安全距离,表示车体离障碍物距离有 0.8m 以上;黄色代表警告距离,表示离障碍物的距离只有 0.6~0.8m;红色代表危险距离,表示离障碍物只有不到 0.6m 的距离,必须停止倒车。

4. 倒车影像

倒车影像系统将以前倒车雷达探测传感器更换为高清摄像头,倒车时,车后影像清晰地显示在液晶显示器上,避免了普通探头探测不准确的问题。但是,倒车影像系统没有声音提示功能,如果驾驶员倒车时没有注意观看屏幕,也可能发生碰撞。所以,现在很多车辆上会同时配备两种系统,并且每种系统都可以单独加装。

随着电子科技的不断发展,更方便、实用的汽车倒车辅助系统产品将不断涌出。

二、倒车雷达系统的组成

一般来说,倒车雷达系统由主机、显示器、探头和连接电源线等组成,如图 5-24 所示。有些倒车雷达系统还增加了辅助功能,如加装车内和车外的温度传感器等,能将温度在显示屏上直观地显示出来。

倒车雷达组件在汽车上的整体安装位置如图 6-24 所示。在车的后保险杠或前后保险杠设置雷达探头,用以侦测后方或前后方的障碍物,当遇到障碍物时,产生回波信号,探头接收到回波信号后经主机进行数据处理,判断出障碍物的位置,由显示器显示距离并发出其他警示信号,使倒车变得更轻松。倒车雷达系统可帮助驾驶员"看到"前后方的障碍物,或停车时与它车的距离,此装置除了方便停车外更可以保护车身不受剐蹭。

1. 主机

主机是倒车雷达系统的"大脑",负责接收探头的探测信号,将车辆与障碍物的位置和距离传输给显示器。

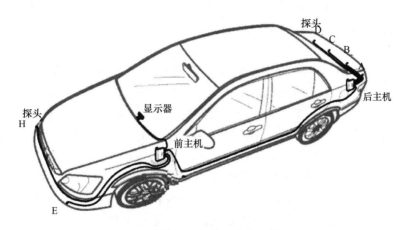

图 6-24　倒车雷达组件在汽车上的位置

① 前主机。前主机除接收前方探头的探测信号、车内外温度信号等，还接收后主机的信号，同时通过连接制动线、倒车线、点火开关等接收车辆本身的行驶状态，并结合车辆自身行驶状态和车外环境把提示信息通过显示屏告诉驾驶员，如图 6-25 所示。

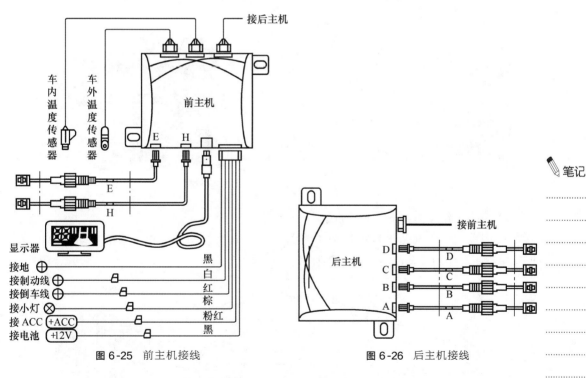

图 6-25　前主机接线　　　　　　　图 6-26　后主机接线

② 后主机。后主机用来接收汽车后方探头探测的信号，并通过连接线将信号传给前主机，如图 6-26 所示。

2. 显示器

显示器主要是用来显示车辆当前所处位置周围的状况，驾驶员可以通过显示器上的信息来辅助泊车。现在使用较多的是数码显示、荧屏显示和多功能倒车镜显示这 3 种。

① 正常行车状态下显示器会显示时间、日期、车内外温度等辅助信息。

② 当车辆处于倒车状态时,显示器会根据实际情况显示与障碍物的距离、停车警告、语音图标、自检信息和方位图标等。

3. 探头

① 探头数量。通常来说,探头的数量决定了倒车雷达的探测覆盖能力,探头数量越多,探测盲区越少。市面上的倒车雷达系统可分为2探头、3探头、4探头、6探头及8探头这几种。2~4探头的倒车雷达系统一般安装在汽车的后保险杠上面,6~8探头的倒车雷达系统安装位置一般是前2后4,或前4后4。6个以上探头的倒车雷达系统在汽车倒车时可探测前左右角,探测范围和精度颇高。

② 探头类型。普通的倒车雷达系统采用的是电磁波探头,能把探测到障碍物的距离传输给主机,再经过显示屏模拟显示,并有声音配合报警。倒车影像系统采用的探头是高清的摄像头,能够把探测到的景物传输给主机后再经液晶显示屏清晰地显示出来。

③ 探头探测范围。探头的探测范围分区如图6-27所示。后4探头探测范围分为安全区(大于2.6m)、预警区(1.5~2.6m)、慢行区(1.0~1.5m)、警戒区(0.4~1.0m)和即停区(小于0.4m)5个区域。前2探头探测范围分为大于0.4m、0.3~0.4m、小于0.3m几种情况。

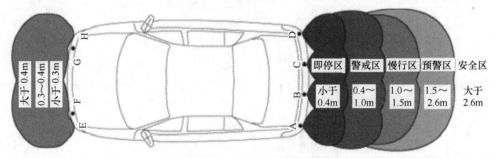

图6-27 前、后探头探测范围分区

④ 探头工作分为如下几种情况。

· 向前泊车。点火开关处于ACC.ON位置,每次踩制动踏板,系统自动启动。前2探头探测距离约为70cm,如图6-28所示。

图6-28 向前泊车时探头探测距离

· 向后泊车。点火开关处于ACC.ON位置,挂入R挡,系统自动启动,进行前方两角度、后方全方位探测,优先提示最近障碍物状况。前2探头E、H探测距离约为

100cm。后 4 探头探测距离：边角两探头约为 160cm，中央两探头约为 260cm，如图 6-29 所示。

- 前后兼顾。挂入 R 挡，前后探头同时探测，优先显示障碍物最短距离。当前方障碍物距离小于后方时，有不同等级的蜂鸣警示。

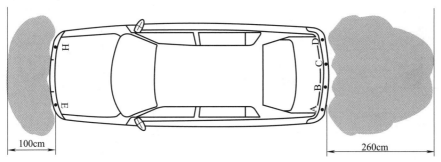

图 6-29　向后泊车时探头探测距离

技能实例

一、电子倒车雷达的安装

以某品牌电子倒车雷达为例介绍汽车倒车雷达的安装流程。

1. 前主机安装

前主机安装时尽量远离原车电子元件，建议安装在副驾驶的位置，如图 6-30 所示。前主机安装要牢固。

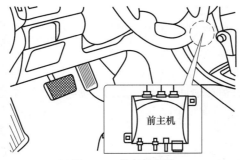

图 6-30　前主机安装

2. 后主机安装

后主机安装在行李箱的左侧，与探头连接，安装要牢固。同时，找到倒车灯线准备与前主机相连。

3. 探头安装

对于前 2 后 4 的 6 个探头的倒车雷达安装方法如下。

（1）确定探头的安装位置

① 后面 4 个探头的安装位置如图 6-31 所示。A、B、C、D 离地高度为 50~70cm，4 点要同一高度。A、D 距离车身外缘 12~20cm，距离要相等。A、D 之间的距离设为 L，将 L 分为 10 等份，A、B 距离与 C、D 距离相等，为 $0.3L$，B、C 距离为 $0.4L$。

② 前面 2 个探头的安装位置如图 6-32 所示，H、E 距地面 45～55cm，一般要求要等高。H、E 距车身外缘距离为 15～20cm，通常要求距离相等。

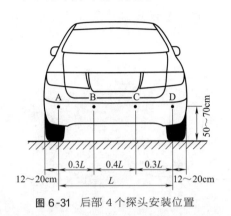

图 6-31 后部 4 个探头安装位置

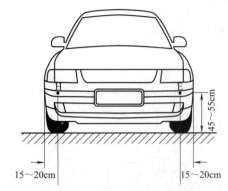

图 6-32 前面 2 个探头安装位置

③ 在前后保险杠上按要求确定好探头的位置，并用记号笔做好标记，准备打孔并安装探头。注意，上文提及的探头离地高度、与车身外缘距离等数值，只是作为参考，具体要根据车辆实际情况来定。要保证前、后所有探头离地高度符合产品安装要求。

（2）安装探头

① 确认使用的扩孔钻头与探头的直径一致，方可打孔。否则会影响探头的安装牢固性。

② 钻孔前最好先用钉子等尖锐工具在标记处钻盲眼，然后用钻头钻孔。防止电钻刚转动时钻头滑动，伤害到保险杠或车身的其他位置。

③ 安装探头时注意安装方向，两个大拇指均衡用力将探头压入保险杠中，要压牢并紧贴车体。

④ 将防水插头插好，用力扭紧，防止进水。

4. 显示器的安装

① 显示器安装于仪表板、风窗玻璃或空调出风口处，如图 6-33 所示。A、B 为仪表板处安装位置，C、D 为风窗玻璃处安装位置，E 为空调出风口处安装位置。若安装于空调出风口，一定要按规定装好嵌夹。

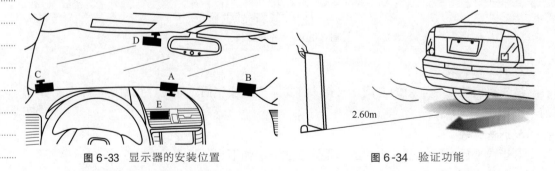

图 6-33 显示器的安装位置　　　　图 6-34 验证功能

② 安装好显示器后要将连接线埋设好，以免影响美观。

5. 倒车雷达功能验证

安装完毕，应先确认功能是否正常，方可使用。

(1) 预警距离测试

将一个木板摆在探头的正后方,由远到近缓慢倒车,分别在远、近两端测量木板到车尾的实际距离,并和车内倒车雷达显示的障碍物距离相比较,如图 6-34 所示。

(2) 障碍物方位显示测试

将 3 个木板分别摆放到车尾的左、中、右侧,测试倒车雷达探测显示障碍物方位是否精确。

(3) 探测死角测试

将木板中心顶偏离探头中心,测试倒车雷达是否能发现。

二、倒车雷达常见故障的排除

1. 显示器无显示

(1) 现象

装机后显示器无显示。

(2) 排除方法

① 检查电源线是否连接正常。

② 钥匙门是否打开,即处于 ACC. ON 位置,是否挂入倒车挡。

③ 各连接线是否插到位。

2. 探头提示错误

(1) 现象

探头提示错误。

(2) 排除方法

① 检查探头线是否与主机对应插好。

② 探头线是否已被拉断。

3. 障碍物位置与显示方位不一致

(1) 现象

障碍物位置与显示方位不一致。

(2) 排除方法

检查探头 A、B、C、D 接线是否与主机插口对应。

4. 显示器显示信息错误

(1) 现象

挂入倒车挡,显示器显示信息错误。

(2) 排除方法

① 检查探头安装的高度是否符合安装要求。

② 检查探头是否朝上或装反。

③ 检查探头安装位置是否向下倾斜。

5. 探测准确程度低

倒车雷达遇到以下情况时可能会影响探测准确程度,但这不是系统本身的故障。

① 表面光滑的斜坡。探测波在坡面上产生镜面反射,全部被反射到上方,没有回波,如图 6-35 所示。

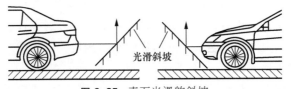

图 6-35 表面光滑的斜坡

② 表面光滑的球体。由于光滑球体反射面积很小，回波也很少，无法识别，如图 6-36 所示。

图 6-36 表面光滑的球体

③ 高吸音物体。探头的探测波被高吸音物体吸收，没有回波，无法识别，如图 6-37 所示。

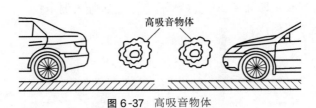

图 6-37 高吸音物体

④ 特殊形状的物体。遇到特殊形状的物体，探测波反射受到阻碍，回波很少，无法识别，如图 6-38 所示。

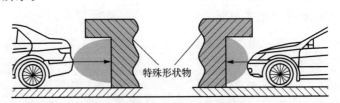

图 6-38 形状会阻碍波反射的物体

⑤ 特殊环境。遇到在地平面以下的危险环境，例如，河流、下水井、水坑等，探测波无法探测到，无法识别，如图 6-39 所示。

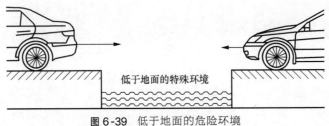

图 6-39 低于地面的危险环境

第三节 汽车音响装饰

1923年，美国首先出现了装配无线电收音机的轿车，随后许多轿车都紧随其后，在仪表板总成上安装了无线电收音机。这时候的车载无线电收音机都是用电子管，直到20世纪50年代出现半导体技术后，轿车收音机出现了技术革命，半导体管逐步取代了电子管，提高了轿车收音机的寿命。20世纪70年代初，卡式收录机进入了市场，一种可播放卡式录音带的收放两用机出现在轿车上，同时机芯开始应用集成电路。到20世纪80年代末，一般轿车的音响多以一个卡式收放两用机与一对扬声器为基础组合，扬声器分左右两路声道，有的置于仪表板总成的两侧，有的置于车门，有的置于后座的后方，收放两用机输出功率多在20W左右，如图6-40所示。

图6-40 汽车音响

随着液晶显示屏和DVD的普及，汽车业兴起了"移动影院"，并将其作为一种新配置来提升汽车的档次。所谓"移动影院"，也就是在汽车里面安装一套类似"家庭影院"的娱乐设备，它的系统主要由液晶显示屏、含有DVD/VCD/CD播放功能的CD机、放大器、扬声器等组成。汽车"移动影院"有液晶显示屏，因而可以增添计算机操作功能，进而增加了上网功能，使汽车与互联网相连。

相关知识

一、汽车音响的特点

汽车的运行环境是十分恶劣的，包括振动、高温、噪声、电磁波等都会干扰车内电子设备的正常工作。汽车音响随时受到汽车发动机点火装置及各种电器的电磁干扰，尤其是车上所有电器都用同一个蓄电池，使其它设备更易通过电源线及其他线路对音响产生干扰。因此轿车专用的音响设备，从设计和工艺制造方面的要求都要比家用音响严格。从这个意义上讲，高性能的轿车音响实际上是当今音响世界中的顶级产品。

汽车音响技术要注意的地方有4点：安装尺寸和安装技术、音响本身的避振技术、音质的处理技术、抗干扰技术。

1. 安装技术

轿车上的音响绝大多数安装在仪表板或副仪表板的位置上，而这些仪表板内的空间比较狭窄，汽车音响主机的体积必然要受到限制，因此国际上就产生了一个通用的安装孔标准尺寸，称为DIN（德国工业标准）尺寸。DIN尺寸为178mm×50mm×153mm（长×宽×深），如图6-41所示。有些比较高级的汽车音响主机带有多碟CD音响等装置，安装孔尺寸为178mm×100mm×153mm，又称为2倍DIN尺寸。个别品牌的轿车音响主机属于非标尺寸，只能指定安装某种型号的汽车音响。所以购置汽车音响，一定要注意音响主机尺寸与仪表板上安装孔尺寸是否适配。

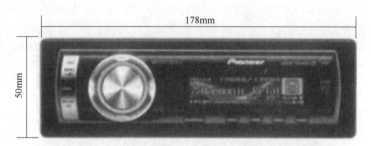

图6-41 音响主机的标准尺寸

汽车音响的安装除了仪表板安装孔尺寸外，更重要的是整个音响系统的安装，尤其是扬声器和机件的安装技术。因为一辆轿车的音响优劣，不但与音响本身的质量有关系，还与音响的安装技术有直接关系。

2. 避振技术

汽车的振动比较大，音响系统的安装技术要追求高稳定性和高可靠性。因此，汽车音响主机部分采用多级减振技术，线路板上的元件焊接要绝对可靠。

3. 音质处理技术

汽车音响的音质处理已向数码技术发展。音质优劣除了与主机配置有关外，扬声器的质量也起到非常重要的作用。有人认为，在一般汽车音响中，扬声器至少应占总投资的一半以上，因为制造优质的扬声器需要复杂的技术，虽然价格不菲，但其产生的高、低音效果往往是普通扬声器无法达到的。轿车音响的扬声器一般是比较讲究的，尤其是多路分频扬声器更是如此。

4. 抗干扰技术

针对电源线的干扰，汽车音响采用扼流线圈串联在电源与音响之间进行滤波；对空间辐射干扰，采用金属外壳密封屏蔽。在音响中专门安装了抗干扰的集成电路，用以降低外界的噪声干扰。

二、汽车音响系统的组成

汽车音响系统一般由音响主机、信号处理器（均衡器、分频器等）、功率放大器（简称功放）和扬声器构成，还包括线材、保险、电容、电感等小附件。

音频信号通过主机输出之后,进入后级处理部分,经信号处理器处理,经功率放大器放大,再输出给扬声器,如图6-42所示。主机就好像人的大脑,要发出什么样的声音,得由大脑来控制;而扬声器就好像是人的歌喉,发出的声音是否甜美,就要看其嗓音如何了。

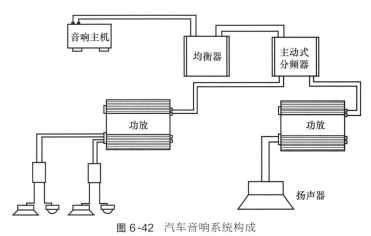

图 6-42　汽车音响系统构成

1. 音响主机

在音响系统中,音源是关键的部分之一。好的音源是好的音质的开始,如果音源的质量不佳,后级的音响器材再好,也不能改善音质,而且越好的后级器材系统,越能彰显音源的质量差异。

(1) 音频信号格式

① AM/FM收音机。收音机是汽车音响系统主机中最常见的音频信号源,它可以从数以百计的公共广播中拾取信号,而不会受到其他信号的干扰,并且不会受到汽车点火系统和其他电子设备的影响。收音机拾取信号的灵敏度要求非常高,拾取信号的强度小到只有百万分之几伏,而且还不受临近的强信号的影响。有的收音机在设计时,还会在信号减弱的情况下,将立体声的信号合并成为单声道的信号输出。

② 卡带。卡带是以前很多原车音响主机的音频信号源,现在已经被其他格式的音源取代。其主要结构是一个表面铺盖一层磁粉的塑胶带卷在两个卷轮上。录音时,音频信号通过录音头,产生磁感应从而磁化磁带上的磁粉。放音时,放音头将磁带上记录的信号重播出来。

③ CD。CD可以存储音乐信号和其他通用的数字式数据信息。要从CD上读取信息需要经过A/D(模拟/数码)转换。CD的优点是音质细腻,还原效果好。其缺点是每张唱片的时间短,录制的曲目少。

④ DVD。DVD(Digital Versatile Disc)是多用途数字光碟,有着非常广泛的用途。目前,它主要作为高质量的视频、音频信号的光学储存媒体格式。它的尺寸与CD基本相同,只是稍厚一些。

⑤ 数字卫星广播。数字卫星广播是汽车娱乐系统中最新的技术创新,可以为用户提供优异的音质、程式选择和全国性的覆盖范围。必须要用特殊的接收机和较复杂的天线才能接收到卫星信号。

⑥ MP3汽车多媒体唱片机。MP3是一种通过计算机技术压缩的计算机档案格式，将声音转变成数字计算机档案，用来存储乐曲。由于MP3档案经过压缩，存储一分钟的高质量音乐只需1MB的记忆容量，是一般存储格式所占存储空间的十分之一。采用MP3格式，一张650MB的CD便可储存130首歌，占用的储存空间大为减少。MP3出现后，在一张CD上可刻录更多歌曲，免去了换碟的麻烦。

MP3是当今最流行的音乐格式，与普通的音乐CD比较，它不但可以通过互联网下载，获得世界各地的音乐，然后编制及刻录成一张属于自己的音乐CD，无时间与地域的界限，而且还可以保留原有音色。简单来说，MP3技术是一种可以将一般的音乐格式编码、传递、压缩至体积更小的格式而无损原有音色的技术。MP3的缺点是压缩会造成一些信号的丢失，所以音域与CD相比会窄一些。

（2）评价主机性能的指标

选购汽车音响的主机不能光看外表是否好看，还得从基本的技术指标上评价。下面是一些需要注意的指标。

① 输出功率。输出功率是指主机在正常输出音乐时能够提供的最大工作功率。需要注意的是，厂商在产品说明当中标注的数值只是该主机所能提供的峰值功率，实际上能够稳定输出的数值会大打折扣。一般来说，主机能够提供的正常功率只有峰值功率的50%左右。搭配主机和扬声器时，要注意实际的功率匹配问题。

② 频率响应。它反映了音响主机的工作频率范围，这个范围越大越好（下限要小一点，上限要大一点）。人类的听力范围是20Hz～20kHz，所以频响范围至少应该涵盖这个频率段。事实上，很少有人的听力能达到20kHz，男性一般能达到16kHz，女性为18kHz。

③ 信噪比。信噪比指的是音乐信号与噪声信号之间的比例。在选择音响的时候，这个数值越大越好，数值越大说明声音越干净，清晰度越高。

笔记

④ 谐波失真。谐波失真指原有频率的各种倍频的有害干扰，一般放大1000Hz的频率信号会产生2000Hz的二次谐波和3000Hz以及更高次数的谐波。从理论上讲，这个数值越小，失真度越低。

2. 信号处理器

在汽车音响系统中，信号的处理一般是采用均衡器、主动式电子分频器、数字式信号处理器完成。其中，主动式电子分频器一般采用较优质的主机、低音激励器组成。简单的主动式电子分频一般集成到功率放大器中，所以在汽车音响中信号处理器一般是指均衡器。

（1）均衡器的作用

均衡器是对信号频率响应及振幅进行调整的电声处理设备，简称EQ。它可以改变声音与谐波的成分比、频响特性曲线、频带宽度等。频率均衡器广泛用于各种音响系统，在汽车音响系统中它对美化声音起到重要作用，具体如下。

① 弥补频响缺陷。

② 弥补声源音质音色缺陷。

③ 突出乐器特色或改变乐器音色。

④ 平衡乐队中各个声部的响度。

⑤ 提高音乐信号的丰满度、明亮度和清晰度。

⑥ 增加临场感，调整演奏层次。

⑦ 缓解声部间串音，衰减泄露频率。

⑧ 去除噪声及干扰声，提高信噪比。

⑨ 修正听音环境频响缺陷，均衡室内频响。

可以说，均衡器是录音师和音响师工作中最重要的调音工具。在汽车音响系统中，由于汽车空间的影响，均衡器最大的作用就是修正听音环境的频响缺陷。

（2）声音频段

在音乐节目的频域内，各个频段都有其独立的作用，对各段频率的提升或衰减都会使乐音的内涵发生变化。下面将全音频分成 6 段来做具体分析。

① 16～80Hz 的频段。16～48Hz 能给音乐带来强有力的感觉，使低音有非常低的下潜感，而 48～80Hz 的提升使低频有良好的力度感，但过多地提升会使声音混浊不清。

② 80～250Hz 的频段。这段频率包含着基音和节奏音的主音（基础音），对这段频率的调整可改变音乐的平衡状态，使其趋向丰满或单薄，可以根据客户的要求适当进行调整。它和高中音的对比构成了音色结构的平衡，稍强则声音丰满，弱之则音色单薄，如果过多地提升会引发"隆隆"声。

③ 250Hz～2kHz 的频段。这段频率包含着大多数声部的低频泛音和低次谐波，250～500Hz 影响音色的力度和结实度。330Hz 给人坚实感，使低音柔和且丰满。但提升过多，会产生"嗡嗡"的闭室效应。500～800Hz 会使音色生硬。原则上一般不对这个频段的声音进行过多的增减，而是根据实际情况稍加调整。

④ 2～4kHz 的频率段。这段频率要慎用，过多提升时会降低语言的识别度，特别是"M""B"这样的唇音容易模糊。由于耳膜的共振频率点是在 3kHz 左右，如果这个频率点提升过多，会引起听者的疲劳、心烦。当然稍微提升这个频段，可以使声音更加明亮。

⑤ 4～6kHz 的频段。该频段是具有临场感的频段，它可以增加语言、音乐的清晰度。提升这段频率可使表演者与听者的距离拉近。4kHz 是一个具有穿透性听感的频率，而 5kHz 的衰减会使声音的距离感变远。

⑥ 6～16kHz 的频段。这段频率控制着整体声音的明亮度、感染力和色彩。此频段不适宜去衰减，一般可做平直处理或稍加提升（3dB 以内）。如果过量提升，会出现明显的齿音，使音色充满毛刺感。

3. 功率放大器

在汽车音响系统中，功率放大器将主机或信号处理器输出的低电平信号经过再次前级放大和多级放大之后，以大功率驱动扬声器。现在，功率放大器不再只是简单地将信号放大，还有相当部分的前级处理，如前级的主动式电子分频、低音激励器等。

（1）功率放大器的内部结构

不管是哪个类型的汽车音响功率放大器，它都是由两个部分组成的，即电源部分和音频部分。电源部分先将车载电源进行滤波处理，再由升压变压器提升电压供给音频部分来驱动扬声器。升压变压器将电压提升就要求所供给的电流要增大，电压越大所需电流也越大。

① 电源部分。在功率放大器的电源部分，电容起着稳定电压的作用。在功率放

大器的电源输入前，加装双电层电容，也可以起到稳定电压、提供瞬间大电流的作用。

② 音频部分。音频部分分为前级信号处理部分和后级的功率放大部分。前级信号处理部分是将输入信号进行滤波（高通、低通）、电平调整（音量控制）。功率放大器的功率输出部分，又按信号的正负分为两个部分来驱动扬声器，两个部分分别由两个功率放大器放大管来驱动，所以功率放大器中的后级部分都是采用功率对管分别来放大信号的正负部分。功率放大的 A 类、AB 类等就是按处理信号正负部分的状态来区分的。

（2）功率放大器的声道配置

在汽车音响中，功率放大器的声道数有单声道、二声道、四声道、六声道甚至八声道等几种。选择哪种声道的功率放大器非常重要，这对系统配置、功率配置等都起着决定性作用。标准的声道配置如图 6-43 所示。

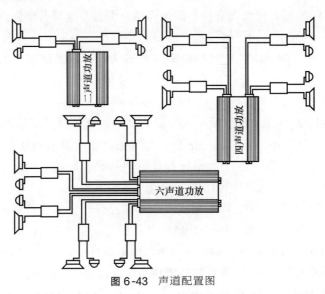

图 6-43　声道配置图

 笔记

4. 扬声器

扬声器是一种换能器件，可将音频电信号转换（还原）成声信号（声波）。由于受到扬声器的发声体（振膜）物理特性的限制，目前的技术工艺尚无法使单振膜的全频段扬声器较完美地再现整个音频范围的声音，所以，通常将不同频段的扬声器分别设计，使之能在各自的频段内获得最好的重播特性。

扬声器系统由扬声器单元、箱体和分频器组成。扬声器单元、箱体和分频器与系统的关系如图 6-44 所示。

图 6-44　扬声器的单元、箱体和分频器与系统的关系

（1）扬声器分类

① 扬声器按还原频段分高音扬声器、中音扬声器、中低音扬声器、低音扬声器四种。

② 扬声器按口径可分为 3/4"❶、1"、3"、51/4"、6.5"、8"、10"、12"、18" 等几种。

③ 扬声器按组合方式可分为同轴扬声器和分体式扬声器等几种。

（2）扬声器的组成

电动式扬声器由驱动系统（音圈、导磁柱、前导磁板、后导磁板、磁钢）、振动系统（音盆、防尘帽）、悬挂系统（定心支片、折环）和支承系统（盆架）等组成，如图 6-45 所示。

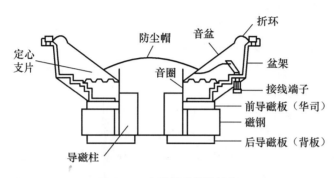

图 6-45 电动扬声器的结构

① 驱动系统。驱动系统包括磁钢、导磁柱、前导磁板、后导磁板和音圈 5 个部分。导磁柱和后导磁板一般合在一起称之为 T 铁，前导磁板又称上夹板或华司。磁钢通过 T 铁和前导磁板之间的磁隙构成磁回路，在磁隙中产生很高的磁场强度。音圈沿卷幅的中心对称地放在磁隙的正中。

② 振动系统。它由振动板（即锥盆，也称为音盆）和防尘帽构成，是扬声器直接发声的部分。它在音圈的驱动下，在定心支片和折环的支承下来回振动发声。振动板越小，空气移动量越小，声压输出越小，频率越高，指向性越强。所以，高音扬声器一般采用球顶高音，使高频的指向性更加宽广。音圈越大，可承受的功率越大；音圈越小，瞬态反应越佳。

③ 支承系统。支承系统包含定心支片（俗称弹波）和折环（又称为悬边）两部分，两者的配合可使音圈在动态和静态时均能与导磁柱同心，并给振动系统提供一定的恢复力。由弹波和折环提供的刚性或柔顺性会影响振动板的移动速度。对于扬声器的全部柔顺性而言，弹波提供约 80%，折环提供约 20%。折环有两个重要的功能，它的原始作用是保持音圈处于磁隙的中心，然而对于振动模式而言，折环所造成的阻尼作用也非常重要。

（3）扬声器的参数

① 额定阻抗。额定阻抗是指扬声器的最小阻抗值，也是衡量扬声器能从功率放大器处消耗多少功率的指标。如果此数据和功率放大器的额定阻抗不搭配，会出现声音失真的现象。例如，一台 10W 的功率放大器，在搭配 4Ω 的扬声器时其输出功率为 10W，搭配

---

❶ 1"＝1in

8Ω的扬声器其输出功率只有5W，而搭配2Ω的扬声器在理论上就可以得到20W的功率。

② 灵敏度。灵敏度又称声压级，是衡量车载扬声器是否容易推动时相当重要的指标。灵敏度是指给车载扬声器施加1W的输入功率，在扬声器正前方1m处能产生的声压级值。灵敏度的单位为分贝每瓦米 [dB/(W·m)]，一般以87dB/(W·m)左右为中灵敏度，84dB/(W·m)以下为低灵敏度，90dB/(W·m)以上为高灵敏度。灵敏度越高，所需的输入功率越小，在同样功率的音源下输出的声音越大，对车载功率放大器的功率要求越小，也就越容易推动。对功率放大器而言，灵敏度是指达到额定输出功率或电压时输入端所加信号的电压大小，因此也称为输入灵敏度。灵敏度的提高是以失真度为代价的，要保证音色的还原程度与再现能力就必须适当降低对灵敏度的要求。但这并不意味着灵敏度高的车载扬声器音质一定不好，而低灵敏度的车载扬声器音质一定就好，灵敏度本身与车载扬声器的音质和音色无关。在选装扬声器时，要尽量使左右两边的数值保持一致（控制在±1dB之内），否则会有很明显的侧重感。

③ 动态范围。动态范围是指信号最强的部分与最弱的部分之间的电平差。对器材而言，动态范围表示这件器材对强弱信号的兼顾处理能力。

④ 频率响应。频率响应由生产厂商提供。频率响应是指在参考轴上距离参考点规定位置处，在自由声场条件下以恒压法测得的扬声器系统声压级随频率变化的曲线。

⑤ 扬声器的指向特性。该参数表示的是扬声器所辐射的声压在空间的分布情况。低频时，扬声器辐射面的线度要比扬声器所辐射的声波波长小得多，扬声器可看作是一个点声源，其辐射是无指向性的。扬声器的指向性特性在高频时会明显变窄，从而减小了它的有效辐射角，因此在考虑一个扬声器的应用频率时，不仅要使它的轴向频响衔接好，也要使它的辐射角内的频响衔接好。这一点对两分频或三分频的分体式扬声器分频频率的选取有实际意义，因为这时不仅要使这些扬声器的轴向频响衔接起来，也要使它们在规定角度内的频响衔接起来。一般地，6"扬声器的指向性分界频率为3500Hz左右，5"扬声器的指向性分界频率为4200Hz左右，8"扬声器的指向性分界频率为2500Hz左右。

5. 汽车音响附件

汽车音响附件包括电源线、信号线、扬声器线、开机线、保险座、分线器、电池头、端子、电容等，主要用于还原和提升汽车影音的音质、画质、音色等，还用于保护音响系统免受异常电流或电压及其他电磁场的破坏。

线材对于汽车音响系统来说是非常重要的。良好的线材要求首先是安全，其次是抗干扰性好、衰减小。

（1）电源线

要求电流电压稳定、阻抗小、电流衰减小。要保障蓄电池给功率放大器等设备的供电，最佳的选择是纯无氧铜的、绝缘性好的、耐高温的，达到最佳的电流传输和保护效果，从而令功率放大器性能最大化。如果电源线的线径太小或品质太差（铜包铝或钢丝），就无法提供音响器材所需的电力，更严重的还会导致器材的损毁，甚至危及汽车的安全，切勿因小失大。

电源线最常用的是红线和黑线，红线作正极（火线），黑线作负极（地线）。地线的粗细跟火线要一样或较粗一点。包裹电源线的绝缘材料除了要求绝缘性好之外，还要能耐高温。电源线材的选择与功率有关，功率大的往往电流也大，需要选择较粗的线材。

(2) 信号线

信号线要求抗干扰性好，能减少信号衰减，接触良好，接头处要防氧化。信号线负责将音源信号传入功率放大器，原音传输并杜绝噪声，造就真实的或发烧级的音质。但如果传输的信号已经不完整、失真或受到干扰，纵使再高级的功率放大器也只能放大失真的信号而已，所听到的声音就可想而知了。

汽车音响系统信号线通常采用双编织层同轴或二芯螺旋双重屏蔽结构，因为这两种线都具有独立屏蔽功能，抗干扰能力强。信号线主要采用 6mm 与 8mm 规格。一些顶级的信号线往往采用专用合金材料、卡环式插头，并在插头表面镀金以防止氧化。

(3) 扬声器线

最好选择标准的、纯无氧铜的、绝缘性好的和适配的扬声器线，使音频重放精准到位、细节完美无缺。与信号线同样道理，即使有相当高级的功率放大器，但由于扬声器线本身的阻抗、磁场效应以及不同的音频在线上的速度不同，常会导致功率放大器和扬声器的效果大打折扣。

(4) 开机线

开机线的选择取决于激活电流是否足够。若是功率放大器需要很大的激活电流，而所用的开机线太细，就不足以激活功率放大器，有时还会误以为功率放大器坏了。

(5) 电容

电容有稳定电压和滤波的作用，使汽车音响系统的低音获得改善。当音响系统需要传送一个瞬间重低音，而电池无法提供足够的电流，此时就要电容来补充系统的电能，从而有助于降低或消除音响系统的杂质信号。最好选用容量足、耐压够的电解电容。电解电容的放电和储备功能比一般电容要好，且寿命较长，它的主要材料是铝箔。

三、前声场的设计

要想在试听环境中达到如临现场的聆听效果，前声场的组成起着至关重要的作用。在汽车音响中，前声场的扬声器还原绝大部分的声音信息，只有少数超低频部分的声音由装在行李箱的低音系统完成。这里所说的前声场，是指将分体式扬声器系统安装在前门板、前围板、A柱以及仪表板上等不同位置。

1. 高、低音单元安装位置搭配

两分频扬声器在汽车前声场中应用最为广泛，在改装中存在着以下5种基本安装方式。

① 高音单元（以下简称高音）和低音单元（以下简称低音）安装在副驾驶位前围板处，如图6-46所示。这种方式可以获得较好的音场及结像力。由于汽车内部空间的制约，使前排的聆听者与左右声道的距离严重不对等，坐在驾驶位的聆听者距离左声道的扬声器更近，反之亦然。而将高音与低音全部安装在副驾驶位前围板处，可以使扬声器到人耳的距离之差相对较小，所以只要调试得当，就可以轻松地获得最佳的音场，如音场的宽度与深度都会让你觉得音场超出了车体。当然，这种方式如果调校不当，会使音场偏低，让人感觉声音是从脚底传出。但是只要选择好正确的角度以及安装方式，完全可以避免这样的现象。

② 高音安装在副驾驶位前围板处，低音安装在门板下方，如图6-47所示。这样的安

装方式基本上和第一种安装方式相同，只是这种安装方式使前围板处的改装更不易显现，可以说是针对第一种安装方式的改进。它的优势与第一种方式相同，而且由于对原车改动较小，消费者容易接受。这种安装方式的调校使音场的宽度和深度非常容易调试到最佳，但是音场的高度容易出现问题。

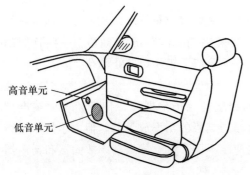 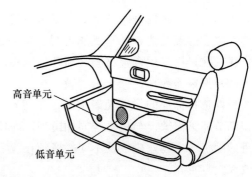

图 6-46　高音和低音在副驾驶位前围板处　　图 6-47　高音在副驾驶位前围板处，低音在门板下方

③ 高音安装在门板上方，低音安装在门板下方，如图 6-48 所示。在原装车的汽车音响中，这样的安装方式非常普遍。由于对汽车的内饰改动较少，因此这种方式对于许多车主来说很容易接受。这样的安装方式对于音场来说，会有较好的宽度和适当的高度，但是音场深度会偏浅，音场的整个位置会太靠近聆听者。另外，由于高音的调校角度难以调整，使音场压缩现象明显，音场的左右部分宽度不平衡。

④ 高音安装在仪表板上，低音安装在门板下方，如图 6-49 所示。目前在原装车中这种方式较少见，一般的汽车音响改装是在仪表板的适当位置挖孔，再将高音固定，或者在仪表板与 A 柱的接合处安装一个高音的模具。这样的安装方式，可以得到较合适的音场高度、深度以及音场的位置。但是这种安装方式对于扬声器的要求较高，因为高音与中低音的距离较远，会导致分频点附近声音紊乱，出现严重的峰谷从而影响音质。而且由于高音的传播方向与中低音的传播方向有较大的偏差，所以对音质的影响非常大，这要求扬声器的系统设计者在设计的过程中要充分考虑到以上因素。在使用主动式电子分频时，应尽量将分频点向下限靠齐，从而使高音的下限与中低音的上限能完全融合。

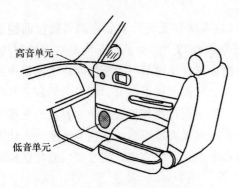 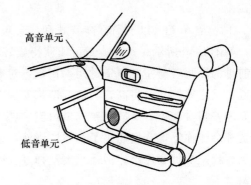

图 6-48　高音在门板上方，低音在门板下方　　图 6-49　高音在仪表板上方，低音在门板下方

⑤ 高音安装在A柱上，低音安装在门板下方，如图6-50所示。这种安装方式在国内的汽车音响改装中最为常见。一般地，高音的安装位置与聆听者的双耳平齐，而高音的指向根据系统的配置以及高音的特性有许多种做法，具体的方式将在"高音的安装角度"中介绍。这种安装方式对音质的影响，以及对扬声器系统的要求与第4种安装方式类似。在汽车音响中，三分频的扬声器系统可以非常好地解决高音与中低音距离较远的问题。

2. 高音的安装角度

高音还原的频带是中高频、高频，其中中高频是人耳较敏感的频带之一。这个频段由于振动幅度小，在降低失真方面最主要的是取决于高音的支承件的品质。较高级的汽车音响的高音全部采用精加工的铝架作为支承件，这样可以使高音失真低，有更高的清晰度。

在汽车音响的改装过程中，由于汽车音响的环境使高音与聆听者的距离很近，所以高音的安装角度非常重要。A柱上不同的高音安装角度对声音的影响及调音的方法如下。

① 高音轴向正相对。高音轴向正相对是许多的音响系统品牌商应用的安装方案之一，如图6-51所示。这种安装方式最大的优势在于可明显改善左右声道的平衡，使坐在驾驶位或副驾驶位的人都能听到精准的前声场，而且也没有严重的声场压缩现象。这种安装方式如果安装妥当，也不需要使用均衡器。这种安装方式的缺点是，有可能会使声场的宽度不如其他安装方式的声场宽度大。

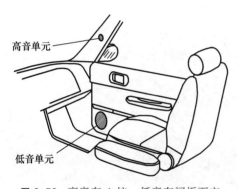

图6-50 高音在A柱，低音在门板下方

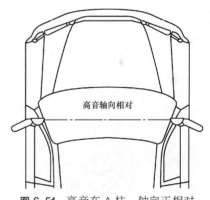

图6-51 高音在A柱，轴向正相对

② 高音轴向对准B柱。高音轴向对准B柱的安装方式，是指高音轴向指向对面的B柱位置，如图6-52所示。这种改装方式的优势在于，高音的表现非常细腻，中高频清晰、真实自然，音场的宽度也可以达到最大。它的劣势在于会出现声场压缩现象，同时会出现左右声道不平衡的现象。解决这个问题的方法是增加均衡器，适当延时。

③ 高音轴向正向朝里。高音轴向正向朝里的安装方式，如图6-53所示，这种安装方式在市面上比较少见，是因为这种安装方式一般在A柱离前排座位较远的车型上才会使用。这种安装方式的优势在于，前声场的深度与宽度都还原得非常准确，但如果没有使用均衡器或做延时处理，就会出现声道不平衡、声场压缩等现象。增加均衡器或做延时处理可以解决这个问题。但是这种方式只适用于特定的车型，如毕加索、丰田大霸王等车型。

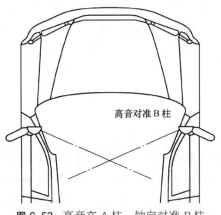
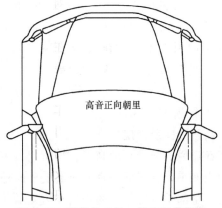

图 6-52 高音在 A 柱，轴向对准 B 柱　　　图 6-53 高音在 A 柱，轴向正向朝里

技能实例

一、汽车音响的加装与调试

1. 搭配设计

根据车主的个性化要求、音乐喜好、听音习惯、车型状况和投资标准进行系统优化搭配设计，选择音响系统的器材，如图 6-54 所示。

图 6-54 音响器材　　　图 6-55 加装刚性垫圈

2. 检查车况

对车辆外观及有关电器进行仔细检查，并对座椅、转向盘等部位做好安全防护，防止人为损坏和脏污。

3. 门板处理

汽车的门板是安装汽车音响扬声器的一个很好的箱体，对扬声器系统的音质起着关键的作用。所以说，对门板的处理，如同家用音响的音箱箱体制作一样，应引起足够的重视。在改装过程中，应重点在以下 3 方面对门板进行处理，以达到高保真音效的目的。

（1）减振

减振的目的主要是尽量减少扬声器安装部位周围的振动，因为扬声器在工作时，音盆所产生的振动也会导致其周边的钢板部分产生振动，从而使音盆振动产生非线性失真，影响整体音质。

减振一般采用固定法，就是在门板的内侧加装硬度较大的减振板，如胶板等材料。在扬声器的安装部位，最好是再加装刚性较好的垫圈来增加扬声器刚性，如图 6-55 所示。

（2）隔音

由于汽车的特殊性，在对汽车门板做减振处理的同时，也要做相应的隔音处理。隔音是隔绝外界噪声及在行驶途中的引擎声、路噪和风噪声等。

隔音的方法是降低固体噪声的传入，同时达到吸声隔音的目的，一般可采用双层的减振材料，另外在发动机舱盖、防火墙等处都可以贴覆减振材料。要在汽车环境中滤除由空气中传来的噪声比较困难，一般只能对汽车的密封性做处理，也就是对汽车的橡胶边条做处理，特别是在改装过程中边条经过反复拆除，其密封性会变差。对于使用年头较长的汽车，最好是重装新的橡胶边条。

（3）密封

由于前声场的车门就如同音箱的箱体，所以要求门板的密封性应非常好。汽车车门上有众多的维修孔，如果没有处理，就会使扬声器的背面所发出的相位相反的声音与前面的声音互相影响，特别是会使波长较长的低频衰减严重。

在改装前声场时，密封的处理方法是，利用铅板或铝板等将维修孔封闭，并将所有的部分都用胶密封处理好，如图 6-56 所示。这样可使低频下潜延伸更低，产生良好的控制力，声音清晰度加强。

4. 套管布线

对配置好的电源线、音频线和扬声器线分别套蛇纹保护管，如图 6-57 所示。安装独立保险，紧扣布线。

图 6-56　密封车门

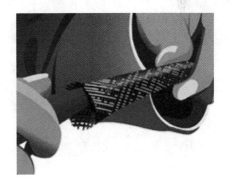

图 6-57　套管布线

5. 装配主机

从市面上来看，主机的安装既有很简单的安装方式也有非常复杂的改装方案。成功的主机改装，应综合考虑改装后的主机与原车的匹配性，并考虑所有的改装配件是否齐全。只有改装的方法得当、配件齐全，才能达到最佳的改装效果。将主机安装到设计好的位置，保证安装牢固，如图 6-58 所示。

6. 安装功率放大器

将功率放大器按设计位置紧固安装，如图 6-59 所示。吊装时如果空间允许，要安装减振包布木板。

图6-58 主机的安装

图6-59 安装功率放大器

7. 安装扬声器

将塑料扬声器垫、防水罩和密封圈垫好后用国标螺栓紧固扬声器，如图6-60所示。

8. 连接线材

用标配线材按音响器材安全标准和工艺标准进行连接，接头部位要用热熔管做好套管保护，并捆扎牢固，如图6-61所示。

9. 内饰复原

将拆下的各装饰件恢复原状，紧扣到位，如图6-62所示。完成后仔细检查有关电路和内饰各部位，并对车内做全面的清洁。将原车音响器材打包放到行李箱内，装回原车随车所带物品。

图6-60 安装扬声器

图6-61 固定线材

10. 初检音响

进行相位检测，判断音频线是否接错，要测试可能出现杂音的各种情况，尽量消除杂音或向客户解释原因，如图6-63所示。

二、音响的调音

根据车主的音乐喜好、听音习惯和器材特性认真反复调试音响系统，如图6-64所示。尽量向客户详细讲解音响的基本使用方法、注意事项等。

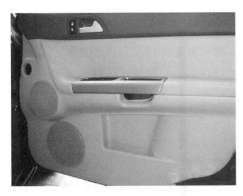
图 6-62 内饰复原

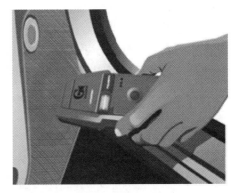
图 6-63 检查音频相位

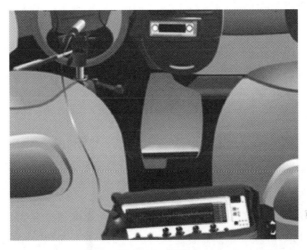
图 6-64 调音

1. 测试低频的质量

劣质扬声器产生的低频可能会震耳欲聋，但臃肿松厚、缺乏层次感和结实感。好的低频应是洁净明快、层次分明，不会拖泥带水，可以分辨各种低频乐器，如大小鼓声、低音吉他、低音贝斯或钢琴的低音。不要轻易被低频的量感所蒙骗，劣质扬声器播放出来的低频缺少自然舒适之感。

2. 测试中频的人声

人声是最常听到的声音，优劣并不难分辨，留意人声是否有不寻常的鼻音或是抿着嘴发声的感觉。一些扬声器的箱体声同样会大大干扰中频，令此频段的声音模糊不清。中频音染相对于其他频率音染而言更为严重，因为大部分可听到的声音频率，或是音乐的频率都集中在中频范围，所以中频音染几乎成为所有种类的乐曲重播的障碍。

3. 测试高频的柔韧感

劣质的高频尖锐刺耳，听得人头痛欲裂，甚至在极端情况下，能把小提琴声或女高音的美声变为尖锐噪声。好的扬声器播放的声音能分辨出高音中的不同乐器产生的不同质感。如经常说的空气感好，就是高音和超高音好。

4. 测试高音量及音场结像

一些车载扬声器在低音量时表现稳定,但在音量提升到某个指数时便会失真,出现各种非录音中的音乐信号。合乎标准的扬声器在一定程度上可以做到声音离箱,营造出清晰的音场和结像,显示出不同乐器的分点位置和质感,弱音和尾音应该清晰可辨,在大音量的情况下也没有变形失真,人声和乐器声不会混在一起,长久聆听也不会令人耳朵疲劳等。

第四节 汽车行车记录仪装饰

汽车行车记录仪类似于应用在飞机上的"黑匣子",它的工作原理是通过视频记录并循环更新车前或周围的路面情况,甚至连车内录音、汽车的加速度、转向和制动等信息数据也会被记录下来,以备调查交通事故责任时所用。车辆碰撞、违规超车导致的追尾、伤及行人等交通事故时,记录仪提供证据记录材料,可通过车内的DVD、手机等载体回播画面。

相关知识

1. 行车记录仪的作用

(1) 防"碰瓷"

"碰瓷"现象一直是城市道路驾驶过程中不可避免的难题,在路上总有些不法分子想要钻法律的漏洞,骗取车主高额的赔偿金,这成为了一个比较难解的法律问题,而行车记录仪的存在就能很好地解决这样的问题。遇到一些事故现场痕迹不明显,或者事故现场被破坏掉的情况,行车记录仪可以保留有效视频证据,帮助民警定责。

(2) 事故取证

在交通事故中,总有些车主蛮横不讲道理,妄图贼喊捉贼,把责任推卸出去,从而达到损人利己的目的。例如强行变道剐蹭之后切入直道范围内反而诬陷后车追尾,碰到这种情况,行车记录仪可以提供直观可靠的视频证据。

(3) 监控车辆

行车记录仪接直供电源后,可以作为停车监控使用。同时记录仪能够连接无线网络,车主可以通过手机上的配套软件实时监控车辆情况。

(4) 拍摄风景

行车记录仪可以记录车前经过的风景,作为旅途的美好回忆。

2. 行车记录仪的选用

行车记录仪的类型多种多样,摄像头数量有单个和多个之分,拍摄镜头有夜视的、广角的等多种,屏幕尺寸有3寸、3.5寸、4.3寸、5寸、7寸等多种,视频解析度和帧流率有普清、高清、全高清、超清等多种。选择行车记录仪时首先要选择有质量保证的大品牌产品,记录仪的外观应与车辆内饰搭配协调,能够稳固安装,拍摄的影像清晰流畅。同时记录仪的热稳定性要好,把记录仪放到车内,然后将车子开到阳光下晒一段时间,如果出现花屏、死机等现象,说明产品质量不好。

技能实例

一、行车记录仪的安装位置和固定方式

1. 安装位置

行车记录仪正确的安装位置在后视镜后面或者下方不遮挡视线的区域内,如图 6-65 所示。如果位于风窗玻璃的左右两侧,会产生拍摄的盲区。如果简单放置于汽车仪表板上,则在遭遇疑似撞车的时候,没有足够的视野确定前车头是否真的碰撞,会造成取证困难。

图 6-65 行车记录仪最佳安装位置

2. 固定方式

行车记录仪常用的固定方式有胶粘和吸盘两种,如图 6-66 所示。胶粘固定的好处在于安装牢固、不易掉,但是安装好后再更换位置非常不方便,而且还会留下难看的印记。吸盘固定容易拆卸,但是有时吸附力不强,需要注意随时加固。

(a) 胶粘固定　　　　　　　　(b) 吸盘固定

图 6-66 记录仪的固定方式

有些记录仪制作成车内后视镜状（智能后视镜），通过橡胶带套装在车内后视镜的位置，集成了记录仪、导航、倒车影像等多项功能，可以不占用车内空间，如图6-67所示。

图6-67 智能后视镜

二、安装施工

1. 布线

通常行车记录仪都会配备一根长电源线，如果其直接下垂接入点烟器，会在一定程度上影响到驾驶员的视线，如图6-68所示。

为了避免明线的影响，可以从安装的后视镜位置到顶棚、A柱饰板、杂物箱进行布线，通过隐藏布线的方式接入汽车点烟器，如图6-69所示。

图6-68 记录仪直接布线

图6-69 记录仪隐藏布线

① 布线时，先根据电源线的长度来确定最佳布线方案，模拟走一遍线，以确定电源线是否足够长。

② 将记录仪的电源线塞进车顶棚的缝隙内，如图6-70所示。卸下A柱饰板上端，将线通过饰板伸到车门密封条处。

③ 拆卸门框密封条，将线塞入门框密封条内，直到仪表板最底端将线甩出来，如图6-71所示。将A柱饰板卡扣对准，用拳头轻轻将A柱饰板敲进去。

④ 将电源线穿过杂物箱后边。可以根据不同车型的实际情况，把线固定在杂物箱背后，或者藏在地板下。电源线插头从仪表板下部伸出，如图6-72所示。

⑤ 为了让点烟器附近不出现太多的明线，需要把仪表板下边的饰板螺栓拧松，扒开一点小缝隙，把线塞入缝隙内再将螺栓拧紧。将点烟器电源插上，确认行车记录仪能通电

并能正常工作后，安装布线完成，如图 6-73 所示。

图 6-70 顶棚内布线

图 6-71 A 柱饰板内布线

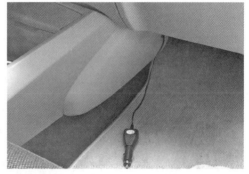

图 6-72 杂物箱处布线

图 6-73 点烟器处取电

2. 连接电源

如果需要在熔丝处取电，要注意将行车记录仪的电源降压线接在点烟器熔丝处。可以通过熔丝盒的标志查找点烟器熔丝，也可以通过拔掉熔丝测量点烟器是否有电的方式来确定其位置。要注意采用此种接线方式时，在熔丝和行车记录仪之间要连接将 12V 电压转换成 5V 的降压器。因为行车记录仪用电为 5V，直接连接 12V 电源会造成设备损坏。

参考文献

[1] 何扬. 汽车美容与装饰新工艺［M］. 北京：人民邮电出版社，2021.

[2] 交通运输部职业资格中心. 汽车美容装潢工、汽车玻璃维修工职业技能鉴定教材［M］. 北京：人民交通出版社，2017.

[3] 程国元. 汽车美容与装饰快速入门［M］. 北京：化学工业出版社，2019.